丛书由信阳师范学院资助出版

中国工作环境研究丛书

组织信任的
结构与功能

THE STRUCTURE AND
FUNCTION OF ORGANIZATIONAL
TRUST

董金秋 著

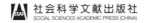

社会科学文献出版社
SOCIAL SCIENCES ACADEMIC PRESS (CHINA)

编 委 会

编者序

工作环境（working conditions）主要指的是从业者在其工作单位中，从主观上所感受到的一种工作氛围（working climate）与工作状态（working state）。工作组织与单位作为一个社会中重要的制度载体，主要是通过其所形成和营造的独特的社会环境或者组织文化影响和规范员工的组织行为。在欧洲，工作环境研究已经初具规模，成为一个很重要的交叉学科领域。在中国，对工作环境的研究才刚刚开始，目前主要从工作时间、工作报偿、工作场所以及工作中的员工参与四个方面展开研究。

从历史发展的过程来看，工业文明的一个重要特点，就是使人们从农业文明中互不关联的"个体劳动"脱离出来，走向互为关联的"集体劳动"。人们在"集体劳动"过程中不断互动，社会交往日益频繁。这种不断互动与频繁交往使人们产生对公共品的要求，同时也发展出公共道德规范。随着公共（集体）空间和公共品在质量与数量上不断提高与增加，"集体劳动"的效率会不断提高，与此同时，"集体劳动"的环境以及公共空间的环境也会不断改善，这既是文明发展的历史趋势，也是文明发展的条件和前提①。在现代社会，工作组织是各类组织的最主要形式，也是多数社会成员的主要"栖身"场所。人们生活在社会里和工作中，工作是人们一生最重要的组成部分，它会给人们带来完全的满足与

---

① 郑永年：《当代中国个体道德下沉根源》，《联合早报》2019 年 7 月 23 日。

1

充分的意义。一方面，人们的工作以及工作的环境深深地影响着人们的行为，这样的组织及其环境实际上是人们在社会生活中价值观与行为取向重塑的社会场所；另一方面，人们的行为也深深地嵌入了他们工作的那个单位或者说他们的职业或工作之中。在很多情况下，人们在这种环境中完成他们的社会化过程。恰恰在这个意义上，人们在工作单位中感受到的组织氛围与工作状态，对人们在组织中的行为会产生举足轻重的影响。

事实上，经济增长的质量和效率取决于参与经济活动劳动者的质量，取决于这种经济活动组织者所营造的工作环境的质量。良好的工作环境，能够造就有质量的工作，它既是一个社会高质量发展的前提，也是条件。一个高质量发展的中国，首先需要创新劳动者的工作环境，同时需要提高劳动者工作的质量，这是当今中国发展的重要基础。

不少的研究告诉我们，一个好的工作环境，在微观个体层面，能够为人们获得幸福与满足提供必要的物质保障和前提，为人们的情感满足提供必要的社会归属，能够帮助个体更好地在组织中实现自我，激发潜能，为人们的自我成长和满足提供必要的公共场所；在中观组织层面，能够促进良好的组织文化构建，提高组织成员对组织的认同感和满意度，提高组织效率，进而快速推动组织的创新与发展；在宏观社会层面，有助于我国的经济与社会实现"新常态"下的健康、平稳，同时也能够为高质量发展提供合理的预期。

按照社会学的理论，在一个组织的发展过程中，人们的行为结构总是嵌入组织的结构之中。在这个意义上，工作环境作为组织员工行为的结构性因素，同样也发挥着至关重要的作用。毋庸置疑，好的工作环境、工作质量，作为衡量人类福祉的重要指标，不应该也不能够被忽略在社会发展的关注范畴之外。

从学科特点来说，组织"工作环境"问题是社会学研究的重要内容，特别是从组织社会学角度出发进行研究具有明显的学科特长和优势。就研究路径而言，将组织社会学的相关理论、方法和观点运用于对"工作环境"问题的研究，不仅使我们从学术视角对组织环境变迁的结构特征及影响机制有更为深入的认识，而且由于"工作环境"贴近现实生活实践，勾连社会成员与各类工作组织，因而也使其成为宏观与微观社会治理的一个重要环节。

在很多情况下，我们还可以观察到，一个社会的景气离不开这个社会中各种不同类型组织的景气，或者组织中良好的工作环境。当一些社会成员在自己所隶属的组织中不愉快、不满意，感受不到组织的激励，体会不到其他组织成员的帮助和支持，那么，他们这种不满的感受和情绪就会或多或少地以各种不同的方式宣泄到社会当中去，在一定程度上会影响一个社会的景气。所以，从某种意义上说，研究一个组织的景气以及组织的工作环境能够使我们在更深层次上理解一个社会的景气，这恰恰也是我们研究组织景气与工作环境的学术意义①。

另外，对工作环境研究的深入，能够为组织的评估提供一个良好的学术与方法的基础。事实上，如何运用科学的方法对一个组织的景气状况进行评估，这对于提高组织的效率、增强员工的满意度和获得感、加强员工对组织的认同与归属，都能够起到很重要的作用。

正是从工作环境研究的重要学术意义和应用价值出发，我们从 2013 年开始，对中国的工作环境问题进行了深入研究。这套丛书，就是试图根据我们的田野调查和研究数据，从各个不同的角度对中国的工作环境问题进行深入的观察与分析，同时也对我们

---

① 所以，这套丛书也可看作两个国家社会科学基金课题研究的进一步深入和延续：张彦，2015 年国家社会科学基金一般项目"中国企业工作环境研究：概念、量表与指数构建"（项目编号：15BH05）；李汉林，2018 年国家社会科学基金重大项目"中国社会景气与社会信心研究：理论与方法"（项目编号：18ZDA164）。

前一段时期的研究工作进行一个小结。

我们衷心地期望，这套丛书的出版，能够进一步推动中国工作环境的研究和深入。

是为序。

目　录

引　言

工作环境是影响组织运行和组织效绩的因素或力量，它调节着组织结构与组织效绩之间的关系，对组织的生存和发展起着决定性的作用。一般地说，工作环境可划分为客观工作环境和主观工作环境，前者包括像工作场所、工作报酬、工作时间、工作生活平衡等客观工作环境因素，以及与工作流程、组织支持、组织人际关系、组织氛围等相关的客观组织环境条件；后者则主要指个体在实际工作过程中所形成的、对其职业行为起决定作用的心理现象。作为工作环境的两大构成因素，客观工作环境和主观工作环境自然不是相互独立、彼此分离的，而是有着密切的相关关系的。具有独特人格的个体一旦加入组织，就会与组织系统、组织成员发生相互交往，通过交往，他们就会相互感知与理解，形成满意或不满意、信任或不信任、团结或失范、承诺或背离等心理现象。此类对工作环境的主观心理状态正是个体对客观工作环境的好坏、组织运行机制的优劣的评价，既反映组织内部制度安排及其角色互动的客观现实，也影响到个体当下及未来的行动指向，组织层面上则影响到其秩序的达成、目标的实现。

"横看成岭侧成峰，远近高低各不同。"不可否认，我们可以站在不同的角度去洞察组织系统内部运行的环境状况，了解组织环境变迁的社会过程。而近些年伴随中国组织体制改革出现的劳动纠纷、招工困难、人才跳槽、工作倦怠、频繁离职甚至职工坠楼自杀等职场不良现象，信任或信任危机这一话题日益受到学术界的关注。从社会学意义上说，组织设定了一个成员相互依赖的环境，每个角色的行为，除了它在工作环境和目的方面的直接意义外，还涉及从其可信赖性看行动者的自我表现。个体的角色行为与角色规范保持一致的表现状况就是信任，信任也是成员对互动对象可信赖特征的一种积极性的心理反应。"它是除'权力'和'金钱'之外的企业三大主导因素之一。"（斯普伦格，2004：Ⅸ）"通过信任简化复杂性。"（Luhmann，1979）总之，在心理学、经济学、管理学及社会学等各学科领域，信任正在成为出现频率越来越高的词语之一，也正在成为认识和把握社会运行状况的十分有解释力量的工具。因此，以信任为切入点，对当下中国社会组织的工作环境状况展开研究，有利于我们得到组织社会运行的新结论，有利于人们了解组织信任的媒介功能，也有利于组织通过信任途径提升自身凝聚力和创造力。

研究组织工作环境中的信任，将"嵌入性"作为信任发生、发展的结构背景是特别有解释力的。按照波兰尼（Polanyi）的研究，人类经济（行为）是一个制度化的过程，它嵌入或镶入经济和非经济的制度之中，（尤其是）嵌入的非经济制度至关重要（Polanyi，1957：250）。嵌入的概念告诉我们，人们的经济行为很大程度上依赖非经济的结构与制度，受其所处社会环境和社会结构的影响，它"嵌入"制度、社会网络中，并由其所创造和指引。那么组织和制度的这种嵌入过程如何发生呢？嵌入性是怎么存在的呢？信任就是其中的一种主要社会机制。所以，对个人经济行为的解释离不开对制度与结构的考察，也更要理解和把握结构与行动、客观与主观互构过程中的信任的作用和力量。一个高度信任的工作环境，微观层面上可以为个体提供稳定可靠的行为预期，满足个体的本体性安全需要；中观层面上能够促进组织内部的交流合作，提高组织运行的效率；宏观层面上则有助于为我国高质量发展提供稳定的预期，提高整个社会的景气程度。本研究将以两次大规模问卷调查资料为基础，研究组织工作环境的信任结构及其相互关系特点，探讨塑造组织信任的各类制度和结构要素，以及组织信任在制度和结构环境因素与个体行为结果变量之间的"媒介"作用。具体来说研究将从以下几个方面展开。

第一部分，对信任的建构及相关的社会科学理论进行系统的梳理，在学科视角的比照中说明信任及其功能的社会学意义。这部分主要表现为理论研究，通过阅读如帕森斯（Parsons）、卢曼（Luhmann）、吉登斯（Giddens）、福山（Fukuyama）、布劳（Blau）等社会思想家有关信任的理论阐释，以及管理学、心理学等学科领域学者的研究成果，界定"信任"这一建构的独特内涵，厘清信任发生的不同理论分析思路，尤其要全面地论述关于信任及其功能的社会学思想，以此作为整篇研究的概念基础。同时以信任概念为参照，回顾中国体制改革及连带的组织制度改革实践，说明从单位制到各种所有制组织形式共同发展的组织转型历程中，组织信任所呈现的独特之处，以及其过去、现在和未来的变化趋势。这部分研究很重要，因为它为随后的研究提供了基本的概念和理论基础，也使得之后的研究有了现实的参照对象。

第二部分，主要研究当前中国城镇职工组织信任的发展状况。这一部分将在界定组织垂直信任、水平信任和制度信任概念内涵的基础上，设计出它们各自的测量量表，通过问卷调查收集到所需的数据资料，通过描述性统计方法，分析组织信任的现实发展水平，以及组织信任在各种不同群体中的分布特征。调查数据及统计结果为我们提供了组织信任的实事求是的客观存在状况，也为进一步的实证研究奠定了基础。

第三部分，主要在上一部分基础上，进一步研究组织信任各种结构要素之间的关系问题。垂直信任、水平信任反映的都是人的可信赖性，而制度信任表现的则是非人格化的制度的可信性，所以研究它们之间的关系就包含两个层面的内容。一个是验证垂直信任与水平信任的正相关假设，检验同事信任与主管领导信任二者相互促进、相互增强的关系。另一个是验证人际信任与制度信任的负相关假设，以证实如果制度环境值得信任，则同事或主管领导的信任就会降低的理论观点。间隔10年的两次问卷调查数据为我们的研究提供了可靠性依据。

同时，信任与个体人格特质、组织内互动、组织规则系统及社会心理等有着复杂的关系，国内外现有的组织信任影响因素研究中，全面、系统的影响机制研究尚是空白，因此探讨组织信任的关联因素是本研究的主要内容之一。本研究将会把影响信任的因素归结为四个方面的变量组，采用回归分析方法，探讨各变量组是否以及在多大程度上对组织信任产生影响，并最终找到影响职工组织信任的各种显著因素。

第四部分，我们将分别探讨人际信任和制度信任的"媒介"功能。对于职工的组织承诺而言，人际互动环境会经由人际信任而对其产生影响，从而人际信任在人际互动与个体组织承诺之间的关系中占据着重要的中介地位。而职工的工作情绪则主要受到组织客观工作环境因素的影响，工作生活领域与工作情绪反应的关系将会受到制度信任的影响，即制度信任此时发挥着调节的功能。所以在探讨影响因素之后，紧接着我们将采用中介分析模型和调节分析模型对人际信任和制度信任的上述功能假设进行经验验证。

第五部分，将继续研究组织信任在客观工作环境与个体组织承诺、组织建言行为之间的中介功能。工作环境可划分为客观工作环境、客观组织环境和主观心理环境三个方面，我们认为在诸如岗位优势、岗位级别和岗位匹配等客观工作环境与诸如组织关心、工作投入及留职倾向等工作行为取向之间，信任作为主观心理环境要素，占据着关键的中介地位。同时，我们还认为在如鼓励发声、信息透明和沟通网络建设等客观组织环境与职工组织建言行为之间，组织信任作为主观心理环境要素，同样占据着关键的中介地位。我们将运用多重并行中介模型对组织信任的这一独特中介功能假设进行经验数据的实证检验。

第六部分，我们认为无视或忽略组织信任在消极工作环境与激进意见表达行为倾向关系上的影响是没有道理的，原因是在急剧的制度变迁所带来的整个社会转型的过程中，组织内部的失范及其负面效应已经并正在给整个社会带来必须承担的阵痛和冲突，而如何反思和考察组织信任对这种现象的影响也是我们所不能逃避的。所以，以剥夺、冲突等客观工作环境为自变量，以制度性维权行为意愿为因变量，以领导信任和制度信任的主观心理环境为调节因素，采用调节分析模型探讨信任是否以及在多大程度上对组织失范与制度化维权态度的关系起到调节作用，就构成了本研究的最后一部分内容。

　　总之，以上几部分研究相对独立成章而又前后依次相连，通过这样的研究设计，希望凭借信任这一独特视角能够探索到中国当下组织工作环境的另一番景象。

第一章　信任及中国组织信任变迁过程

　　任何一个组织都是由众多的个人在特定情境中彼此互动而组成的社会系统，也是人们基于专业劳动分工，彼此协调和合作而产生的一种次级社会群体，称之为正式社会组织。现代社会中，大多数人一生中1/3的时间可能要在这样的组织中度过，他们是通过工作和劳动从各种各样的社会组织中获取社会资源，实现自身价值。可以说，假如家庭是构成社会的"细胞"，那么组织则是人类活动的基本单位，个体一旦进入某个组织变为"组织人"，他的整个行为就嵌入组织内部的社会关系和社会互动之中。他们一方面在这些组织中从事各种工作活动，相互协力达成组织追求的特定目标；另一方面也体验着组织的再社会化过程，创造和维持着社会团结，形成组织活动的秩序。制度规范、地位－角色、个体人格和文化价值等是组织的构成要素，一定数量的具有利益需求取向的人，通过占据工作地位，扮演工作角色，在制度规范的约束下彼此发生直接或间接的互动行为与相互联系，就构成了丰富多彩、复杂多变的组织生活。

　　正常情况下，工作者通过了解组织及他人的角色期望，领悟某一特定角色的行为规范和行为模式，从而顺利承担角色任务，彼此满足角色期望，展开角色实践过程。问题是，随着社会生活全方位的现代化，人们面对的工作环境也日益复杂化，其角色行为不能不受到内外因素的影响，从而表现出多种可能性和选择性，甚至适应社会发展要求的制度规范，也会因原有制度"路径依赖"的作用而无法得到有效的贯彻执行。如果组织成员以前彼此满足角色期望现在变得不再确定，组织颁布的约束和调节所有成员活动的规章制度因被人们挪来挪去而根本形成不了规范，更准确地说，如果组织成员彼此没有了信任，组织制度宽容得不再可靠，那么个人所嵌入的组织结构系统还能怎么实现整合和秩序呢？换到个人角度，如果一个成员失去了对领导和周围同事的信心，也不再对规章制度有任何的信赖，那么他还会持续投入角色活动中去吗？还会持续多久呢？近些年有关对组织信任的评价与个人组织行为之间的关系一直是组织管理研究的重要话题。但相关研究忽视了这样一个重要事实：当文化价值共识已无力承担起现代社会组织整合功能的时候，信任作为组织复杂环境的简化机制，必然要承担起组织内部沟通交流的"媒介"功能。尤其对正处于急剧变迁过程中的中国社会组织而言，科学而系统地探讨组织内部的信任结构及其媒介功能就显得格外具有必要性。

一 信任概念的元分析

准确解析信任概念的内涵，首先要厘清其与相关概念之间的区别和联系。研究文献发现，与信任相关的概念主要有信任者、受信者、信任倾向、可信性、信任行为等，它们都与信任有联系但又不同于信任。此外，还有几个与信任词义相近的概念，如自信、相信等，解析信任与它们之间的区别和联系对问题的正确理解有所助益。

在信任概念的发展中，首先"出场"的就是信任关系涉及的当事人，即信任到底指的是谁对谁的信任。对此，迈耶（Mayer）提出了较为经典的信任定义：一方不考虑对另一方监视或控制的能力，基于另一方将会做出对自身重要的特定行为预期，而将自己置于另一方行动的易受伤害状态的意愿（Mayer and Davis，1995）。依此观点，信任主体即信任者或信任方，它处于信任关系的主动地位。信任客体即受信者或受信方，或称信任对象，位于信任关系的客体位置上，是信任的参照对象。信任是与信任方和受信方同时定义的，没有信任者与受信者，信任必然成为无源之水、无本之木，所以讨论任何一种信任的前提假设就是存在这样的两种当事方，他们相互依存，缺一不可。在信任的具体研究过程中，由于研究者确定的分析单位的社会层次不同，信任方和受信方大多情况下是个人，但也可以是更高层次的组织、阶层、民族甚至国家。

信任与受信者的可信性关系紧密却又有区别。可信性指的是受信方所具有的某种特定属性，一方对另一方持有更多或更少的信任往往是出于对受信者的可信性考虑，是受信者的特征导致了他在多大程度上被信任。Mayer 和 Davis（1995）在概括不同研究的基础上发现了决定受信者可信性的三个主要特点：一是能力（ability），即一组能够使得受信方在某特定领域发挥影响或作用的技能、素质、特质等；二是善意（benevolence），指受信方想要有益于信任者的程度，对信任者的一种积极、正面的情感取向，如关心、照顾等；三是正直（integrity），指受信方遵守的一套信任者认为可以接受的行为原则，如公正、诚实等。奥尼尔也认为判断受信者的可信度主要看他是否有能力（competent）、是否诚实（honest）、是否可信赖（reliable），如果一个人在有关事项中具有能力、可信赖且诚实，我们就有足够的理由去信任他（O'Neill，2013）。通过社会互动经历的经验累积，信任方对受信方的可信性有了相信的感受、观念，这些相信的观念就让信任方做出了信任决定，即信任是信任方对受信方的可信性特质所做出的一种反应。所以，受信者的可信属性并不是信任本身，而是塑造信任的必要参照基础。信任的塑造要以信任方在与受信方互动经历中对受信方所体验到的可信性观念为直接前提。

信任倾向与信任也是既有区别又有关系的。信任倾向是信任方人格特质的一个面相或侧面，是一个人对信任一般他人的性情倾向，又称为"概化信任"。换句话说，一些人总是比其他人更有可能去信任，有相信他人的普遍意愿。比如把人际信任定义为个人或群体所持有的对另一个人或群体的言辞、承诺及口头或书面陈述的可靠的期望，就是把信任和信任倾向等同起来了。信任倾向是一种稳定的人格特质，影响信任却还不是信任。个人的信任倾向很大程度上受其早年社会化经历的影响，植根于个人生活的文化背景之中，在整个成年阶段保持相对的稳定。比如在埃里克森（Eriksson）的自我发展理论中，婴儿期就是要获得基本信任感（basic trust）而克服基本不信任感，如果这一阶段个体的需要与外界对其需要的满足保持一致，他就会对母亲或他人形成和表示基本信任，他会感受到所处环境是个安全的地方，周围人可以信任，并由此扩展到对一般人的信任（时蓉华，1998：167）。所以，对受信者的信任是感受到的受信者的能力、善意和正直，以及信任者的信任倾向的共同函数。要了解一个人在多大程度上愿意信任另一个人，信任者的信任倾向和信任者对受信者的能力、善意和正直的感受都要了解（Mayer and Davis，1995）。

信任离不开风险，如果行动完全确定、没有风险，就不需要信任（Rousseau et al.，1998）。对他人是否有意愿行动或者是否正确地行动的不确定，构成了风险的来源，行动者愿意接受风险时就有了信任。信任和风险承担的路径依赖源于一种交互关系：风险为信任创造了机会，而信任导致了风险承担，才有了信任的结果——信任行为。信任是愿意承担风险，而信任行为是实际承担风险，Mayer 和 Davis（1995）称之为关系中的风险承担（RTR），因为它只能在与另一方特定的、可辨认的关系情境中发生。这意味着信任还有个必要条件，即互赖性，一方不依靠另一方，其利益就不能得以实现。信任只是一种愿意接受风险的心理状态，但它会增加信任行为的可能性。在工作情境中，吉莱斯皮认为信任行为的两个主要范畴是依赖和暴露，依赖指个人依靠另一方的技能、知识、判断和行动，包括授权和给予自治；而暴露则是指与另一方分享跟工作相关的敏感性信息或分享个人信息（Gillespie，

2003）。总之，信任行为是信任的可能性结果，但不能等同于信任，个体对他人有了信任，可能产生与之相一致的现实信任行为，也有可能未能出现此类行为，原因是信任行为产生与否，除了受到信任心理状态的影响外，还会受到超出信任者与受信者直接关系的其他环境因素的制约，如控制系统、权力关系、社会网络的含义以及关系情境中风险感受状况等。

以上关于信任概念的元分析对我们的研究具有启发意义，但又与本书的信任概念不尽相同。在本研究看来，信任又可称为信任行为，是行动者在与他人互动过程中有意或无意呈现的一种言行一致、自我同一的行动表现。换句话说，假如行动者始终如一地进行自我呈现，给他人一种确定性的行为预期，且满足了社会的角色期望，则其行为就具有一致性或可信性特征，他就给出了信任。所以信任本质上是行动者的一种自我表现行为，且因涉及他人而构成了一种特殊的社会关系。如果一个人假定这种行为将有意义地适合于他自己的生活模式，他就信任；如果一个人估计事实并非如此，他就不信任（Luhmann，1979：72）。信任或不信任，首先不在于具有一定信任倾向的行动者对互动对象（受信方）所具有的相信或不相信的感受，而是在于行动者基于内在意愿而做出的信任或不信任的行为表现，以及由此形成的一种社会关系。按照列维奇等的观点，信任和不信任并非同一连续体截然反向的两端，而是既分离又联结的两个维度，是在人际关系内同时存在的积极和消极的两个情感因素，其增长和降低都有各自的影响因素，且它们处于内在的紧张状态（Lewicki et al.，1998）。我们这里选择采用斯库曼等的观点，认为信任和不信任应当是同一连续体截然反向的两端（Schoorman et al.，2007）。信任与不信任作为一种客观的社会事实，当然可以使互动参与者感受或体验到它，感受到信任得到了如期的结果，行动者会继续信任，一旦预见信任会带来失望或将被违背，行动者就会将信任收回（即不信任），从而导致信任关系发生根本改变。

那么又当如何看待自信（self-confidence）这一概念呢？按照卢曼的研究，信任是行动者面向互动情境而产生的外显行为，而自信则是行动者产生信任行为和关系的内在准备，即自信＝信任准备。自信首先是存在于人内心的安全感、稳定感，属于人格内部稳定化期待的结构，且更可能包含的是失望或不安全的期望。自信意味着失望或不安全的期望已经在人格内部被预见到并得到处理，这就使个人镇定自若地预见信任行为可能带来的失望，从而更有意愿去信任。这种内在安全或自信能够满足个体在所有情境中自我呈现的需要，也可满足其了解走出混乱处境的可行途径的要求，因而成了发挥信任准备作用的内在资源。同时，自信是复杂性简化的内在机制，它越稳定，越能强化个体环境复杂性简化的外在机制，从而促进信任产生（Luhmann，1979）。自信可以使行动者对特定对象的感觉稳定化，犹如帕森斯模式变项中的普遍主义－特殊主义、泛布性－专门性之类的行动态度定向，自信保证对互动对象的稳定期待，排除掉所有其他的对象，激起能量的投入，完成了环境的内在简化（Parsons，1951）。所以自信不等于信任，而是信任的准备，它为信任准备好了特定方向。

二　信任形成的三种分析模型

（一）心理分析模型

信任是人类有意愿的信赖、合作、支持的一种情感（passion）。心理学分析围绕以下定义存在趋同之势，"主体由于对他人的意图或行为抱有正面积极的期望，因而宁愿接受易受伤害风险的心理状态"（Rousseau et al.，1998）。林晋宽（1999）则认为信任就是"相信对方所做的事不会对自己不利，而认为对方所做的事以及承诺，其不确定性和风险性较小，是值得将事情所托付和共事的对象"。可见，作为一种心理状态，信任有两个基本要素，一是风险情境下接受伤害的意愿，二是自信积极的期望。换言之，面对受信者，信任者确认的期望越高，接受损害的意愿越强，则他具有的信任水平越高，反之亦然。信任就是一方基于一组关于另一方动机和品格的证据而派生出来的，对其未来可能行为的预估、信念及评判。也就是说，信任是信任方对受信方的可信性所产生的一种原初性判断或评定，且这种心理认定源于主体拥有的证据。

信任如何产生？信任方通过初步掌握的关于受信方能力、善意和正直等可信特性的证据，形成一些相应的信任观念、信任感受；然后以此对受信方产生明确的信任判定，形成一定的信任心理状态，即对受信方的积极、正面期望并愿意承担与之互动的风险。基于这样的信任心理状态，信任方对他人做出隐含风险因素的现实信任行为，从而给予并使得他人有了一定的可信度。有了可信度的受信者对信任主体的信任行为做出反馈行动，其方式和结果对他的可信特性增加了新证据。此时信任方将会以获得的新证据来重新校准他们原初的信任判断，假如受信方的行为表现证实了信任者的原初信任是正确的，双方关系则通过回报信任的强化循环得以发展和深化；反之，如果信任回报未有发生，或者出现了信任违背，则原初的信任观念会遭受"侵蚀"，发生改变，甚至造成不信任的结果。信任者对受信者的信任形成过程可参见图1－1。

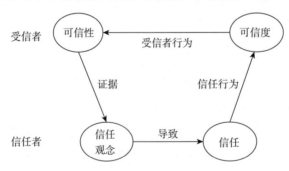

图1－1 信任发生的心理机制

随着当事者双方在不同情境下的互动经历的增多及其信任关

系的逐渐成熟，他们就彼此的优点和劣势积累有了更加深刻、更加广泛的认识，从而信任由于信任行为的结果和交换互惠的循环往复过程而形成一个持续的、动态的发展过程。信任过程的中心问题是信任者所收集的证据性质及其对该证据的解释，它们构成了信任判断的基础。直接证据基础来自一方与另一方的互动结果和直接经验，即直接通过受信者回报行为获得的有关其可信属性的证据。而推测的证据源自信任对象的组织或社会类属的成员身份信息、来自第三方的信息、对受信者的角色期待以及制度与规定，统称为制度性的证据支持。个体正是通过对这些多元证据总体的权衡和定义，形成信任观念和认识，进而对信任与否做出主观判断。

里德和米尔斯（1996）认为信任可以分为源于过程的信任、源于特征的信任和源于制度的信任。一般来说，当人们刚刚聚在一起时，信任产生的基础往往在于各种推测的证据，初始互动过程及结果成了促进信任结构雏形发展的机制，此时的信任可称为源于制度的信任。而随着成功交换和期望实现的循环往复，影响信任发展的除了制度性的证据，也包括关系性纽带的现实表现。伴随时间的推移，与推测的、外在的证据资源相比，循环往复的互动过程也使得行动信任者一方获得了越来越多的关于信任对象的能力、品格、动机和正直等可信属性的经验证据，这时信任主要成了源于特征的信任。同时，来自互动关系内部的信息会成为信任认定更加突出、更为有效的证据基础，此时当事者双方充分认同彼此的旨趣和愿望，出现了高水平的相互理解，能够为彼此而作为，这种基于付出－回报分析的信任也就是源于过程的信任。而根据 Mayer 和 Davis（1995）的观点，能力、善意和正直中的每一个都包含可信赖性的独特成分，在有意义的善意信息形成之前，早期关系中正直对信任的影响是最为显著的。而随着双方关系的发展，人们感受到的善意对信任的影响则随着时间而增加。

（二）理性分析模型

按照社会交换理论，当事者双方的交换互动结果（证据）及主体方对其的主观定义是影响和决定信任判断的核心要素。根据布劳的观点，个人与受信方的互动其实就是社会交换过程，个人小小的一点信任产生了初始的信任行为，受信方按照个人接受的制度和规定履行了义务，就证实了他们的可信性，互动关系的逐步扩展就伴随信任的平行发展。"社会交换过程可能以纯粹的自我利益的形式出现，然后通过它们的反复发生和逐步扩展的特征在社会关系中产生信任。"（布劳，2012：160）这就意味着，信任者与另外一方的持续互动状况及信任状态密切相关，而信任状态微观上取决于信任者对受信者在提供各种报酬等可信特性上表现证据的主观定义和理解。无论受信者的可信性客观状况如何，信任方对其角色扮演的评价、对其报酬提供的认识和对其制度遵守的理解构成了他信任观念的不同方面，从而对他的信任状态产生直接影响。

经济学家更倾向于在个体理性行为的框架内对员工组织信任展开研究。他们站在员工的角度，认为员工对组织信任与否关键是看组织或管理者能否给员工个人带来其预期的物质利益，只要企业与员工达成协议，双方能够很好地实现各自的利益最大化，那么这就产生了组织信任，即信任来源于参与组织的人们的利益实现。信任博弈也是说，个人对他人的经济信任是基于与他人相关的信息进行理性加工之后而形成的，信任就是对未来合作概率的一种计算（Williamson，1993），尤其体现为某种动态的重复信任博弈过程。在这个过程中，交流（communication）、声誉、经验等能够显著地增强经济信任及提升可信赖水平（Ben-Ner et al.，2011；Bracht and Feltovich，2009；史燕伟等，2015）。所以，这样的信任可以称之为基于计算的信任（calculus-based trust），即信任建立在理性选择基础上，信任是否出现取决于对报酬获得结果的感受，当个体感受到他人或组织做出报答性反应时就出现了信任，信任行为随之发生；而当个体感觉别人不再做出报答性反应时信任就会消失，信任行为自然停止。理性分析模型把关注点放在了利己主义的个人在与特定他人互动中追求最优结果这一点上，的确产生了很多重要结论。

（三）文化分析模型

信任除了受个体心理、理性计算的影响，同时还会受到人们所处的具体社会文化环境的影响。研究发现，不同国家的人信任他人的程度有显著的差异：斯堪的纳维亚人是最信任人的，70%的人认为他人值得信任；美国、英国和法国人是最不信任他人的，仅有不到30%的人表示愿意信任他人（毕培、克迪，2005：24）。信任，犹如诚实、忠诚、守信、责任感等个性美德，是"群体成员共有的一套非正式的、允许他们之间进行合作的价值观和准则"（福山，2002：18）。信任因为能够使得人与人之间形成社会关系，完成社会合作，所以福山称其为社会资本。与社会复杂性简化和自我认同的信任机制不同，这里的信任作为一种价值观，深受社会深层文化的影响，经由宗教、文化传统、伦理道德等社会化机制而产生。这与涂尔干（2000）关于把个体结合为社会的纽带的道德品质观点一脉相承。文化环境不同，个体形成的信任半径就不一样，从而信任文化水平的高低相异。长半径、高水平信任文化有助于个人突破"家庭主义"，走上普遍性、大规模的社群生活道路，并使群体或组织的运转流畅、高效；而短半径、低水平信任文化使得个人不太可能把信任扩展到血亲群体以外，家庭内部信任资本很高，而家庭之外社会资本匮乏，导致大规模自发合作难以发生。所以在这种信任文化观看来，信任是藏匿于一个社会的文化密码中的东西，信任文化密码就像人的基因一样，通过某种类似遗传的机制而世代传袭下来。

什托姆普卡（2005）则综合了上述三种信任观，指出信任就是一种"相信他人未来的可能行动的赌博"，在不确定、不受控的条件下行动，我们冒险、赌博，对他人未来不确定的、自由的行动下赌注。信任的对象或客体可分为主要客体和次要客体，前者指信任的赌注直接指向的客体，包括其他个体、社会角色、社会群体、机构、组织等；后者指的是"在给予并证明对主要客体的信任的过程中衍生而成的信任客体"，包括专家证言、证据、可靠的信息来源、权威等。信任的内容指的是赌注，涉及对客体的期望，按照从最小的期望值到最大的期望值的尺度排序，信任行动分为工具信任、价值论信任和信用信任三种（什托姆普卡，2005：62）。信任行为是否发生，既是人格特质的作用，也是理性选择的结果，还受社会文化规则的影响。信任作为一种无形的和难以精确估量的精神和文化维度，是联结微观和宏观、个体和社会的重要社会性机制。

以上观点站在不同的角度对信任发生机制进行了阐释。心理学分析视信任为个体基于与周围他人互动过程而形成的有关他人人格特质可信性的一种动态心理状态，人际互动中个体呈现的个性特质如能力、善意、正直等因素如何对参与者的信任心理产生作用是其关注的主要话题，而如何对他人的可信属性做出正确判断却是其中的一个关键性难题。而信任的文化解释则将信任看作一个社会特有的文化价值规范，信任是由一个社会的宗教、习俗、习惯、伦理道德等社会化机制而形成的社会资本，这种社会资本如何促成社会合作则是其研究的核心内容。但我们认为基于文化背景而形成的信任资本只能说构成了人的信任倾向，却还不是信任本身。信任的理性分析模型认为信任就是互动主体基于报酬交换实现状况而产生的理性评价结果，经济或社会报偿的可得性是问题的关键，有无信任微观上取决于信任者对受信者在提供报酬上的可信特性或概率计算。但组织信任并不都是经过理性计算报酬而发生的，也有不计福利报酬的、表现性的、情感性的信任行为。总之，三种信任观彼此不同但又具有一定的内在联系，为我们研究组织信任问题提供了理论借鉴。

三 社会学视角中的信任和组织信任

（一）信任是角色实践与角色期望相一致的状态

人际信任是个人或团体怀有的对另外一个个人或一个团体的言辞、承诺以及书面或口头陈述的可靠程度的期望（Rotter，1967），是基于他人当前和以前的隐式和显式的声明而对他人将如何表现的预期（Good，1988）。言行一致（be consistent between word and deed）是信任的重要决定要素，说和做高度一致自然地先在于信任，因为这能使人们对他人所说的给予高度信任，而无须探寻他是否别有用心或另有所图（Abrams et al.，2003）。这就是说，信任就是对一个人或一个系统的可信赖性所持有的信心，在一系列给定的后果或事件中，如果他人或系统表达了诚实，证明了抽象原则的正确性，就给出了可信赖性，即信任存在。作为社会现象的信任，其关键不在于心理学上所谓的"我相信你会做这件事"，而是在于信任对象言行一致的角色表现状态。无论是有意识的还是无意识的，只要个体坚持已为人所知的一切，他就是值得信任的（Luhmann，1979：39）。这样的视角转换就把信任从一种个体心理特征转移到了他人或群体所具有或存在的一种可信任状态，从而信任也就成了一种独立于个人的、具有独特内涵的、客观呈现出来的社会事实。这一社会事实由于是人们在共同生活过程中形成的一种集体性呈现，所以它的强弱或状态就能够被参与其中的人们感受、体验到，从而作为一种外在的力量深刻影响着个人的心理和行为，影响着人与人、人与群体之间关系的维系，影响着特定社会生活形态的生产和再生产。

如此看来，信任不只是行动者对受信者的一种反应，不只是受信者的能力、善意、可靠或诚实等人格特质在信任者心灵上引起或刺激而形成的一种东西（Mayer and Davis, 1995），而首先是行动者的一种可信性，一种言行一致的行为状态。受信者的行动具有可信性在逻辑上必然要先在于信任者的信任或不信任，当一个人能够按照其所宣称的知识技能、角色规范甚或道德信念行事，能够始终如一地行使和履行角色规定的权利和义务时，他就给出了可信赖性的证据，于是信任者就更有可能对他产生一种信任的感受或评判。反之，如果人们或社会组织"言说"了一套东西，承诺了达到某种程度或履行某种行为，宣扬出特定制度规范或价值目标，而在社会实践过程中行动要么背离了此"话语"，要么不见行动而玩忽职守，要么行动与宣传的价值追求背道而驰，则人们对其自然不会产生信任感，信任危机之潮流定会在社会生活中流行并蔓延。

这样，行动者的可信性就不单单是一种社会特有的行为方式，重要的是它要以与之相关的社会性"宣称"为参照格局。"宣称"，也是"声明"，是互动主体共同认可和同意、公开公布的行动规范体系，它既有国家层面的法律制度，也有中观层面的组织纪律，还有个体秉持的道德信念；既有信任操作者的当面承诺，也有其非当面承诺；既有信任操作者的品行，又有其知识和技能等。社会生活中，个人参与到某个特定"场合"展开行动，必然是要占据某个地位或位置，扮演某种特定角色。而社会地位就是一套权利和义务的象征，占据者必须要有相应的资格和能力履行角色规范才行。如果个人的角色行为表现与"位置"宣称的规范完全一致，行动与社会的期待相符合，那么个人就为社会提出了足够的、有用的也是简单的证据，表明个人及其行动具有可信任性。无论如何，假如个人的角色行为背离或背叛了角色规范，或者与公开的"宣称"南辕北辙，就会把角色伴侣置于一种易受伤害的境地，从而给出了不可信的资讯。可见，当我们对互动对象是否具有可信赖性或可靠性做出评判时，对其角色实践与角色期望是否具有一致性进行评价时，信任的感受或态度就出现了。显然，受信者的可信赖性先在于信任，信任者的信任感则是对受信者可信赖属性的反应。

可见，行动者的可信性特征才是信任问题的关键，且这种可信性特征构成了社会信任的实质性内容。所以，信任是与个人对他人或群体所产生的信赖反应不同的东西，本质上它是不同于个人反应的集体可信性行为模式，而正是这种可信性特征使得信任成了一种具有非常特殊性质的社会事实。任何社会事实都具有普遍性、外在性和强制性的特点（迪尔凯姆，1999：30～32），信任同样如此。首先是信任的群体性，一个人可信或不可信那是个人的事情，只有当可信或不可信已经变为群体现象，信任才成为社会事实问题。其次是信任的制约性，信任或不可信潮流一旦形成，就会对参与其中的每一个人产生影响，信任盛行，则大家受到推动进而彼此通力合作；假如信任弱化或缺失，则人人行动退缩甚至社会整合解体。由此而来，信任就具有社会心理现象的特点，它是无形无体、客观外在于个人的一种社会力量，却又与个体心理感受联系在一起。

（二）信任是一个社会复杂性的简化机制

按照卢曼的研究，人们完成一件事情，就要从环境中分离出来，结合成一个群体，此时群体中的每个成员都有太多的行动可能性选择，同时协调众多角色的互动也极为复杂，所以如果群体要展开行动，实现整合，就必须对群体成员的角色期望充满信心，这就是信任（Luhmann，1979）。正是世界在时间和空间上都具有无比的复杂性，各种可能性超出了个人的想象，所以社会系统要维持自身的存在，成员必须借助信任来减少内心的不安和恐惧，从而信任成了社会生活的基本事实。所以，信任在社会生活中具有独特意义和功能，它是简化社会复杂性的一种方式。这种复杂性意指社会系统开放而带来的众多的可能性，它超出了系统能够对之做出反应的能力。而人类能够意识到这种复杂性，具有理解这个世界的能力，能看到众多的替代选择、众多的可能，他们也能够彼此体验对方，彼此把对方作为互动对象传达世界的复杂性，个体会凭借与对方的互动经验来对自己加以确认——是信任还是不信任，然后做出未来行动的决定。

一个社会系统靠什么从环境中分离而成呢？关键区分是沟通。不管采用何种媒介，比如货币、权力、真理、爱、艺术等，只要是人们通过沟通而能够维持一种构造性边界的时候，它就是一种社会系统，于是沟通就成了社会系统得以存在和运行的基本条件。这里，沟通最大的问题就是基于"双重偶然性"（double contingency）的"可能性"，即一切行动皆有可能，甲与乙均可在一个无穷的替代可能性界域中选择如何沟通，甲与乙都可无拘无束地拒绝彼此在沟通上的建议，选取替代期望及行为（卢政春、卢曼，1996：500）。要实现角色期望的互补性，行动者经由社会化而来的人格必须稳定、可靠，规定群体成员角色模型的制度规范也要有"势"，即能够在人们行动之前给出明确的预期，这时社会系统就具有信任。信任可以从功能分析上加以界定，也可以与其他功能等价的社会机制相比较而分析。"有了信任，经历和行动的可能性就增加了。社会系统的复杂性增加，与其结构相调适的各种可能性也增加，而信任形成了一种更加有效的复杂性简化方式。"（Luhmann，1979：8）这就是说，信任是一种特殊媒介物，通过信任，成员有了采取行动的预期，从而大大增加了互动沟通的可能性。

可以说，信任有两个构成成分，一是信念，二是承诺。前者指信任牵涉到特定的对他人的期望，怀抱信任，我们行动，就像我们知道了未来一样。如卢曼所言，表现信任就是预示未来，好像未来是确定的一样去行动，信任通过降低某些行动的可能性，就降低了行动系统的复杂性。所以信任指的是他人的行动，人们正常情况下不会对自己的行动抱持信任（Luhmann，1979）。我们要积极主动地面对未来，所以信任涉及通过行动而来的承诺，即要下赌注。比如我相信这个组织制度能正常发挥作用、领导能够说到做到，说明这个组织具有可信赖性，所以我进入该组织努力工作，而这种加入行为其实是暗含风险的。信任与风险紧密相关，信任是特定风险问题的解决之道。信任在很多方面与风险是平行的，风险是不受欢迎的、具有威胁性的未来状态，最重要形式的风险是人为的风险，即由他人行动带来的威胁。风险意指某种未来发生的不确定性，还牵涉行动主体的承诺或倾注性，即意想不到的结果也是我们决策的结果。对他人未来不确定的、不受控的行动下赌注，就总是有风险相伴随，怀抱信任，意味着搁置风险，行动起来就像风险不存在一样。信任通过超越可用信息以及把行为期待一般化，使人通过冒险来简化生活。也就是说，在通往成功的道路上我们在时间上是预支了信任的。

同时，群体有了信任，实质上就结成了某种社会关系。信任可以分为个人信任（personal trust）和制度（系统）信任（system trust）两类（Luhmann，1979：39，48）。个人信任是建立在个人人格具有可信度的基础上的，它要在熟悉的世界中获取，只有在熟悉的环境中，人们才能对对方的个性抱有可靠或不可靠的期望，从而产生信任或不信任。无论结果如何，个人信任或不信任都能用来衡量或预测他人的行动，个人有可信赖性，其行动的其他可能性就得以克服掉，行动一如既往的可靠，人们也会对其抱持相当高的角色期望，较强的社会关系得以建立。反之，个人无可信性，就意味着其行动是不可预测的、变化无常，难以满足互补性的角色期望，于是社会关系不能建立。而制度信任主要是建立在社会系统的制度规范及相关的沟通媒介能够不被滥用而持续发挥其正常功能的基础之上，制度信任也要以熟悉为前提，如果人们依据过去的经验假定社会系统会一如既往地按照预期的方式运行，系统就具有信任，此时系统就对个人的行为产生了较强的驱动力，把自身和个人结合成社会关系。反之，如果系统及其运行不能给人明确的期望，甚至使人产生了不好的期望，这种情况下就会产生系统不信任，各方不再会遵守系统规范，系统和个人的关系解体。

在卢曼看来，制度信任和个人信任是性质不同的两种信任，个人信任牵涉到人的人格和自我，依赖的经验是人格的表达和再现，参照的是人格与行动保持一致；而制度信任的对象是与系统及其运转机制相关的，与个人特性无关（Luhmann，1979）。传统群体生活中，互动由人来完成并通过熟悉影响人际信任。而随着社会环境高度分化，日益复杂，人际互动的狭窄性就变成了巨大问题，原来的熟悉也很难存在，个人信任变得不再够用，于是另外一种新的信任——制度或系统信任就扩展出来了。一个社会系统由制度规范及相应的各种沟通媒介要素构成，管理领域的制度、经济领域的货币、政治领域的权力、知识领域的真理等都是系统媒介，它们使用或运行的可靠性、可信性就是系统信任。系统的稳定性、连续性、有效性就是系统信任，所以系统信任的对象本质上不是系统，也不是个人，而是系统的功能，是人们感觉到系统赋予了他们稳定的预期。管理领域的制度必须被信任，它必须能够真正起到作用，否则个人注定不能够按照角色期望行事。值得注意的是，尽管系统信任不是以人为信任对象，但它也与一般的信任一样需要最低程度的实在的基础：它也存在于有效交往的机会之中。

（三）信任是现代人自我建构的反思性过程

在当代社会学家吉登斯（Giddens）的社会理论中，信任也占据重要的地位。信任可以被定义为：对一个人或一个系统之可依赖性所持有的信心，在一系列给定的后果或事件中，这种信心表达了对诚实或他人的爱的信念，或者对抽象原则（技术性知识）之正确性的信念（吉登斯，2000：30）。照此定义，首先，信任的对象包括个人和系统，所以就可分为个人信任和系统信任。其次，信任是个人或系统的一种可靠特性，个人信任包含诚实或爱的意义，而系统信任意指系统的有效运转。再次，无论是个人还是系统，有无信任要由过去经验证据如后果或事件等来呈现，信任是基于经验证据而呈现的一种表里如一的状态。最后，信任和风险是交织在一起的，信任可以避免风险，或能把风险降到最低程度。在所有信任的环境框架中，可接受的风险在"欠充分的归纳性知识"的标题之下，而且从这种意义上说，信任和经过估算的风险之间实际上总存在一种平衡（吉登斯，2000：30）。可见，吉登斯关于信任的观点是与卢曼一脉相承、基本一致的。

不像卢曼强调信任的社会复杂性简化功能，吉登斯则把信任视为现代人行动的反思性成果，认为信任是现代人自我建构的反思性过程。吉登斯（2000）认为，"结构二重性"是社会整合连续性的基础，既作为规则和资源的结构，又具有约束性和使能性，既是社会实践的中介，又是它的结果，作为一种记忆痕迹，内在于人的"行动流"中。社会系统的基础就是处于具体情境中的成员们可认知的活动，这些成员在行动时又是利用了各种各样互动情境中的规则与资源。社会作为实践现象，依赖成员们的创造和再创造而具有其特定的规律性：他们是具有知识的，该知识在实践过程中以他们的反思性监控为前提，但他们的知识又是不完全的，在行动中总会遇到一些"未被认知的行动条件"，进而导致一些"非预期的行动后果"。按照他的意思，"结构二重性"要以行动者的反思性监控为前提，要以具体情境中行动者可认知的活动为基础。在"行动流"中，现代人总是时刻把他人、群体或系统所展现的诚实性或有效性置于自身的反思性监控之中，形成信任或不信任的认知结果，并以此结果导引着具有反思性认知能力的行动者的行动。

组织系统作为一种制度化的实践现象，结构单指规则和资源，特点就是行动主体的"不在场"。仅依靠高度制度化的结构来约束群体成员的行为，组织也能高效率运行，如泰罗的科学管理原则，这时只有规则的信任，不需要人的信任，因为每个人都清楚地明白制度给自己划定的角色模式，他只需要按照既定的规范行事，没有行动的主动性和创造性。这种组织的缺陷在于组织运行无法适应具体情境的变化，它只是循环往复地把自己简单生产和再生产出来。变化多端的现代社会环境要求更多的是网络式或扁平化的组织，要求组织的协调机制实现从制度规则向非正式的文化规范转变。此时，结构和人的行动不再是某种二元论，而是体现着一种二重性，即结构既是行动实践展开的中介，又是成员互动实践的结果。一方面，结构（规则和资源）为行动提供了价值的、规范的和认知的取向，从而成为一种决定性力量以促使、能使和限制成员的角色行动；另一方面，角色行动也同时创造性地维持着结构、再造着结构。结构不是静态存在的常量，而应被视为一种先前成员活动累积化的、保留下来的产品或沉淀物。

　　类似一般性信任，信任也是人格发展中的决定性现象，它就像"保护壳"一样，使自我在应对日常现实时能把潜在的偶发性"搁置"起来，从而获得"本体性安全"，获得一种自我保护，正常的个体借助它来处理日常事务。在高度现代性的时代，人们开始追求一种纯粹关系，而纯粹关系是开放性的，反思是其核心，它是连续地、反思地组织起来的。纯粹关系依赖伙伴之间的相互信任，这种新型信任意味着他们向对方敞开心胸，这种情况下信任不是也不能够是被给定的，它必须由个人通过努力来获得。所以，在纯粹关系中建立信任，重要的是每个人应该了解对方的品格，并且能够经常地信赖对方所引发的某种形式的期待性反应（吉登斯，1998：109）。如卢曼所言，现代人谁要想赢得信任必须参与社会生活，而且能够把他人的期待发展成为他自己的行为表现（Luhmann，1979）。

　　所以，现代人的信任不再是自发产生的一种心理，而是自我建构的一种反思性过程。尤其是抽象体系的发展又与人们生活及所包含的社会纽带深深相互交织在一起，从而个人产生并具有强烈的寻找可信任的人的心理需要。如果不相信抽象体系，就意味着对抽象制度原则和专业知识持怀疑或否定态度；如果不信任个人，就意味着怀疑或不相信他人行动所体现或展示的诚实性，而这样的后果就是产生与信任相对立的存在性焦虑。信任是自我与抽象系统之间互动的媒介，此时基于初级社会化经历而来的基本信任已远远不够，个体必须向他人敞开胸怀，"必须要有信任，做到这一点的办法就是直率、热情与开诚布公"（吉登斯，2000：106）。也就是说，信任作为社会关系的基础，不再预先给定，而要由个人通过自我挖掘而建构起来。换句话说，在不确定性、多样选择性及环境复杂多变的情形下，人们的行动总是表现为威胁、风险与希望并存。所以，人对其行动及情境时刻保持着一种连续不断的反思性监控状态，通过信任机制，考虑到风险的可接受性，个人就知道了如何继续行动，从而完成社会关系重新转换和重新构建的"再嵌入"过程。

组织秩序如何可能？如果从信任的视角来看待这个组织研究的核心问题，我们可能就会有不同寻常的发现。如果说组织的构成有两个层面，即人和制度，那么人与人之间、人与系统之间的信任犹如一根"红线"，能把组织的各种要素"串联"、凝聚在一起，使得组织成为可能。欺骗、违背承诺、半途而废、自私自利，无视他人的需要和利益，将会破坏信任之线，使得组织正常的存在和发展迟滞。相反，如果现代人主动敞开心胸，直率、热情、开诚布公、关心他人，相互自我开放，就会构建起牢固的人际信任关系纽带。至于抽象体系，交汇点的互动经验很关键，抽象体系在交汇点如果能让个人有了知识或原则正确性的经验，则个人就会对特定抽象体系产生信任的态度，从而保持与该抽象体系的联系，反之，一旦失去了信任，个人就会脱离它。信任会通过两条因果路径影响一个组织的重要特性，它们就是建构（structuring）和动员（mobilizing），其中发生的特殊机制影响到组织的互动模式及变迁过程。信任可以直接影响如内部沟通、冲突管理、协商过程、满意度和效绩等重要组织现象，更重要的是它的"使能"作用，借助这一功能，信任可以改善组织的各方面状况，从而有助于组织获得如通力合作和更高效率等结果。

（四）信任是塑造社会团结的一种力量

我们似乎还可以到经典社会思想家那里对社会秩序的信任机制一窥究竟。信任虽在经典社会理论中未被直接加以讨论，但它作为社会整合不言而喻的机制也或隐或显普遍存在。例如，在讨论传统社会向现代工业社会转变过程中，涂尔干（E. Durkheim）就把眼光放到了社会团结及其集体情感之上。传统以家族部族为典型的机械团结的社会，自成一体的"集体意识"弥散于整个社会群体里，形成一种心理类型，每时每刻都对个人发挥力量作用，把他们连接、纽结、组合在一起，塑造了一种独特的社会团结形态。团结与集体良心一体两面、密不可分，且以后者为基础。离开了集体良心或良知，人的社会世界就可能会坍塌消亡。可以说，集体良心、道德心几乎就是集体信任的同义词，由之而形成的社会团结虽非物质性的，但通过一种可感的形式就可表现出来，涂尔干说，"社会团结一旦得到加强，它就会使人们之间的吸引力增强，使人们接触的频率增加，使适合于人们结成相互关系的方式和机会增多"。至于由团结牵连出的失范现象，其实质就在于传统社会向工业社会的急速转变导致原来的集体情感、信任衰落甚至消解，人们陷入道德真空、信任缺失状态，"他们就会突破所有界限，继而相互对抗，相互防范，相互削弱"。此时原有的道德良知也失去了人们的信任，变得含混不清，反复无常，根本形成不了任何纪律（涂尔干，2000：14）。适应有机团结的法律尚未或正在建立，根本不能获得任何的制约力量，在这种情况下，涂尔干给社会开出的一剂良方就是：借鉴原始社会的宗教生活经验，组织民众周期性聚会，以增强人们彼此间的情感和信任，重建社会纽带以维持社会秩序。

建立在有机团结基础上的现代社会中，劳动分工极为发达，交换愈加普遍，使得人们之间有了更多的接触和联系，信任成为占支配地位的互动形式或社会关系，也成为社会联结和团结的前提条件。按照西美尔（Simmel）的观点，要发生交换行为，一个最重要的基础就是信任，如果没有对他人的信任，交换行为就不会发生，社会关系也不可能建立和维系。在交换关系中，货币起着一种行动媒介的功能，但交换关系的稳定性和可靠性要靠信任的支柱作用。"离开了人们之间的一般性信任，社会自身将变成一盘散沙，因为几乎很少有什么关系能够建立在对他人确定的认知之上。如果信任不像理性证据或个人经验那样强或更强，也很少有什么关系能够持续下来。同样，货币交易离开了信任也将陷于崩溃。"任何活动都依赖信任，"说信仰某人……它表达一种情感：在我们关于存在的思想和那个存在自身之间存在一种确定的联系和整合，在我们关于这个存在的概念中存在一种特定的连续性，在自我对这个概念的顺服中存在一种确信和顺从"（西美尔，2002a：111）。特别是社会组织，作为一个由众多个人相互作用、共同追求某种目的的联合体，不可能建立在一个人对另一个人的认识上，而是要求成员之间的相互认识，这种相互认识恰恰构成了组织这种社会学形式结构的内在关系，角色互动外在关系的状况及发展尽管不会表现为与信任关系的亦步亦趋、同步对应，但总是预示着它们之间在一定程度或更高程度上的亲和性。"显然，信赖是在社会之内的最重要的综合力量之一。信赖作为未来行为举止的假设，这种假设是足以保障把实际的行为建立在此之上的，信赖作为假设是对一个人的知与不知之间的状态，彻底知晓的人就不需要去信赖（他人），根本不知晓的人，从理智上讲，根本不可能信赖（他人）……各种传统和制度、舆论的力量都把单一个人的地位不可分割地预先作了规定，都变得十分固定和可靠，因此人们对另一方只需要知道某些外在的现象，就能有着对于共同行动需要的信任。"（西美尔，2002b：251）

（五）信任是一种促进合作的社会资本

一个社会的文化价值规范构成了这个社会的社会资本，而诚实、互惠和信守承诺的信任关系是其中最为关键的内容。根据福山的观点，并非所有的价值观和规范都能产生社会资本，只有像讲真话、尽义务和互惠互利之类的美德才能促进社会合作，形成社会资本，即如果该群体的成员开始期望其他成员的举止行为将会是正当可靠的，那么他们就会相互信任（福山，2002：18）。这就是说，促进组织成员的团结与合作，单纯进行价值观和职业道德的空洞说教并不能形成所需要的社会资本，只有通过成员的角色行为和角色实践过程，彼此承担角色责任，履行相应的义务，相互之间满足彼此的角色期望，这样的行为才真正能够产生群体合作所必需的社会资本——信任。信任不是道德规范，而是人们角色行动的产物，极端自私、贪污腐败和机会主义的行为会削弱群体的信任，而公正无私、团结互助、诚实守信的共同德行则会增强群体信任关系。

信任是社会资本的重要构成要素。在科尔曼看来，社会系统中，行动者为了实现自己的利益，相互进行各种交换，甚至单方转让对资源的控制，其结果形成了持续存在的社会关系。信任关系就是其中的重要组成部分，而且也成了个人的重要资源，自然就成了一种特殊的资本。社会资本的定义由其功能而来，所谓社会资本是指个人拥有的以社会结构资源为特征的资本财产，社会资本由构成社会结构的各个要素所组成，存在于人际关系的结构之中，它的形成依赖人与人之间的关系按照有利于行动的方式而改变。社会资本的形式之一就是义务与期望，即如果不同角色形成了一种相互服务的关系，这种稳定的关系形式就构成了社会资本。其中，社会环境的可信程度，即应尽的义务是否履行，影响着这种社会资本存在的可能性，可信度越高，成员履行义务的可能性越大，义务和期望形式的社会资本也越普遍（科尔曼，1999：

359）。由此可见，信任关系就是组织成员履行角色义务的可能性、可靠性，成员间彼此承担责任、履行义务的可信赖性越强，形成的信任关系也越强，则组织的社会资本越雄厚。

可见，社会资本概念的内涵主要说的就是人与人或人与组织之间的信任关系。按照科尔曼的观点，作为社会资本的信任关系需要不断更新，否则将丧失价值。无法保证期望和义务关系历时长久而不衰，没有定期的交流，规范也无法维持。总之，社会关系必须尽力维持（科尔曼，1999：376）。与物资资本和人力资本相比，"社会资本"指的也是社会组织的特征，例如信任、规范和网络，它们能够通过推动协调和行动来提高社会效率。比如研究发现，意大利某些行政区有很多积极的社群组织，但公民参与社群生活的原因不是寻求庇护，而是为了解决公共问题。他们彼此信任对方办事公正，遵守法律，社群中的领导人相对来说诚实并恪守公平，所以这些公民社群推崇团结、公民参与以及整合（普特南，2000：155~157）。作为一种社会资本，信任具有重要的作用，比如信任培养了普遍化互惠惯例，为社会生活提供了润滑剂，使得社会运行更有效率。信任扩大了公民参与的网络，导致机会主义、胡作非为、自私欺骗等行为减少，有利于社会的沟通和协调。信任还意味着过去互动协作的成功，所以它也为现在及未来的协作提供了文化模板。

四　中国组织信任关系的历史考察

改革开放以前，中国社会结构的典型特征表现为单位组织，这一人类历史上所特有的社会形态赋予了信任特有的内涵，尽管它是如此的复杂，我们还是可以在上述信任解读中找到其留下来的心理痕迹。1979年前，中国共产党在社会主义政治经济制度上的独特设计，造就了中国社会一种特有的结构形态，那就是，在国家和个人之间存在"清一色"的单位，属国有或集体所有，包括经济的、政治的和文化的等各种类型。国家将财产权和行政权融为一体,通过单位的组织方式,实施对社会的统治和控制。"大多数社会成员被组织到一个一个具体的'单位组织'中,由这种单位组织给予他们社会行为的权利、身份和合法性,满足他们的各种需求,代表和维护他们的利益,控制他们的行为。"(李汉林、渠敬东,2005:29)计划经济体制下国家是一切单位组织的产权主体,企事业的劳动关系是一种行政隶属式的劳动关系,用工制度以固定工为主体,职工依附于企业。

在这种条件下,暂时搁置国家不论,单位内部又是如何维持秩序、实现团结的呢?答案似乎可以从当时普遍流行的"以厂为家"的口号中找到些许线索。家,初级社会群体的一种主要形式,最重要的社会特征是人际交往频繁,关系亲密,成员归属感强,且能够满足成员多方面的需要,如生活、交往、娱乐、情感交流、保障等。家或家族成员以血缘纽带联结在一起,横向包括兄弟姐妹,纵向自然是父母、子女,每个成员在家中都占据特定位置,扮演相应角色,在家族伦理的指导和约束下展开各类活动。家族结构中,家长占据着最高的地位,拥有绝对财产权(甚至子女也被视为私有财产),以及不容置疑的决策权、控制权,而传统和个人能力给予了家长权威的合法性基础。父父,子子,即父亲做事像父亲的样子,孩子做事像孩子的做法,每个成员都尽最大努力维护家庭利益,都通过行为赋予了自己可信赖性,使信任弥散在所有成员中间,给人以稳定、温暖、可靠和期望。

揣摩起来,"爱厂如家""以厂为家""以单位为家"的单位组织,也正是模拟家的结构来组织和控制单位成员的生活。首先,单位给予个人身份和行动的合法性,比如"首钢人""武大人""国电人"的称呼就把个人与单位紧紧融合在了一起。其次,单位满足成员全方位的需要,"从摇篮到坟墓",从上学到工作,从结婚到生子,可以说单位大包大揽地承担起了成员所有的社会功能。最重要的是,单位的领导真的像家族里的"家长"或"族长",具有一切事务的决策权和管理控制权，"在家听父母的话"这种家庭规范顺理成章地演变为"在单位听领导的话"这样的工作规范。"企业对工人的权力并不仅仅限于工作，更是扩展到他们的整个生活。"（华尔德，1996：17）正如卢曼所说，对角色的顺从几乎没有为自我呈现提供一点机会，任何一个只会顺从的人根本不被视为自我，从而和那些匆匆过客一样不可能得到信任（Luhmann，1979：62）。如果组织里有强大的控制系统，就会抑制信任的发展，因为成员的行动都是对单位权力的服从，只可简单地被视为对单位控制系统的反应（Schoorman et al.，2007）。

在这样的单位组织中，成员与上级领导的垂直关系最为重要，他们构成了一种社会主义国家独有的高度人身依附关系。由于组织领导掌握和控制着其成员所需要的多种社会资源，且这样的资源在组织之外又极为缺乏，于是就形成了成员与领导或主管之间的"一套施恩回报关系网络"，并将整个职工队伍从社会与政治上分割开来。此时，领导与职工的关系不是所谓的非正式关系，而是某种社会交换，职工用自己的顺从得到了想要的东西，如升职、福利、补助、住房、请假等，领导或主管则换来了遵从、服务和忠诚。

1979～1993年，我国进入社会主义市场经济体制改革起步阶段，企业的身份开始由政府附属物向相对独立的商品生产者和经营者的方向转变。1984年，党的十二届三中全会做出了《关于经济体制改革的决定》，首次将宏观经济体制由原来的"计划经济为主，市场调节为辅"调整为"有计划的商品经济"，明确指出企业是相对独立的商品生产者和经营者。该决定指出，增强企业活力是经济体制改革的中心环节，为此必须处理好两个关系，一是"要使企业真正成为相对独立的经济实体，成为自主经营、自负盈亏的社会主义商品生产者和经营者，具有自我改造和自我发展的能力，成为具有一定权利和义务的法人"；二是"正确解决职工和企业的关系，真正做到职工当家做主，做到每一个劳动者在各自的岗位上，以主人翁的姿态进行工作，人人关注企业的经营，人人重视企业的效益，人人的工作成果同他的社会荣誉和物质利益密切相联"。之后，《全民所有制工业企业承包经营责任制暂行条例》《全民所有制工业企业法》《国营企业实行劳动合同制暂行规定》《国营企业招用工人暂行规定》《国营企业辞退违纪职工暂行规定》《国营企业职工待业保险暂行规定》等制度法规先后公布，于是劳动者和国家间的行政隶属关系转变为职工和企业间的劳动契约关系，即既对立又统一的关系。与此同时，随着中国多种所有制形式和多种经营方式的发展，个体工商户和私营企业、外资企业、乡镇企业不断发展壮大起来。个体工商户以自雇劳动为主，无典型劳动关系特征。而私营企业从产生之日起就具有雇主和雇员的劳动关系问题。至于外资企业，其劳动关系最初受到国家主管和劳动部门的约束和调节，然后逐渐走向市场化。还有就是这一时期出现了街道、社队所有的类似国企的集体经济组织，它们随着形势的发展慢慢也转向了雇佣制劳动关系。总之，以公有制为主体，多种所有制经济共同发展，使得中国劳动力的配置由原来的以计划为主逐渐转变为以市场为主。

1993 年，中共十四届三中全会通过《关于建立社会主义市场经济体制若干问题的决定》，提出要"进一步转换国有企业经营机制，建立适应市场经济要求，产权清晰、权责明确、政企分开、管理科学的现代企业制度"。随后，颁布了《中华人民共和国公司法》《关于扩大试行全员劳动合同制的通知》，尤其是 1994 年 7月，八届全国人大常委会八次会议通过的《中华人民共和国劳动法》，成为新中国成立以来第一部全面调整劳动关系、确定劳动标准的基本法。根据该法可知，"订立和变更劳动合同，应当遵循平等自愿、协商一致的原则，不得违反法律、行政法规的规定"。第十九条明确规定劳动合同应当以书面形式订立，并具备以下条款：劳动合同期限；工作内容；劳动保护和劳动条件；劳动报酬；劳动纪律；劳动合同终止的条件；违反劳动合同的责任。对于非国有用人单位的用工制度，1996 年劳动部先后下发《关于私营企业和个体工商户全面实行劳动合同制度的通知》和《关于乡镇企业实行劳动合同制度的通知》，劳动合同制在这些单位迅速推行，加上股份公司、外资企业、上市公司等非国有单位的市场化劳动关系管理模式，中国市场化劳动关系的比例得到空前提高。

然而即使如此，现实中诸多法规、政令还是沦为"鸡毛掸子"，在贯彻执行时被闲置、废弃。2001 年国家公布的《公民道德建设实施纲要》，提出在各类从业人员中"要大力倡导以爱岗敬业、诚实守信、办事公道、服务群众、奉献社会为主要内容的职业道德"。2006 年中共十六届六中全会的《关于构建社会主义和谐社会若干重大问题的决定》首次提出"发展和谐劳动关系"，从业人员道德建设真正受到国家关注。2008 年全面调整劳动关系的一部重要法律——《劳动合同法》出台，目的是规范用人单位的用工行为，更好地保护劳动者的合法权益。到 2010 年 4 月，人力资源和社会保障部、中华全国总工会、中国企业联合会等联合下发《关于印发全面推进小企业劳动合同制度实施专项行动计划的通知》，要求各类小企业与劳动者依法签订劳动合同。根据 2017 年人社部统计，全国企业劳动合同签订率在 90% 以上，其中，事业单位聘用制度推行基本实现全覆盖，工作人员聘用合同签订率超过 94%。事业单位岗位设置管理制度进一步健全完善，岗位设置完成率超过 97%。

从组织信任视角看待以上中国社会组织劳动关系变迁的历史，可以发现它主要经历了计划经济时期的人际信任，到转型时期的制度信任，再到进入新时代的人际信任和制度信任并重这样三个阶段。计划经济时期，国家通过对资源的垄断，以及员工对单位的全面依赖，实现对社会的统治。那时组织内信任类型主要体现为人际信任，其中垂直信任是由代表国家的单位领导通过与下属的资源交换过程形成，单位领导的可信性源于其人格魅力和权威背后的国家支持。"为社会主义建设添砖加瓦""言行一致的革命精神"等高尚的人格特征在组织内塑造着员工间兄弟姐妹般的信任关系。到了市场经济体制转型阶段，劳动关系逐渐转变为以市场配置为主，市场化劳动关系揭开了单位组织的"温情"面纱，劳资双方利益主体形成，劳资矛盾和冲突显现，劳动者权益时常受到侵犯，于是国家通过颁布各种相关的法律规章，以借助有效的"政令"约束劳资双方行为，形成法规制度信任环境。而法规的有效实施也有赖于人的道德支持，"法安天下，德润人心"，只有制度的可靠性而没有人际信任，组织就会陷入韦伯（Weber）所谓的"铁笼"的困境，失去人情味，员工缺乏热情和创造力，企业发展动力严重不足；反之，只有同事或领导的人际信任关系而无可信赖的规章制度，则人的行为就没有稳定的预期，一切以人的情感和意志为转移，这样组织也不能正常运行，最终必然解体。新时代和谐劳动关系构建既要重视制度的公信力，即严格依法管理、决策理性科学、事务公开透明，也要重视每个人的道德尤其是职业道德建设，即组织内各成员间诚实守诺、团结友爱、互相帮助支持。只有一个组织的人际信任与制度信任达到一种平衡状态，这样的组织信任才能真正成为个人和组织实现合作双赢、共同发展的心理基础。

五　本研究的创新点及研究意义

目前中国学者已将信任这一概念与方法引入中国社会组织现实领域，开始用该视角分析研究我国的企业变迁和企业信任问题。曾贱吉（2017）的《中国情境下的员工组织信任研究》，站在管理学科的角度上，以湖南省的251位企业员工的调查资料为基础，实证研究了组织信任在它的影响变量与结果变量之间的中介效应，验证了在组织政治知觉、组织公平和变革型领导影响员工工作满意度、离职倾向中，组织信任所发挥的完全中介或部分中介的作用。研究还发现在组织信任影响组织承诺和离职倾向中，工作满意度起着部分中介作用。姚清铁（2013）的《家族企业代际传承的信任研究》，以经济学、经济史与社会学相结合的方法，以委托－代理模型为基础，通过一个经济学的数理模型，分析信任因素在家族企业代际传承中所起的作用。谢荷锋（2012）的《基于信任视角的企业员工知识分享管理：理论与实证》，从企业知识管理出发，从信任的视角研究了企业员工知识分享管理问题，研究发现，个体间的情感信任和认知信任在个体特征与知识分享决策间的关系中发挥着关键的中介作用。

但是，上述研究存在两个不足之处。一是基本上涉及的是企业组织的信任问题，而对其他各类社会组织没有关注，组织信任研究的范围局限较大。同时企业信任的研究基本未能与中国组织体制改革和变迁过程相关联。二是对组织信任在组织运行中的地位和作用研究还不够系统，尤其是对信任的媒介功能发挥状况的研究有待拓展、深入，尚未把信任置于工作环境与行为结果关系的中介地位去探究其复杂的运行机制。事实上，中国组织体制及其变迁过程与西方国家是有巨大差异的，中国单位制改革导致了当前多种所有制组织形式的并存，科学认识当下中国社会组织的信任发展状况，弄清楚人际信任和制度信任不同类型信任的辩证发展趋势，探索组织信任形成的影响因素，以及信任在组织提升从业者的组织承诺、激发从业者的组织建言和缓解组织内部的紧张冲突上所承担的具体作用，需要基于工作者个体的立场，结合宏观和微观、客观和主观两个层面对组织信任问题展开系统研究。

本书从社会学角度研究我国社会组织的信任问题具有较强的创新之处。一是结合国内外组织信任的理论文献和评价实践，创新性地从组织人际信任（又分为垂直人际信任和水平人际信任）和制度信任两个方面入手，创建了一套组织信任指数评价体系，然后利用2017年全国调查数据对中国组织三种信任指数进行科学计算并排名，这在学界研究中尚属首次。二是本书在已有理论基础上提出了组织人际信任与制度信任的辩证发展关系，并使用经验数据对其加以论证，这是对已有理论的突破。第三个创新之处也是本书花大功夫进行研究的重心，就是要验证信任在组织运行中的中介或调节功能，即信任是否以及在多大程度上发挥着系统复杂性简化作用，是否以及在多大程度上在工作环境（制度环境和人际互动环境）和个体行为指向之间承担着中介或调节功能。

　　本研究具有一定的理论意义和现实价值。理论意义很明显，组织信任是促进成员社会合作的重要力量，微观上影响到职工的组织承诺、工作情绪，宏观上则关系到整个社会的秩序和整合，关联到社会景气和社会信心。组织信任是组织整合和功能达成的核心运行机制，对于组织信任是否以及在多大程度上发挥着这样的功能，中国经验研究既有助于进一步证实或澄清该理论观点，也有助于检验该理论假设在中国社会情境下的适用性。现实价值上，人们拥有的组织信任是他们对目前所面对的组织环境良好与否以及是否可靠、值得信赖的预期及看法，它与当前我国社会组织内部人际互动状况、各项制度安排及相关政策的贯彻执行密切相关。通过对组织信任的经验研究，我们就能在摸清这一社会事实的基础上对我国社会组织发展形势做出正确判断，可以据此提出有针对性的建议，使得组织决策者及时调整制度安排，提升组织成员及组织制度的可信性，进而提升广大劳动者的社会合作水平，让各类组织的运行更加景气、目标顺利达成。

第二章 中国城镇职工组织信任发展状况

一 组织信任关系有多重要？

组织信任主要是指各类社会组织中的职工对同事、对上级领导以及对整体组织制度名实相符特征所产生的一种积极心理感受，它反映的是广大组织成员在工作过程中所形成的一种特有的、心理上的组织环境状况，也是单位或组织中一种独特的人际关系属性。"民无信不立"，"信任是社会中最重要的综合力量之一。没有人们相互间享有的普遍信任，社会本身将瓦解"（西美尔，2002b）。组织成员的信任和制度系统的信任，既是组织成员职业角色行为与职业角色规范相一致的状况的体现，也是组织规章制度正常运行、发挥正常功能的反映，其状况对组织的生存和发展产生巨大的影响。同时信任也是个体对组织群体归属、依恋的期待和向往，也反映了个体对组织社会责任的强烈要求。实际上，单位或组织一旦建立和运行，都理所当然地塑造和面对信任环境的重要问题。对于进入新时代的中国，为什么组织信任关系如此重要？

第一，中国组织变迁的过程，就是重构组织信任关系的过程。任何组织或单位的存在，最重要的就是其内部职工与职工、职工与领导之间的彼此信任，我们将这种关系称为"合作关系"或者"团结关系"。计划经济及市场经济初期，职工解决问题找亲友、家人或熟人。随着组织体制的日趋现代化，人们不得不跳出家族信任的范围，转向基于"业缘"关系的他人或组织解决问题。新时代的中国社会组织正处于转型时期，对于职工而言，相比家族或熟人的亲情信任和泛家族信任，同事或组织的信任显然会变得越来越重要，而且制度规则正在替换人际信任，成为组织运行的关键因素。尤其随着社会组织规模的扩大和专业化程度的提升，信任正在成为组织内部沟通交往的媒介，成为调节大家合作共事的确信基础。

第二，只有强大的组织信任才能促进我国创新战略的贯彻和落实。从党的十八大到十九大，我国始终把自主创新摆在国家发展战略的核心位置，甚至提出了"创新是引领发展的第一动力"的观点。世界上很多的专家学者对产生创新繁荣的影响因素进行了分析甚至产生了争论，但是多数人同意以人为本，以信立业，一种坦诚相待、重视合作的制度安排是导致大规模创新活动的主要原因。因为创新意味着风险，而要降低风险、发挥创新力，首先要获得组织信任的支持。抱持信任，人们加入行动，好像未来只有确定的可能性。信任通过超越可用信息以及把行为期待一般化，使人通过冒险来简化生活（Luhmann，1979：20）。只有高度的信任才能够推动组织成员创新能力的活跃，他们才会思考做正确的事情，提出工作新设想，并敢于承担风险。无论是企业组织、社会团体还是政务机构，一套诚实守诺、保障有效的规章制度能够塑造职工的信任资本，进而推动职工贡献智慧、通力合作乃至实现创新发明。

第三，信任关系对职工和组织均利害攸关。在职工与职工、职工与组织的互动过程中，信任能使人们更加容易专注于自己的工作，积极主动完成自己的角色任务，并以更高的工作效率证实自己的能力。最重要的是，信任能促进人们之间的沟通和相互理解，从而建立起良好的分工与协作关系。不管是职工还是领导，如果不能塑造和维系信任关系，轻则猜忌防范、人心不稳，重则各奔东西、组织解体。不少公共组织缺乏信任或者具有低度信任，职工与职工之间、上级与下属之间相互推诿、内耗不断，结果是大家得过且过，不思进取，缺乏合作，效能低下。研究表明，每天有数千家企业成立，同样有数千家创业企业倒下，很多企业的倒下与丧失了组织信任这个根本有关。信任，这就好比汽车的引擎，你不仅需要它才能发动汽车，而且引擎的功率越高，汽车跑起来越快（毕培、克迪，2005：18）。总之，组织信任是成员有效沟通与合作的基础，是事关个人和组织生死存亡的大事。

二　组织信任概念及其具体化

所谓组织信任，这里主要是指个人对其目前所处其中的组织环境的可信性特征的一种主观感受。它主要是指人们对组织做出的正式或非正式承诺是否可以信赖的感受，是在与组织的互动过程中对组织环境的基本结构性要素名实相符、表里如一、善始善终状况的评价，是对组织运行的整合、激励、保障和控制等各种机制是否正常、和谐、良性、有效的看法。在组织运行的一系列给定的后果或事件中，如果组织系统满足了成员的期待，证明了活动原则的正确性，它就具有可信赖性，就能激发出成员对其较强的信心，成为高信任度组织；反之，如果组织运行机制产生偏差，要素关系产生失调，形式主义严重，职业伦理失范，尔虞我诈、相互拆台、任人唯亲等不良之风盛行，则会导致成员对组织失去信心、信赖，于是低信任度组织就会形成。

现代社会组织是人们为了实现特定的目标而精心设计、建立起来的一种次级社会群体。作为行动主体，组织运行是一种包括组织和个体、结构和行动整合协调的动态的结构化过程。这里的结构主要指组织的规则和资源要素，如组织的各项规章制度，以及支撑组织运行的各种物质设施和手段。而行动是指成员的能动行为，表现为组织成员持续性互动而形成的一种"行动流"，主要涉及的是组织人的要素。这样，一个组织的内部环境大致可以划分为两个方面。在结构层面上，主要是组织规章制度的安排和执行能否最大限度地保障和照顾所有成员的利益，是否践行了公平合理、奖勤罚懒、照章办事、平等对待、机会均等、量才用人、激励上进。在成员层面上，主要看人与人之间的分工与协作关系是否能高效率地实现组织目标，是否体现了和谐相处、相互支持、坦诚相待、诚信有义、相互关爱，是否满足了人类获得尊重、发挥聪明才智、实现自我价值的需要。当组织结构的良好制度安排与成员事实上的主观感受较为一致时，当组织善于合作、和谐美好的人际关系与成员个体现实的理解体验保持一致时，一个秩序井然、蒸蒸日上的工作环境就被塑造出来了，这个组织就会呈现一种高信任度状态。

组织信任环境可以划分为人际信任和制度信任两大维度。任何组织都是由一定数量规模的人员组成，组织内人的因素可变性最大，当然对组织运行的影响也最大。组织内每一个人都占据着一个特定职位，扮演着相应的角色，从而在分工与协作的基础上结成一种社会关系网络。为保证组织目标的完成，组织通过管理方式和协调机制，会在其内部形成两种属性的关系：纵向的或垂直的关系，横向的或水平的关系。纵向关系是组织成员基于指挥体系而结成的支配与服从、领导和被领导的关系，即常说的领导与下属之间的关系。横向关系是组织成员基于分工体系而结成的操作负责、互相配合的关系，即常说的同事与同事之间的关系。不同于初级社会群体，组织是通过精心设计，基于明确的劳动分工、权力分配、规范体系而建立起来的，每个成员都必须在固定的职位上发挥功能，且必须按照组织的要求行动。"组织人"的特征首先要求成员能够"干事"，胜任本职工作，角色行为满足组织期望，这样就能获得他人对其"能力"的信任。同时每个成员也是"社会人"，除了工作外，还应会"做人"，即相互尊重、关心他人、坦诚相待、开诚布公，如此自然赢得他人对其"善意"的信任。每个人都展现出了"能力"的可信度和"善意"的可信度，这就构成了组织的人际信任。

人际信任中的垂直信任极为重要，因为垂直信任反映的是上级领导或主管行为的可信度，其高低直接影响上级指示或指令得到下属成员执行的状况。组织内角色关系网络中，上级领导或主管的角色模式是制定组织目标，做出决策，组织、控制和监督下属人员保证决策真正得到实施。这里，领导的可信任性源于其决策或指令基于科学制定的正当性，如领导调查和收集了下属的信息，听取和征求了下属员工的意见，组织员工对方案进行了讨论，领导的此类行动就给出了个人及其权威的可信赖性，塑造出上下级之间垂直的人际信任。"律己足以服人，量宽足以得人，身先足以帅人"，在与下属互动过程中，领导如果做到了在坚持工作标准的同时，又能体现以人为本的人道原则，关心其成员的需求和愿望，最大限度发挥其成员的个人才能，严于律己，宽以待人，成人之美而不夺人所爱，品行的人格魅力得以彰显，更会深度强化一个组织所具有的垂直信任。

水平信任是人际信任范畴的另一构成部分。水平信任反映的是横向的、同级别成员角色行为的可信赖特征，其强弱程度体现出成员之间团结合作、彼此相托的可靠性。组织关系网络中，同级成员的角色模式是由于职能分工、理性安排而规定的，各职位有明确专门的责权，招录人员按技术资格，并要经过专门的训练。由于横向关系本质上是一种合作关系，所以同事之间的可信性在于他们的行为配合。作为角色伴侣，个人的知识和技能首先要能胜任某角色要求，做到"在其位、谋其政"；其次要有合作精神，说话算数，讲究信用，真诚合作。己所不欲，勿施于人。推己及人，仁爱待人。作为同事，能时时为对方着想，站在对方的角度思考问题，工作上相互支持，交换意见，工作外友好交往，及时援助，这样就表现出了极大的可依靠性，从而塑造出牢固的水平信任纽带。

组织的制度信任是有别于人际信任的另一重要内容。任何组织都设置了自身的制度或章程，它们构成了所谓组织的结构。一般来说，组织制度或规则主要有以下三类：取得组织成员资格的章程，规定组织成员角色关系的章程，维持组织活动展开的章程。正式组织的规范往往要用书面的形式加以固定，如章程、规范、纪律、细则等。就像组织中的法律，这些制度规范规定各种职位的角色模式，赋予它们各自的权利和义务，并使各种角色、各个部门之间形成稳定的、模式化的联系。作为规则和制度的结构，是一种超个人的关系，限制或制约着个人的行为。正是它的存在，才使得大规模成员之间产生了一种有秩序的、模式化了的相互联系的方式，使成员的行为具有事先的可期望性。作为制度的结构具有以下特征：一是客观性，任何组织都有自己的制度性结构，它不以个人意志为转移，不管个体成员是否承认，它就是客观存在的；二是强制约束性，制度结构通过奖惩机制对占据职位或角色的个人进行控制和约束；三是相对稳定性，制度结构一经形成，会在相当长时间内保持不变；四是人的体现性，只有制度结构，不见人的参与，它就是一种虚无，因而制度和人不可分离，而是共同存在于实践之中。

了解了制度，制度信任也就不再难以理解。基于组织制度的可信赖性而形成的信任即为制度信任。与以领导及同事为对象的人际信任不同，制度信任是以制度为对象的信任（Bornstein and Tomkins，2015），制度信任的对象就是制度本身。非人格的制度何以能够成为信任对象呢？这还得从制度的功能说起。现代社会，组织制度是组织建立和管理、合理组织人力达成组织意图或目标的一种手段，完成组织目标，组织需要制定规章制度以安排不同的工作任务，协调大规模人员的活动。理性化的科层制度因可以使组织达到最高的运行效率，而被越来越多的现代组织所采用。科层组织的规章制度的主要特点是：它常以书面文件形式表达出来，使得所有人员的行为都有据可查；有固定而严格的权力等级制度，各层权力范围划分得十分清楚；规定好了各职位明确专门的责权及工作范围；强调事本主义的非个人关系，个人完全照章办事；量才用人，任人唯能，不受任何与组织效率无关的个人好恶、裙带关系影响；等等。现实科层组织运转时，规章制度与其真正执行状况之间若能保持一致，做到名实相符，就意味着组织制度具有可信赖特征，制度信任自然形成并存在于组织之中。

现代组织是成员相互依赖、相互配合而分离于整体社会环境的正式结构要素，人际信任作为一种社会关系，不管是对称的还是非对称的，参照特定的社会目标——个人而发挥作用，因此也被称为条件信任。随着劳动分工的发达，人际信任不再能够"架通"陌生的、保持距离的社会关联的"鸿沟"，于是制度信任在更为复杂多变的组织社会中变得必不可少。制度信任参照的是一套法规原则及其功能发挥，它建立在制度发挥功能或未发挥功能的持续反馈基础上，也被称为非条件信任（Morgner，2013）。根据中国社会科学院2017年中国城镇居民工作环境调查所设定的城镇职工组织信任指数的指标体系，我们对当前中国城镇职工的组织信任水平进行了科学的研究。在职工组织信任关系指数的指标设计方面，我们把关注点放在组织的人际信任和制度信任两个维度上，而又把人际信任划分为水平信任（对同事的信任）和垂直信任（对单位领导的信任）两个方面，这样组织信任的外延就由两大维度共三个方面组成。在每个概念的具体化上，人际信任量表由9个指标构成，其中垂直信任子量表包括4个指标，水平信任子量表包括5个指标；而制度信任量表也包括5个具体指标。组织信任概念的具体化情况如图2-1所示。

三　经验数据来源及基本结构

本书主要采用了量化研究的方式，通过设计问卷量表，对组织信任这一社会事实进行观测，以此来揭示新时代中国社会组织工作环境中的信任状况及其发生、作用机制。本书的定量分析数据来自中国社会科学院中国城镇居民工作环境调查，该调查项目

概念 ⟶ 维度 ⟶ 指标体系

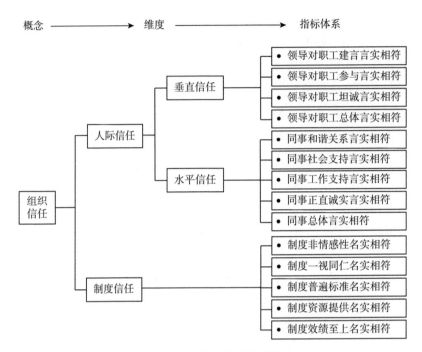

图 2 - 1　组织信任概念的具体化

的研究对象为 2017 年生活在城市中的家庭户里的 16 岁及以上各类就业人口。本调查采取的是复杂抽样设计：首先，在国家统计局"六普"人口数据的基础上建立起县级行政区划（市辖区、县级市）为一级抽样单位（PSU）的抽样框，按照 PPS 方法抽取 60 个县市区；其次，对抽中的每一个 PSU，依据 PPS 原则，从中抽取 9 个社区（居委会）为二级抽样单位（SSU），这样共计抽取 540 个社区；再次，在每一个抽中的社区中，按照简单无放回随机抽样（SRSWOR）原则，抽取 15 个家庭户作为三级抽样单位（TSU）；最后，在抽中的每一个家庭户中，按照制定的随机数表抽取 1 个个体作为最终抽样单位（USU），它成为我们的访问对象。本次调查设计的样本规模为 8100 人，实际回收有效样本为 6895 人，有效回收率为 85% 。

　　本次调查样本构成的基本情况如下。样本的全部年龄集中在

16~76 岁，年龄的均值为 35.08 岁，标准差为 9.22 岁，年龄中位数为 33 岁。样本的性别构成为：男性为 34.83%（2401 人），女性 65.17%（4492 人），① 可见女性子样本多于男性子样本。从受教育程度构成上看，样本的众数是高中或中技学历，为 29.85%，其次为大专和大学本科学历，分别占 27.04% 和 22.29%。样本的婚姻状况以初婚为主，占 67.84%，未婚工作者占 25.15%，其他婚姻状况的占 7.01%。内部信度检测表明，本调查数据质量中等偏上，基本上可用于反映调查领域的概貌。参照其他权威统计数据进行外部信度检测，校准加权后的统计估计结果表明，本调查数据具有较高的外部效度，尽管女性样本确实偏多。作为社会学领域中全国城镇居民工作环境的第一次专项调查，本数据的质量虽不完美，但还是可以作为理论研究、假设检验和政策分析的坚实基础。

四 组织信任调查结果

（一）组织信任的测量结果

1. 人际信任

对于人际信任，根据概念的具体化指标我们设计出了相应的量表。其中测量垂直信任的题项有 4 个：f9e. 我常常有机会表达对工作的改进意见；f9l. 我的领导常常要求我参与决策；f9m. 在工作上，我和领导之间能够做到畅所欲言；f9h. 总的来说，我对我们单位领导很信任。答案选项均是"完全符合"、"比较符合"、"一般"、"较不符合"和"很不符合"，编码依次为 5、4、3、2、1。各指标的调查结果如表 2-1 所示。可见，在职工参与决策上领导言实相符（f9l）的情况最差，认为"完全符合"和"比较符合"的仅占 35.34%。而在职工工作建言上领导言实相符（f9e）

---

① 有 2 个样本的性别编码为无效值。

的情况较好，回答"完全符合"和"比较符合"的达到43.26%。领导总体信任（f9h）的职工认同度最高，回答"完全符合"和"比较符合"的达到57.67%。

表2-1 垂直信任各指标的描述性统计

单位：%

题项	完全符合（5）	比较符合（4）	一般（3）	较不符合（2）	很不符合（1）
f9e（$n=5921$）	13.11	30.15	42.24	10.71	3.80
f9l（$n=5478$）	10.39	24.95	40.34	15.59	8.73
f9m（$n=5544$）	11.78	30.36	40.48	11.78	5.61
f9h（$n=5645$）	16.47	41.20	36.55	3.97	1.81

我们假定这4个指标背后有一种无法直接观测的连续变量——垂直信任。上述指标为定序测量层次，这里我们按照连续变量的验证性因子分析模型来考察该建构的测量信度。连续变量的验证性因子分析（见图2-2）表明，垂直信任量表的测量效果还算可以，各题项的标准化因子负荷λ都在0.50以上，且均具有统计显著性。量表的组合信度系数ρ等于0.788，大于0.50，表明垂直信任的聚合能力十分理想（邱皓政、林碧芳，2012：106）。尽管近似误差均方根RMSEA的拟合值高于0.10的一般性经验标准，但

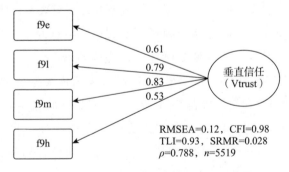

图2-2 垂直信任的验证性因子分析结果

考虑到数据的定序测量层次并综合考虑 λ 和 ρ 等相关拟合优度信息，我们认为垂直信任量表的测量效果还是可以接受的。

对于人际信任中的水平信任，我们同样根据概念的具体化指标设计出了相应的量表。测量水平信任的题项有 5 个：f9b. 我在单位中有很好的人缘；f9i. 当有人想欺负我时，总有同事替我仗义执言；f9d. 我的工作能力经常得到同事的肯定和赞扬；f9j. 我不用担心别的同事抢走我的功劳；f9k. 总的来说，我单位的同事是可信的。答案选项均是"完全符合"、"比较符合"、"一般"、"较不符合"和"很不符合"，编码依次为 5、4、3、2、1。各指标的调查结果如表 2 - 2 所示。可见，组织内部同事和谐关系言实相符（f9b）和总体上言实相符（f9k）的情况最佳，认同度分别高达 67.74% 和 65.73%。而同事间社会支持（f9i）的情况相对较差，认同度为 47.22%。

表 2 - 2　水平信任各指标的描述性统计

单位：%

题项	完全符合 (5)	比较符合 (4)	一般 (3)	较不符合 (2)	很不符合 (1)
f9b （$n=5957$）	19.66	48.08	29.19	2.12	0.96
f9i （$n=5677$）	11.13	36.09	42.49	7.49	2.80
f9d （$n=5883$）	13.36	40.05	41.29	3.82	1.48
f9j （$n=5760$）	16.08	36.02	38.73	6.62	2.53
f9k （$n=5881$）	18.02	47.71	30.01	3.08	1.17

我们同样假定这 5 个指标背后存在一种无法直接观测的连续变量——水平信任。上述指标为定序测量层次，这里我们按照连续变量的验证性因子分析模型来考察该建构的测量信度。连续变量的验证性因子分析（见图 2 - 3）表明，水平信任量表各题项的标准化因子负荷都在 0.64 ~ 0.74，且均具有统计显著性。量表的组合信度系数 ρ 等于 0.811，表明水平信任的聚合能力也是

非常理想的。近似误差均方根 RMSEA 为 0.13，也超过了 0.10 的一般性经验标准，考虑到数据的定序测量层次并综合考虑 λ 和 ρ 等相关拟合优度信息，我们认为水平信任量表的测量效果也是可以接受的。

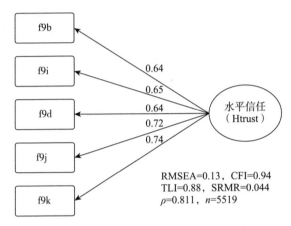

图 2 – 3　水平信任的验证性因子分析结果

2. 制度信任

测量制度信任的题项有 5 个：f9c. 只要合情理的事情，不符合单位制度也无所谓；f9g. 在单位中办事，熟人比规章制度更管用；f9n. 少数人把持着单位，其他人对此无能为力；f9o. 我得不到工作所必需的资料、信息或工具；f9p. 兢兢业业的人在我们单位根本不吃香。答案选项均是"完全符合"、"比较符合"、"一般"、"较不符合"和"很不符合"，编码依次为 5、4、3、2、1。各指标的调查结果如表 2 – 3 所示。制度执行公事公办、一视同仁（f9g）的信任状况最佳，回答"较不符合"和"很不符合"的比例合计为 34.63%；而制度在能力或效绩至上方面（f9p）的信任状况较差，回答"较不符合"和"很不符合"的比例合计仅为 13.47%；在提高工作资源支持上（f9o）的信任状况是最差的，回答"较不符合"和"很不符合"的比例合计仅为 13.05%。

表 2 – 3 制度信任各指标的描述性统计

单位：%

题项	完全符合 (5)	比较符合 (4)	一般 (3)	较不符合 (2)	很不符合 (1)
f9c（n = 5846）	10.59	25.13	41.28	17.02	5.99
f9g（n = 5787）	7.62	17.52	40.23	26.21	8.42
f9n（n = 5883）	15.35	23.96	38.77	15.66	6.26
f9o（n = 5760）	23.15	31.11	32.69	9.73	3.32
f9p（n = 5881）	25.65	29.55	31.33	9.93	3.54

我们同样把制度信任视为一种无法直接观测的潜在因素，认为可以通过以上5个经验指标对其进行观测和把握。该子量表的指标也均为定序测量层次，我们按照连续变量的验证性因子分析模型来考察制度信任这一概念的测量效果。连续变量的验证性因子分析（见图2-4）表明，制度信任子量表各题项的标准化因子负荷最高是0.79，最低是f9g和f9c两个题项，都是0.45，未达到 $\lambda \geqslant 0.71$ 的原则要求，但该因素还是可以解释观测题项20%的变异量，质量评价为一般（邱皓政、林碧芳，2012：101）。该子量

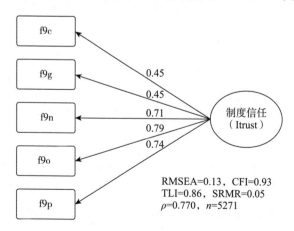

图 2 – 4 制度信任的验证性因子分析结果

表的组合信度系数 ρ 等于 0.770，表明制度信任的聚合能力还是较好的。近似误差均方根 RMSEA 超过了 0.10 的一般性经验标准，综合考虑 λ 和 ρ 等相关拟合优度信息，我们认为制度信任量表的测量效果基本可以接受。

3. 共同方法偏差检验

关于组织信任量表的数据，我们在数据分析阶段也对其运用共同方法偏差进行了检验。首先，根据 Harman 的单因素检验法（Podsakoff et al.，2003），把组织信任量表的所有 14 个题项放在一起，采用主成分分析法进行探索性因素分析。结果表明，共出现三个特征值大于 1 的因子，且第一个因子解释的变异量为 33.99%。其次，竞争性模型验证性因子分析结果（见表 2-4）表明，一因子模型、二因子模型的拟合指标都达不到可以接受的要求，而三因子模型的各项拟合指标表现最好，尤其是 RMSEA 达到了小于 0.10 的一般性经验标准。以上两个结果都证明共同方法偏差不是本研究中的一个问题。

表 2-4　竞争性模型验证性因子分析的拟合指标比较

模型	χ^2	df	χ^2/df	CFI	TLI	SRMR	CD	RMSEA
零模型	25690.38	91						
一因子模型	9522.22	77	123.66	0.63	0.56	0.13	0.87	0.16
二因子模型	4155.90	76	54.68	0.84	0.81	0.09	0.98	0.10
三因子模型	3410.20	74	46.08	0.87	0.84	0.08	0.99	0.09

4. 组织信任指数

传统因子分析方法的一个前提是指标变量都是连续变量，且符合多元正态分布。在这种情况下，因子值的获得是通过指标变量的负荷及线性组合实现的。本研究中，所有指标变量的测量均为定序层次，1~5 分的取值并不具有真正的数量意义，且相邻两个个案分值之间的距离也不能假定为相等。鉴于此，传统基于线性组合的求取因子值的方法所得结果会不太精确，而采用广义次序累积概率函数方法来获得因子值则更为科学。我们有理由相信，如果三个信任测量模型基于多元正态、线性假设的验证性因子分析结果可以被接受，那么采用次序模型去拟合数据而得到的效果只会更佳。

求取因子指数之前，我们首先将制度信任的逆向指标赋值做正向化处理，而垂直信任和水平信任的测量指标因均为正向赋值而保持原状，这样获得的三个因子指数易读性强，保证因子指数越大信任水平越高。其次，利用广义结构方程模型（GSEM）次序变量的 Logit 方法对测量模型的数据进行拟合，以得到三个信任建构的确切分值，且为便于阅读对该分值进行百分制转换，这就是最终的信任指数。信任指数保证分值在 0～100 分，指数越大表示信任水平越高。最后，由于垂直信任和水平信任构成组织人际信任关系的两个不同方面，相关程度较高，且领导和同事关系往往又会交叉重叠，所以我们就在获得了它们的因子指数后，又以各因子的方差贡献率为权数（两个因子指标，权数相同），计算出总体的人际信任指数。

次序变量的 Logit 测量模型分析结果（见表 2-5）表明，在我们的样本中，垂直信任指数分布在 0～100 分，极差为 100 分，均值为 55.36 分，标准差为 19.16 分。水平信任指数分布在 0～100 分，均值为 60.94 分，标准差是 17.70 分。整体人际信任指数分布在 0～100 分，均值为 56.40 分，标准差为 17.70 分。在这个样本中，制度信任指数也分布在 0～100 分，均值为 57.21 分，标准差为 18.52 分。可见，当前我国社会组织运行环境中，人际信任和制度信任水平总体均不高，且大体相当。人际信任中的垂直信任和水平信任呈现不平衡态势，水平信任表现较佳，而垂直信任表现较差。组织信任指数分布的箱线图如图 2-5 所示。

表2-5 2017年城镇职工组织信任状况

组织信任	样本规模（人）	样本均值（分）	样本标准差（分）	总体规模（人）	总体均值（分，加权）	总体置信区间（95%）
垂直信任	6038	55.36	19.16	366147065	52.68	51.02 ~ 54.33
水平信任	6033	60.94	17.70	372429261	60.09	58.62 ~ 61.57
人际信任	5960	56.40	17.70	363658475	54.16	52.69 ~ 55.63
制度信任	6050	57.21	18.52	367184460	55.43	53.86 ~ 57.00

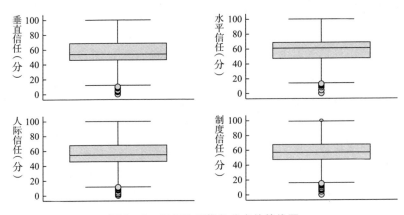

图2-5 组织信任指数分布的箱线图

（二）城镇职工组织信任的社会分布特点

1. 组织信任的省份和区域分布状况

在全国24个抽样调查省份中，人际信任和制度信任的省份分布呈现一定的特点（见图2-6和图2-7）：云南、北京、重庆、上海和四川在人际信任排名中处于前五位，而它们（重庆除外）在制度信任排名中基本处于中间靠后位置，四川甚至处于末位。广东、海南、重庆、安徽和福建在制度信任排名中处于前五位，可它们（重庆除外）在人际信任排名中也是相对较低的，其中海南、安徽和福建排名居于后五位之列。组织制度信任分数较高的省份，其人际信任分数一般较低，这是我们发现组织信任分布的一个规律。方差分析结果显示，无论是人际信任分数还是制度信任分数，它们在不同省份的分布差异极为显著（$F = 6.49$、13.8，$p = 0.000$）。垂直信任和水平信任的省份分布如图 2-8、图 2-9 所示。

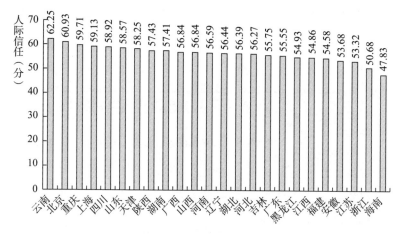

图 2-6　人际信任省份分布

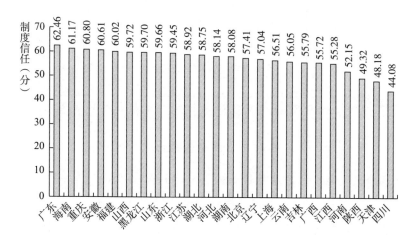

图 2-7　制度信任省份分布

从我国四大经济区域来看（见图 2-10），人际信任分数和制度信任分数分布呈现一种矛盾现象：西部地区人际信任分数表现最佳（58.39 分），但制度信任分数是最低的（54.11 分）；相反，

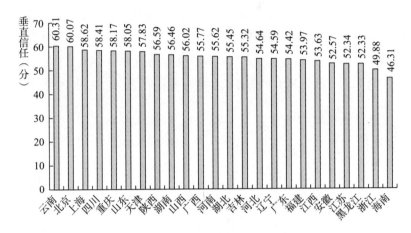

图 2-8 垂直信任省份分布

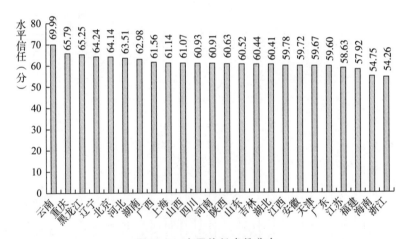

图 2-9 水平信任省份分布

东部地区人际信任表现是最差的（55.56分），但制度信任分数是最高的（58.63分）。垂直信任和水平信任在地区分布上也有类似矛盾特点，东北地区的垂直信任分数最低（54.05分），但其水平信任表现是最佳的（64.00分）。方差分析表明，四种信任的分数在四大经济区域分布上均具有显著性差异。

2. 组织信任的个体特征分布状况

（1）性别与制度信任显著相关，而与人际信任没有关系。人际

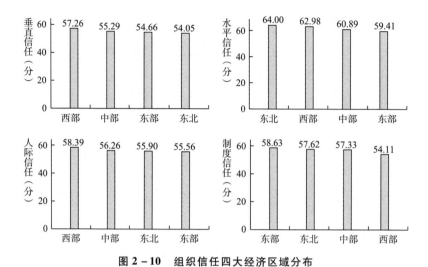

图 2 - 10　组织信任四大经济区域分布

信任和制度信任均与职工户口类型显著相关。统计结果（见图 2 -
11）显示，从性别分布上看，女性职工的制度信任分数高于男性，
t 检验表明总体上制度信任与性别的关联性确实存在（$p = 0.000$）。
在人际信任上女性职工的分数高于男性，但差异未通过显著性检
验，而在水平信任上女性职工的分数高于男性，性别差异表现显
著（$p = 0.011$）。其次从职工户口类型上看（见图 2 - 12），无论是
人际信任还是制度信任，城镇户口的职工的分数均高于农业户口
的职工，t 检验表明总体上组织信任与户口类型的关联性是真实存
在的。总之，在组织信任方面，女性职工的分数高于男性，城镇
户口的职工的分数高于农业户口的职工。

（2）人际信任分数在职工政治面貌和宗教信仰类别分布上差
异显著，而制度信任与职工是否为党员、有无宗教信仰均不相关。
统计结果（见图 2 - 13）表明，无论是垂直信任、水平信任还是总
体人际信任，其在职工是否为党员上均表现出显著差异，且共产
党员群体的人际信任分数高于非党员群体，t 检验表明这些差异都
极为显著（$p = 0.000$），说明职工是否为党员与人际信任显著相
关。同样，人际信任分数在有无宗教信仰两类群体上的均值差异

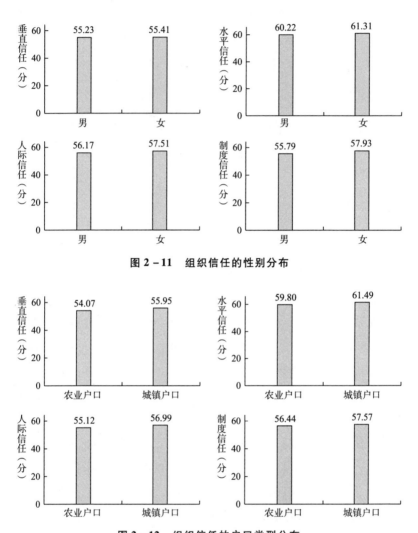

图 2 - 11　组织信任的性别分布

图 2 - 12　组织信任的户口类型分布

也是较为显著的（见图2 - 14），与无宗教信仰的人相比，有宗教信仰者的人际信任水平较高。然而，制度信任分数在政治面貌和宗教信仰两个因素上的差异均未表现出显著性（$p = 0.107$，$p = 0.503$），即制度信任与职工的政治面貌和有无宗教信仰没有关系。

（3）组织信任分数基本呈现随着职工文化程度提高而提升的规律。统计结果（见图2 - 15）显示，制度信任分数与受教育程度

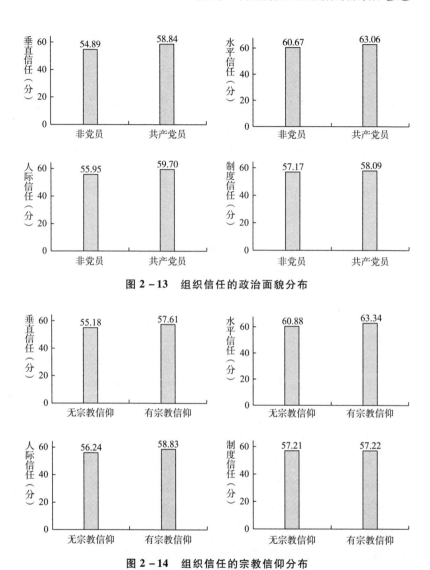

图 2 - 13　组织信任的政治面貌分布

图 2 - 14　组织信任的宗教信仰分布

呈现正向的共变趋势，小学及以下文化程度的制度信任分数最低，为 50.79 分，而大学文化程度的制度信任分数为 58.22 分，制度信任分数在文化程度上的分布差异显著（$p = 0.000$）。职工受教育程度越高，垂直信任分数就越高，小学及以下文化程度的垂直信任分数仅为 50.04 分，而研究生文化程度的垂直信任分数高达 62.15 分，垂直信任分数在文化程度分布上的差异极为显著（$p = 0.000$）。文化程度越高，水平信任分数总体上越高，小学及以下文化程度的水平信任分数为 57.98 分，而研究生文化程度的水平信任分数则高达65.01 分，水平信任分数在文化程度分布上的差异极为显著（$p = 0.000$）。总体上人际信任分数在文化程度上的分布差异也具有统计学意义上的显著性（$p = 0.000$）。

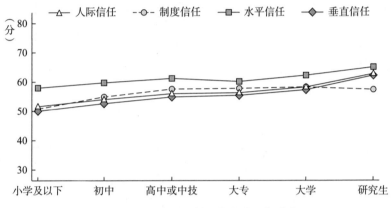

图 2 - 15　组织信任的文化程度层级分布

（4）制度信任与职工年龄呈负相关关系，人际信任与职工年龄呈正相关关系。统计结果（见图 2 - 16）显示，职工制度信任分数与其年龄表现出明显的反向共变趋势（见图 2 - 16d：$r = -0.061$，$p = 0.000$），也就是说职工年龄越大，他们对组织的制度信任就越低。相反，职工的垂直信任、水平信任分数均与其年龄呈现正向的共变趋势，即职工年龄越大，垂直信任分数就越高（见图 2 - 16a：$r = +0.065$，$p = 0.000$），水平信任分数也越高（见图 2 - 16b：$r = +0.043$，$p = 0.000$）。总体上人际信任分数与职工年龄呈正相关关系（见图 2 - 16c：$r = +0.066$，$p = 0.000$）。

3. 组织信任与个体的组织特征

（1）从所属单位类型上的分布来看（见图 2 - 17），个体户的人际信任分数最高（59 分），私营企业、集体企业的表现最差（两者均为 55 分），单因素方差分析表明，各单位类型的人际信任

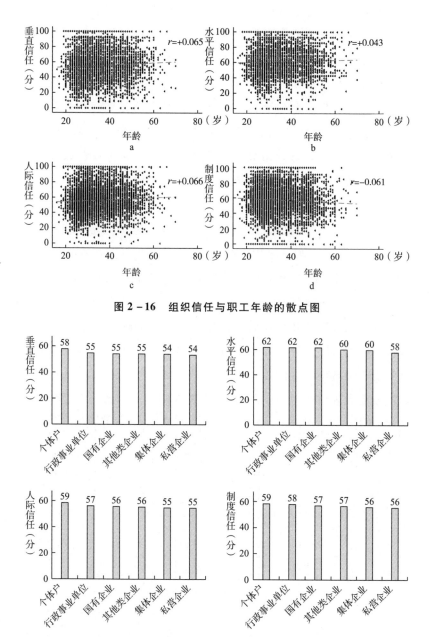

图 2-16 组织信任与职工年龄的散点图

图 2-17 组织信任的单位类型分布

分数差异具有统计显著性（$p = 0.000$）。而制度信任在个体户、行政事业单位、国有企业、其他类企业上的表现较好，而在集体企业和私营企业上的表现较差，各单位类型的制度信任分数差异具有统计显著性（$p = 0.000$）。人际信任分垂直信任和水平信任两个方面。垂直信任分数最高的是个体户，最低的是私营企业和集体企业，各单位类型的垂直信任分数差异具有统计显著性（$p = 0.000$）。水平信任分数最高的是个体户、国有企业及行政事业单位，最低的是私营企业，各单位类型的水平信任分数差异表现出统计学意义上的显著性（$p = 0.000$）。

（2）单位规模越大人际信任水平总体上越低。统计结果（见图 2 - 18）显示，20 人及以下的小型单位人际信任分数最高（57.78 分），超过 20 人的中等规模或更大规模的单位的人际信任表现相对较差（55.18 分和 55.56 分），单因素方差分析表明，各单位规模的人际信任分数差异具有统计显著性（$p = 0.000$）。具体来说，各单位规模的人际信任差异主要存在于垂直信任这个方面，20 人及以下的小型单位垂直信任分数最高（57.05 分），超过 20 人的中等规模或更大规模的单位的垂直信任表现则相对较差（53.98 分和

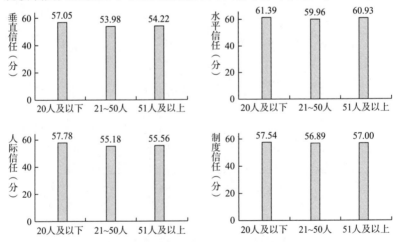

图 2 - 18 组织信任的单位规模分布

54.22分），单因素方差分析表明，各单位规模的垂直信任分数差异具有统计显著性（$p = 0.000$）。统计结果还表明，制度信任与单位规模大小不相关，单因素方差分析表明，各单位规模的制度信任分数差异不具有统计显著性。

4. 组织信任与职工的从业特征

（1）组织信任在职工工作性质上表现出显著的差异性。统计结果（见图2-19）显示，制度信任分数分布特征是正式工和临时工最高（57.51分和57.47分），而劳务派遣工最低（52.58分），差异显著（$p = 0.008$）。对于垂直信任而言，从事非正式就业的其他类职工的分数最高（62.53分），临时工的分数最低（52.61分）。对于水平信任来说，同样是从事非正式就业的其他类职工的分数最高（64.19分），而正式工的分数最低（60.03分）。整体人际信任分布特征是从事非正式就业的其他类职工的分数最高（60.90分），而临时工的分数最低（54.14分），单因素方差分析表明，人际信任与职工工作性质显著相关。

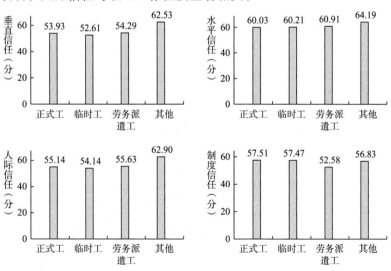

图2-19 组织信任的工作性质分布

（2）组织人际信任分数呈现随着职位层级提高而提升的规律。

统计结果（见图 2 – 20）显示，职位层级越高，垂直信任分数就越高，处于第 1 层级职工的垂直信任分数仅为 51.42 分，而处于第 5 层级及以上职工的垂直信任分数高达 69.82 分，垂直信任分数随着职位层级的提升而逐渐升高。职位层级越高，水平信任分数总体上越高，第 1 层级职工的水平信任分数为 59.17 分，第 5 层级及以上职工的水平信任分数则为 70.07 分。总之，职位层级越高，人际信任分数也越高，二者显著相关。值得注意的是，制度信任分数与职位层级的关联性不具有统计显著性。

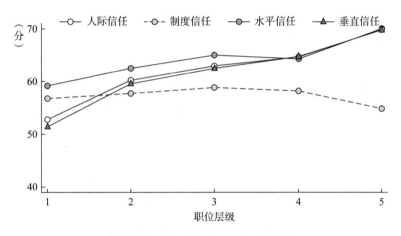

图 2 – 20 组织信任的职位层级分布

注：横轴中的 5 是指第 5 层级及以上。

（3）制度信任与职工资历呈负相关，人际信任则与职工资历呈正相关。统计结果（见图 2 – 21）显示，职工的制度信任分数与其资历表现出明显的反向共变趋势（见图 2 – 21d：$r = -0.039$，$p = 0.002$），资历越长，他们感受到的制度可信性反而越低。而职工的人际信任分数与其资历呈现明显的正向共变趋势，资历越长，人际信任分数就越高（见图 2 – 21c：$r = +0.063$，$p = 0.000$）。具体来说，资历越长，垂直信任分数越高（见图 2 – 21a：$r = +0.058$，$p = 0.000$），水平信任分数也越高（见图 2 – 21b：$r = +0.057$，$p = 0.000$）。

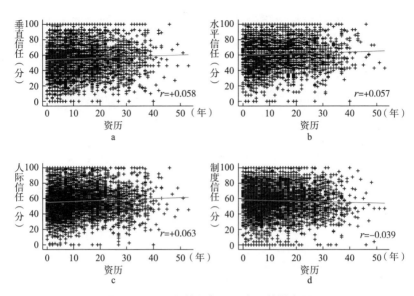

图 2 - 21　组织信任与职工资历的散点图

（4）人际信任分数呈现随着职工月收入水平提高而提升的规律。统计结果（见图 2 - 22）显示，人际信任分数随着职工月收入的提高而提高，方差分析表明二者的相关性显著（$F = 69.68$，$p = 0.000$）。具体来说，垂直信任分数与职工月收入水平呈现正向的共变趋势，月收入在 2000 元及以下的职工的垂直信任分数最低，仅为 50.53 分；随着职工月收入水平的提高，垂直信任分数也呈现提高的趋势，月收入在 10000 元以上的职工的垂直信任分数最高，达到 68.12 分。方差分析结果表明，垂直信任分数在职工月收入水平上的分布差异极为显著。同时，水平信任分数与职工月收入水平也呈现类似的正向共变趋势，月收入在 2000 元及以下的职工的水平信任分数也是最低的，为 59.39 分；随着职工月收入水平的提高，水平信任分数同样呈现提升的趋势，月收入在 10000 元以上的职工的水平信任分数最高，达到 69.93 分。方差分析结果表明，水平信任分数在职工月收入水平上的分布差异同样极为显著。统计结果还发现，制度信任与职工月收入水平也是相关的，在 95% 置信水平下制度信任分数在职工不同月收入水平上的差异也表现出统计上的显著性，但显著性程度（$p = 0.004$）远不及人际信任。

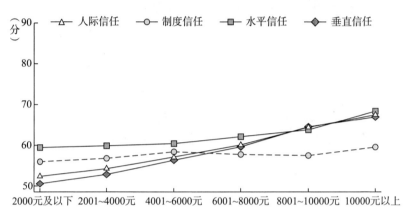

图 2 - 22　组织信任的月收入水平分布

5. 组织信任与工作经历

（1）组织人际信任与职位升迁经历显著正相关。统计结果（见图 2 - 23）显示，与没有升迁经历的人相比，有升迁经历的人的人际信任分数要高，且随着升迁次数增多，人际信任分数也逐渐提升，升迁过 4 次及以上的分数最高，达到 67.59 分。具体来说，无论是垂直信任还是水平信任，分数都会随着升迁次数的增多而提高，方差分析都通过了显著性检验，表明这种关联在总体中确实存在。统计结果还表明，制度信任与个体的职位升迁经历无关，不管升迁情况如何，制度信任分数的分布差异不明显。升职是现代社会中职工自我价值体现的重要保证，有职位升迁经历的人对领导和同事的可信性感受最深，但不会把升职归因于制度的可靠性。

（2）组织人际信任与加薪经历显著正相关，即有加薪经历且加薪次数越多，组织人际信任分数就越高。统计结果（见图 2 - 24）显示，与没有加薪经历的人相比，有加薪经历的人的人际信任分数要高，且随着加薪次数增多，人际信任分数也逐渐提升，

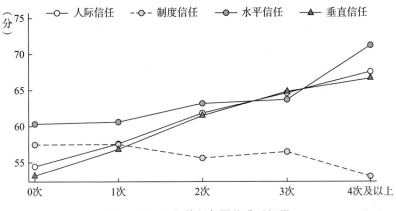

图 2-23 组织信任与职位升迁经历

加薪次数在 4 次及以上的分数最高，达到 64.77 分。具体来说，无论是垂直信任还是水平信任，都表现出分数随着加薪次数的增多而提高的规律，方差分析都通过了显著性检验，表明这种关联在总体中确实存在。统计结果还表明，制度信任与个体的加薪经历无关，不管是否加薪或加薪次数多少，制度信任分数的分布差异不明显。薪酬是现代社会中职工生存的基础条件，组织给予努力工作的人加薪，是言实相符的具体体现，可增加其领导的可信性，但是职工不会把加薪归因于制度的可靠性。

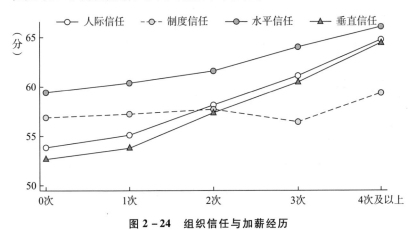

图 2-24 组织信任与加薪经历

（3）垂直信任、制度信任与欠薪经历、工伤经历显著相关，而水平信任与之没有关系。统计结果（见图2-25）显示，人际信任与欠薪经历显著相关，相比没有欠薪经历的人，有欠薪经历的人的人际信任分数要低3.49分，t检验表明总体上人际信任与欠薪经历的关联性确实存在（$p = 0.0006$）。具体而言，这里的人际信任差异主要源于上级领导的垂直信任，而与水平信任无关。同时，统计结果还显示制度信任与欠薪经历显著相关，相比没有欠薪经历的人，有欠薪经历的人的制度信任分数要低5.84分，t检验表明总体上制度信任与欠薪经历的关联性确实存在（$p = 0.000$）。另外，垂直信任和制度信任与工伤经历的相关性也是显著的（见图2-26），与没有工伤经历的人相比，有工伤经历的人的垂直信任和制度信任的分数都较低，分别低了3.47分和1.98分，均值差的t检验都是显著的，表明总体上这样的关联性也是真实存在的。所以，欠薪、工伤之类的事情都是制度和领导不可信的证据，它们会在一定程度上降低组织的垂直信任和制度信任。

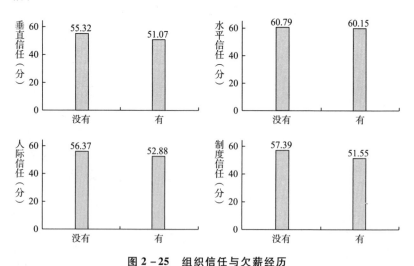

图2-25　组织信任与欠薪经历

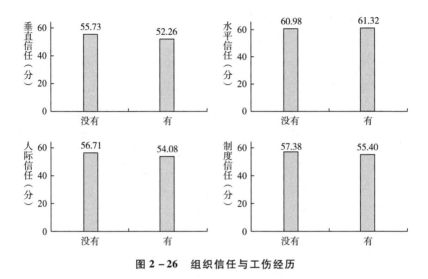

图 2 - 26　组织信任与工伤经历

（三）城镇职工组织信任 10 年变化趋势

我们于 2007 年就当时中国组织职工参与状况做过一次大调查，其中也关注到了职工的组织信任问题，但限于当时的调查主题，组织信任量表的设计还是初步的、不够系统的。那时候中国劳动关系状况所面对的制度和结构特征有以下两方面。①国家随着市场经济体制的转变开始制定和出台与劳动关系相关的一些制度，但制度规范还不够科学、合理和完善，执行也缺乏力度，总体还处于探讨和摸索时期。比如新中国成立以来第一部全面调整劳动关系、确定劳动标准的基本法——《中华人民共和国劳动法》（1994 年）正式通过，各项劳动关系开始受到国家法律法规的调节和控制。②进入 21 世纪，中国经济进入高速发展的所谓"黄金时期"，而伴随这种快速经济增长，劳动关系领域也暴露出了失范的问题。比如 2003 年、2004 年和 2005 年，我国 GDP 增长率分别为 9.1%、9.5% 和 9.9%，到 2006 年和 2007 年，增长率分别提升到 10.7% 和 11.4%，达到了我国历史上绝无仅有的水平。而发展经济的政策导向，经济主体间的过度竞争，以及相关因素的推波助澜，不可避免地造成了劳动关系领域里的失范状况，雇主方不遵守劳动合同，损害劳动者权益的现象时有发生。

2010 年以来，中国经济持续减速，2011～2016 年我国 GDP 增长率依次为 9.5%、7.7%、7.7%、7.4%、6.9% 和 6.7%，从高速增长转向继续保持中高速增长的态势，经济增长逐渐由原来对量的追求转变为对质的提升。在这一发展阶段，国家加大了劳动关系法规的制定和执行力度，如 2008 年全面调整劳动关系的一部重要法律——《劳动合同法》出台，2010 年开始全面落实和推进小企业劳动合同制度实施专项行动计划，加大政策执行力度，要求各类小企业与劳动者依法签订劳动合同。各地政府相继展开劳动者维权专项活动，通过法律武器及法律援助机构，切实维护法律尊严和当事人的合法权益，取得了一定的成效。进入新时代，在经济发展的基础上我国也到达了社会发展的拐点，社会主要矛盾也转变为人民日益增长的美好生活需要和不平衡不充分的发展之间的矛盾，国家各项事业正在围绕解决这一矛盾而努力工作。同时，国家相继通过群众路线教育实践活动、"三严三实"专题教育、"两学一做"学习教育，通过严格落实中央八项规定、反"四风"等工作，加大了对党政机关、企事业单位领导人的贪污受贿、以权谋私的惩罚力度。总之，尽管还存在这样那样的社会问题，广大劳动群体对社会还是比较有信心的，对未来也抱持较高的希望。

10 年时间不算太长，但中国社会从经济高速增长期进入了社会发展的拐点，在经济发展基础上提升社会发展质量已成为新时代不得不面对的核心主题。本章描述和分析了当下中国社会组织信任的发展状况，再回顾 10 年前的发展水平，研究一下中国社会 10 年历程中组织信任的变化趋势，自然也是我们所希望的。对比 10 年间中国社会组织信任的变化趋势，前提条件是要有相同的测量指标，2007 年所进行的员工参与状况调查就设计出了相应的量表，用来观测当时组织信任的社会事实。这次调查的量表虽有一些完善，但主要的指标变量都延续了下来，使我们的趋势研究变成了可能。根据两次问卷调查的情况，垂直信任、水平信任和制度信任三个概念建构使用了相同的量表来加以观测，所以我们首先对各个量表的调查数据进行描述性统计分析。在进行描述性统计分析之前，我们还要先将制度信任的逆向指标赋值做正向化处理，保证分值越大制度信任越强，而垂直信任和水平信任的测量指标因均为正向赋值而保持原状。统计结果（见表 2 - 6）显示，在组织信任中有 10 个指标变量的均值从 2007 年到 2017 年表现出了提升的趋势，且均值差异极为显著（$p = 0.000$），只有制度信任的 1 个指标变量，即"在单位中办事，熟人比规章制度更管用"的均值表现出下降特征。

表 2 - 6 两次问卷调查组织信任各个指标变量的描述性统计及差异检验

信任	指标	计分	2007 年	2017 年	差异显著性
垂直信任	f9e. 我常常有机会表达对工作的改进意见（j13g）	1 = 很不符合 2 = 较不符合 3 = 一般 4 = 比较符合 5 = 完全符合	Mean = 3.10 SD = 0.94	Mean = 3.38 SD = 0.97	$t = -15.18$ $p = 0.000$
	f9l. 我的领导常常要求我参与决策（j13f）		Mean = 2.95 SD = 0.96	Mean = 3.13 SD = 1.07	$t = -8.64$ $p = 0.000$
	f9m. 在工作上，我和领导之间能够做到畅所欲言（j13h）		Mean = 3.17 SD = 0.94	Mean = 3.31 SD = 1.01	$t = -7.48$ $p = 0.000$
	f9h. 总的来说，我对我们单位领导很信任（p4d）		Mean = 3.42 SD = 0.80	Mean = 3.67 SD = 0.86	$t = -15.04$ $p = 0.000$
水平信任	f9b. 我在单位中有很好的人缘（h13b）		Mean = 3.68 SD = 0.75	Mean = 3.83 SD = 0.79	$t = -10.14$ $p = 0.000$
	f9d. 我的工作能力经常得到同事的肯定和赞扬（p4b）		Mean = 3.49 SD = 0.75	Mean = 3.60 SD = 0.82	$t = -6.92$ $p = 0.000$
	f9k. 总的来说，我单位的同事是可信的（h13e）		Mean = 3.55 SD = 0.76	Mean = 3.78 SD = 0.81	$t = -14.87$ $p = 0.000$

信任	指标	计分	2007 年	2017 年	差异显著性
制度信任	f9c. 只要合情理的事情，不符合单位制度也无所谓（d27f）	5 = 很不符合 4 = 较不符合 3 = 一般 2 = 比较符合 1 = 完全符合	Mean = 2.74 SD = 0.95	Mean = 3.17 SD = 1.03	$t = -22.73$ $p = 0.000$
	f9g. 在单位中办事，熟人比规章制度更管用（d27e）		Mean = 3.05 SD = 1.02	Mean = 2.89 SD = 1.03	$t = 7.43$ $p = 0.000$
	f9n. 少数人把持着单位，其他人对此无能为力（d27d）		Mean = 3.02 SD = 1.02	Mean = 3.26 SD = 1.09	$t = -11.62$ $p = 0.000$
	f9p. 兢兢业业的人在我们单位根本不吃香（d27g）		Mean = 3.02 SD = 1.02	Mean = 3.26 SD = 1.09	$t = -11.62$ $p = 0.000$

注：两个年份使用的信任量表题项是不完全相同的，这里比较时按 2007 年的量表题项进行统计，故指标有所减少。

　　要进行跨年度的纵向比较，精确地知道 10 年间组织信任到底发生了怎样的变化，我们首先要以 2007 年的测量量表作为基准，以确定的各题项的因子负荷为参照标准，生成计算潜在因子的公式（均值为 0，方差为 1）。接着依据这一测量标准，去拟合 2017 年量表调查的数据，产生相应的因子值。统计结果显示：①垂直信任以 2007 年量表因子值作为参照标准（约束均值为 0），结果显示 2017 年的因子值提高到 0.263，两个年份的差异极为显著（$F = 244.55$，$p = 0.000$），说明从 2007 年到 2017 年，城镇职工的垂直信任确实是提高了。②水平信任以 2007 年量表因子值作为参照标准（约束均值为 0），结果显示 2017 年的因子值提高到 0.211，两个年份的差异也极为显著（$F = 174.39$，$p = 0.000$），表明从 2007 年到 2017 年，城镇职工的水平信任也的确是提高了。③对于制度信任，我们同样以 2007 年量表因子值作为参照标准（约束均值为 0），结果显示 2017 年的因子值提高到 0.248，两个年份的差异具有统计上的显著性（$F = 241.50$，$p = 0.000$），说明 10 年间城镇职工的制度信任也确实是提升了。

　　为便于阅读，我们还进一步对各量表的因子值进行了百分制转换，信任分值保证在 0～100 分，分值越大表示信任水平越高。
研究结果显示，就组织人际信任而言，无论是垂直信任还是水平
信任，与 2007 年相比，2017 年中国城镇职工的信任度都表现出显
著提高的特征：垂直信任从 2007 年的 51.81 分提高到 2017 年的
57.04 分，提升了 5.23 分；水平信任则从 2007 年的 60.56 分提高
到 2017 年的 64.49 分，提高了 3.93 分。同时，统计结果还显示，
制度信任表现出了同样的提升趋势，2007 年因子值仅为 47.73 分，
而 2017 年则达到了 52.78 分，10 年间提高了 5.05 分。最后，对
这两个年份调查样本三类信任因子值进行相应年份的加权处理，
从而得到了 2007 年 0.48 亿城镇职工的总体信任分数和 2017 年
4.2462 亿城镇职工的总体信任分数，结果如图 2-27 所示。

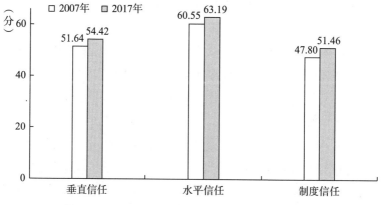

图 2-27　从 2007 年到 2017 年组织信任变化趋势

五　本章小结

通过对 2017 年和 2007 年两个时点调查数据的统计分析，我们
得到的主要结论如下。

（1）当前中国社会组织的信任环境总体上正处于发展的初级
阶段，城镇职工垂直信任样本均值为 55.36 分（加权总体均值是
52.68 分），水平信任样本均值为 60.94 分（加权总体均值为 60.09

分），而制度信任样本均值是 57.21 分（加权总体均值是 55.43 分）。总的来说，城镇职工的人际信任和制度信任处于中等偏上水平。

（2）2017 年中国城镇社会组织不同信任的发展水平表现出不平衡特点。与水平信任相比，垂直信任和制度信任的样本均值更低，分别低 5.58 分和 3.73 分。

（3）东部地区职工感受到的制度信任最高（58.63 分）而人际信任最低（55.56 分），西部地区正好相反，职工感受到的人际信任最高（58.39 分）而制度信任最低（54.11 分）；在省份上也大体呈现这样的分布，如海南、浙江、江苏、安徽、福建等省份职工的人际信任最低，但这些省份的制度信任很高。

（4）女性感受到的水平信任显著高于男性，感受到的制度信任也显著高于男性；职工年龄越大，感受到的人际信任越强，而感受到的制度信任越弱；文化程度越高的职工，感受到的人际信任和制度信任也越强；党员群体感受到其组织人际环境和制度环境更加可信；农业户口群体感受到其组织人际环境和制度环境可信度较之城镇户口群体更低。

（5）个体户的人际信任分数是最高的（59 分），私营企业职工感受到的人际信任分数最低（55 分）；个体户、行政事业单位的制度信任分数较高（59 分和 58 分），而集体企业和私营企业的制度信任分数较低（两者均为 56 分）。超过 20 人的中等规模或更大规模的单位的垂直信任表现相对较差。

（6）正式工的制度信任分数最高，从事非正式就业的其他类职工的人际信任分数最高；职工在组织内的职位层级越高，其体验到的人际信任越强；月收入越高者，其体验到的人际信任越强；制度信任与职工资历呈负相关，人际信任则与职工资历呈正相关。

（7）有升迁经历的人对领导和同事的可信性感受更强，而升迁经历与制度信任无关；有加薪经历者的人际信任远高于没有加薪经历者，而加薪经历与制度信任无关；有欠薪经历者的垂直信任与制度信任更低，有工伤经历者的垂直信任与制度信任更低，有无欠薪或工伤经历与水平信任无关。

（8）与 2007 年相比，2017 年城镇职工三个维度的信任水平（指标保持完全相同）均呈现显著增长趋势，说明从经济高速增长期到进入新时代的 10 年间，中国城镇职工和领导都表现出了更强的可信赖性，组织制度的功能也有了更好的发挥。

中国在大力推进市场经济的同时，并没有推进现代社会所需要的信任机制（翟学伟、薛天山，2014：238）。世界价值观调查数据显示，从 20 世纪 90 年代到 21 世纪初中国社会的信任度从 60% 下降到不足 50%（马德勇，2008：78），1998～2009 年中国大学生人际信任下降了 9.96 分，下降趋势明显（辛自强、周正，2012：347）。而本研究发现，从 2007 年到 2017 年，中国社会组织的三种信任水平都有了显著的提升，尽管它们可能依然是中国社会组织在现代化过程中所面临的最大问题。近几年来，党切实加大了反腐败和依法治国的行动力度，官场风气有了很大改善，职工群众切实看到了党风廉政建设和反腐败斗争的实效，一定程度上增强了职工对组织领导和制度原则的信任。按照 2015 年国务院所提出的"建立规范有序、公正合理、互利共赢、和谐稳定的劳动关系"，研究认为应该着重从以下方面进行制度改革和政策干预，逐步提高组织信任水平，加快组织运行的现代化步伐。

一是社会要开创经济效益和信任文化共同发展的组织新局面，转变一心一意抓经济、一门心思搞政绩、全心全意为 GDP 的"单打一"组织运作模式。要回归组织运行"人是主体"、组织目标提供指引和组织信任提供支撑的统一性特征，塑造适应社会创新发展战略要求的信任建设新形象，形成引领组织现代化发展方向的、促进信任关系转型升级的、符合实现创新型国家战略目标的组织发展新局面。

二是组织要打造公平、公正、公开、透明的制度建设的新环境，改变职工行为无章可循、权益享受毫无保障、组织规章朝令夕改的制度设置缺陷。要回归组织制度合法、公平、有效、相对稳定等本质特征，制定和实施提升职工信任水平、激发职工工作热情和主动性的规范体系，构建保证机会平等、激发开拓创新、减少无度失范、增进团结合作的可信制度环境。

三是领导要建立单位组织关系和谐与共同参与的良好社会整合机制，扭转单位组织管理任人唯亲之风盛行、沟通渠道阻塞不畅、职工沉默或附和普遍存在的发展窘境。要回归组织管理的服务、关怀、支持、激励的人才组织化的本真面貌，从改变"家天下，一人堂"的领导风格、打破职工沉默缄口的被动局面、激发职工建言参与行为等方面下功夫，构建沟通网络畅通、彼此支持尊重的工作信任环境，形成人人满意、人人参与、人人尽力的组织工作环境。

四是国家要坚持组织讲诚信、守信用和以信立身、以信立业的可持续发展导向，消除组织言行不一、弄虚作假、违约失信、欺骗群众的不良风气。要健全完善全社会诚信建设的制度化体系，构建激励诚信、惩戒失信、守信光荣、失信可耻的信任文化长效发展机制，培育政务诚信、商务诚信、社会诚信和司法公信的良好道德风尚，最终创造出职工群众对组织忠诚、积极建言、相互信任、合作创新的组织氛围。

第三章 组织信任类型及其相互关系

一 概念及理论思考

在本研究中，我们对组织的受信者——信任对象问题进行了谨慎的思考，这样做的理由主要有两个。首先，任何一个组织中信任者与受信者的关系必然存在两类，即人际信任和制度信任。在面对面互动情境之下，组织的受信者变为组织具体成员，这些成员自然塑造着人与人之间的信任环境。现代组织里，人们基于组织控制等级的设计自然会归属于不同的地位层次或级别，于是人际信任就可以进一步划分为基于主管或领导可信性的垂直信任和基于同事可靠性的水平信任两个方面。尽管如此，由于组织成员之间领导和同事的角色并非截然分离、非此即彼，往往呈现一种你中有我、我中有你的相互包含关系，所以垂直信任和水平信任就会有较高的正相关性，这就意味着它们可能是组织人际信任因素的两个方面，人际信任是其背后的共同因素。同时，在个人与组织的关系上，受信者必然是一种非人格化的"面孔"，正是受信者这样的非人格化的一种"实体"存在，导致制度信任必然是非人格化的，它是源于非人格化的组织结构或制度的可靠性而形成的另一种信任环境。

其次，从概念上说，人际信任"捕捉"的层面与制度信任是不等同的，尽管它们都是基于名实相符而形成的信任心理事实。人际信任观测的是对组织"人"的要素的一种个人感受或评判，反映出来的是组织成员言行一致、彼此满足角色期望的客观状态。而制度信任测量的是对组织"制度"要素的另一种个人感受和评估，它所反映出来的是组织制度运行有效性、可靠性的客观现实。概念上的这种区分是非常有意义的，因为不同的信任心理源于组织形态不同的层面，且会对组织产生不同方面的效应。比如，因为制度信任的力量作用于组织整体，所以在考察它对集体成员工作投入的影响时就显得更为重要。正是由于制度信任的作用在于工作规定、工作活动层面，所以期望类似工作激励、工作投入这样的结果与组织整体层面的制度信任具有较强的关联才是合理的。缘于在概念上对信任对象的这种区分，本研究会把人际信任和制度信任划分开来，分别探讨它们在组织内的发生和作用机制问题。

无论是人际信任还是制度信任，我们通过概念化采用了相同的定义，即它们都是信任对象名实相符而构成的一种组织事实和组织心理环境，且测量时都以多元特质的类似指标为基础，比如坦诚、正直、善意、大局等。对于三种信任之间的关系，我们可以做这样的预期：一个组织的职工可以信任他的同事、班组伙伴，但主管或领导则未必赋予了他信任。在这种境况下，自然可以预期组织内会有较强的交流及凝聚，而垂直的沟通和团结则会很弱。此外，组织的同事和领导可能会表现出很高的信任水平，而组织制度的可信性却非常低，原因可能是制度模棱两可、形同虚设，未能呈现它的合理性及善意特征。依据组织内受信者的性质，组织研究者均把信任划分为两大类别，即人际信任和制度信任，但针对这两种不同信任环境之间的关系问题，学者们各执一词，有的干脆规避不谈。

那么人际信任与制度信任到底是一种怎样的关系呢？在现代组织管理领域明确关注组织的制度体系和人际关系问题的当推人际关系学派的创始人之一罗特利斯伯格（Roethlisberger）。他在《职工的生产率中的人的因素》中指出，人非单纯的"经济人"，更是"社会人"，"工作中的人同在生活的其他方面的人没有多大差别，他们并不完全是一种逻辑的动物。他们有感情。他们希望能感到自己重要并让别人承认自己的工作重要。他们虽然也对自己的工资袋大小感兴趣，但这不是他们关心的首要之事。他们有时更感兴趣的是，他们的工资报酬能确切反映他们所做不同工作的社会相对重要性。有时甚至比维持社会承认的工资差距更为重要的是上司对待他们的态度"。如此，任何组织的结构与功能，至少要由两套评价体系加以评判，一套是来自管理当局的正式组织的评价体系，另一套则是来自工作伙伴的非正式组织的评价体系。换言之，前者主要由规章制度下的正式组织的业绩与效率等标准所构成，以衡量制度是否被严格执行、实现目标；后者由约定俗成的社会行为规则所构成，包括惯例、道德、价值观、伦理规范、信念和非官方的规则，以测量人际关系是否和谐、和睦和满足成员的情感需要。但是，组织中这两套评价体系的基本出发点是不同的，前者遵循非人格化的"效率的逻辑"，体现的是管理当局的意志；后者则遵照人际关系的"感情的逻辑"，体现了与人和睦相处的客观要求。最重要的是，这两者体现出一种二律背反的特征：过分强调组织制度最高的效率逻辑，人就会出现自我丧失，合作或贡献意愿降低；而如果突出人际最强的感情逻辑，将会导致组织经营效绩受到影响。一个组织的整合与稳定，客观上要求其能够将两者维持一定的均衡。

　　另一个观点是韦伯的现代性"两难"观。德国社会学家韦伯对信任问题有着独特的认识，他认为信任贯穿于西方资本主义社会兴起和发展的整个过程。源于新教伦理的近代资本主义精神，宣扬以惜时、守信、谦恭、勤劳、节俭等态度和方式尽量赚钱，且倡导人们把理性地追求利润、增加自己的资本作为人生目的和道义上的责任。其中，这一精神的重要特质就是诚信，"切记，信用就是金钱"。"影响信用的事，哪怕十分琐屑也得注意。如果债权人清早五点或晚上八点听到你的锤声，这会使他半年之内感到安心；反之，假如他看见你在该干活的时候玩台球，或在酒馆里，他第二天就会派人前来讨还债务，而且急于一次全部收清。""行为谨慎还能表明你一直把欠人的东西记在身上，这样会使你在众人心目中成为一个认真可靠的人，这就又增加了你的信用。"（韦伯，2005a：12～13）此类描述表明，精明理性的经济行为背后其实是信用在起作用，诚信、信任、责任等增强了人与人之间的联系，推动了彼此之间的经济交换乃至一切社会活动，构成西方资本主义社会具有普遍价值和意义的推动力。

而随着理性化在资本主义社会中的迅速扩张和发展，这种基于人的可信赖性的信任机制逐渐发生转变，被源于法律或规范可靠性的信任机制所取代。仅仅建立在人格诚信或博爱等价值基础上的经济行为不啻自取失败，基于市场中交换关系的经济的日益非人性化，其发展遵循它自身的规则，不遵守这一规则就导致经济的失败，长此以往就会出现经济毁灭（Weber，1978：585）。市场经济需要形式合理的可靠的制度来加以保证，其中两种制度加速了经济行动的理性化进程。一是货币的使用，使得不同经济实体（行动者）可以排除一切个人的主观性和品质特征进行交易，因而使得人类的一切交易行为表现出数量化、形式化的特征，也使得人们的产品销售开始可以用客观的衡量标准来度量成本与利润。二是市场的管理，即通过法律和政治手段来保证交易的连续性。如果没有货币交易上的法律制度，理性交易活动也就不能维持多久，市场也不可能持久存在。最终，制度的可靠性日益取代人的可信赖性，成就了现代社会和经济秩序。

所以，从合理性看待工作环境中的社会关系，强调规章制度的严格性和可靠性必然引出对人的自由意志的非理性的结果，反之，坚持人情的合理性必然导致制度形式的非理性后果，这就是伴随社会转型而来的经济社会生活领域人们的两难处境。高度理性化的法律制度一旦在社会控制上占了上风，势必要对以人为中心的实质合理性造成"摧枯拉朽"之势，去除人情道德的因素，人际信任将大大降低。组织随着自身日益现代化和复杂化，所有成员进行分工与协作以实现组织目标会打破既存的感情结构和规范关系。"一方面，如果成员拒绝或不能放弃和改变他们最初的关系，那么他们就会受阻无法自由进入工具角色；另一方面，如果他们为群体目标而消除那些关系，那么他们就会牺牲主要的获益源泉。"（米尔斯，1988：130）实现组织目标，要求规范必须普遍发生作用，使每个成员都受到规范的限制，完全承担起工具性角色；同时，人们走到一起构成正式组织正是基于动机和情感，这些情感由于相互影响而形成了群体情感，群体成员间就是不断地相互表演这些情感经历。强调制度信任及成员的工具行动，就会丧失互动整合的动机和情感结构，反之重视成员间的情感表达行为及人际信任，规范塑造的工具角色则难以达成，这是现代组织不得不面对的一个冲突问题。

　　社会学家卢曼更是用犀利的眼光看到了这一自相矛盾的现象。行为"工具性取向以目标为参照，以对未来预期的效果为参照。而经历的表达性内容则有助于把'现在'稳定在它的'状态'的安全之上，而不是作为瞬间事件而闪烁出现。在这一情境下，现在通过它自身独有的未来和过去的前景，将其构成变化事件的持久基础"（Luhmann，1979：13）。在卢曼看来，组织的制度要素是工具性的，指向整体目标的达成和效率的提高。而组织中的人际互动是表达性的，稳定"现在"是它的重要功能。"工具性取向以牺牲现在为代价向前推进，是通过理性而提高效绩的一个条件。但是这导致行动意义空洞化的'现在'，从而增加了对表达性变量因素需求的压力。在理论和实践中，统治的观念把这一压力视为一个难题：要求计划、增强的手段和方法，也要求适宜的表达性条件的组织提供。"（Luhmann，1979：13）工具性取向和表达性取向，与未来相黏合的事件控制和现在状态的安全，卢曼明确指出这是一种两难（dilemma）情形。作为控制组织行为的非人格化手段，制度机制虽减少了创造人际信任的机会，但最低水平的制度信任是人际信任出现的必要条件（Rousseau et al.，1998）。

关于这两种不同类型信任间的关系问题，也可以采用中国社会"礼崩法生"的理论逻辑来加以解释和说明。这个观点的意思主要是说，任何一个群体或组织的整合，如果彰显了人治、礼治、德治，人际信任成了凝聚社会的主导力量，那么自然地，法律制度的设立就无必要，即使有"刑"，实施也定会因人而异，难以立信。但是一旦群体成员的德行变得不再可靠，人际信任面临断裂，法律制度势必要大行其道，群体通过彰显制度可靠性的社会控制力，以达到维护自身秩序的目的。当仅靠以个人德行为基础的人际信任不足以达成社会整合目标时，必然要求基于法规可靠性的制度信任来维持社会的秩序，这一道理在中国社会思想的演变过程中得到了很好的证明。

比如，孔子主张通过"礼"来维护社会秩序，即所谓的"礼治"（王处辉，2002：91）。最初，"礼"使人与人、人与群体相通相和如一体，塑造出群体或社会的和谐状态。礼治作为社会整合的一种形态，它的最大特点就是通过每个人的"德""情"等产生一种特殊的社会心理类型，酷似涂尔干（2000）的集体良知、集体情感或道德性，把人们凝聚在一起并形成了一种团结状态。"君君，臣臣，父父，子子""君使臣以礼，臣事君以忠"，每个人都有"道"守"德"，履行自己社会角色相应的行为，尽自己的本分，自然就会在群体中产生互信，互信贯通于心与心之间，将双方的心紧密联结，于是一切社会活动顺利进行。礼治的特点在于它不是仰仗外在的威权或酷刑，而是依靠个人内在的人格和心地，即德行完善和情感美好。当人们自发遵守礼、遵守道德，并让情感达于中正平和，表现出来的是得体的行为、互信的气氛，社会自然安定团结。

到了春秋时代，随着生产力的发展以及私有财产、劳动分工的出现，社会秩序发生了重大变化，单纯的"道德礼义"已无力制约人们的行动，于是产生了"礼崩乐坏"的失范状态，一时间出现尔虞我诈、相互争斗的混乱状态。以集体良知为基础的礼治社会崩溃了，在经济发展、私欲膨胀、利益对立的时代，控制人的行为只能凭借法律和制度，这就是"礼崩法生"。民安国治，必须制定严格的、赏罚分明的法律，且律法高于一切人之上，一视同仁，才能令人信服。这时，法律制度的可信性尤为重要，只有法律制度具有可信性人们才会遵守它、服从它、敬畏它、信任它，社会秩序也才能得以维持。社会法规如何赋予可信性呢？首先要让法规公布于众，"宪令著于官府"，法律制度的内容要让民众充分知晓了解，才能"刑罚必于人心"。其次规章制度要具备相对稳定性，朝令夕改将令其失去公信力，"号令数下者，可亡也"。再次制度要赏罚分明，做到有功必赏，有过必罚，"赏莫如厚而信，使民利之；罚莫如重而必，使民畏之；法莫如一而固，使民知之"（《韩非子·五蠹》）。最后制度规定的目标一定要达成，制度的落实既要实现群体目标，又要能增加成员的利益。商鞅变法时"徙木立信"的事例告诉我们，制度呈现可信特征是极为关键的，且由此形成的制度信任正是秦国日后强大的深层根源。

统观中西方社会变迁的现实，以及社会思想家关于社会信任运作机制的讨论，我们不难得出如下结论：传统社会秩序与人际信任浑然一体，而现代社会整合与制度信任紧密相连，随着一个社会由传统向现代的转型，其依靠的集体心理类型也将由原来的人际信任逐渐过渡到制度信任。转型中的社会组织同样也都要面对人治－法治、人际信任－制度信任这样的矛盾倾向性，其依靠的集体心理类型也将由原来的人际信任逐渐转换为制度信任，呈现一种此消彼长、我退你进的辩证发展规律。如果用规章制度进行社会控制，彰显制度信任的社会控制力，则势必会排除人情道德的因素，人际信任将大大降低。换句话说，如果是人的可信度高，则制度的可信度自然低；反之，如果赋予制度较高的可信度，人的可信度自然就低。因此我们从理论上提出的设想，即提升组织环境中的制度信任会降低包含垂直信任和水平信任的人际信任是合理的。需要说明的是，现实中纯粹人际信任组织和纯粹制度信任组织都只能是一种韦伯所谓的"理想型"而已，没有任何组织会与之完美匹配，但它们有理由成为我们研究的参照工具，通过对现实社会组织的信任类型与作为理想类型的信任类型的比较，我们来观测和分析当下中国社会组织整合的具体机制。

二 调查数据和分析方法

这一部分我们使用的数据来自两次问卷调查，一次是 2007 年中国社会科学院社会学研究所的"中国员工参与状况"问卷调查，另一次是 2017 年中国社会科学院"中国城镇居民工作环境"问卷调查。这样做主要出于两个考虑。一是两次问卷调查时间间隔已达 10 年，与 2007 年相比，当前中国社会尤其是工作环境肯定发生了重大变化，组织信任环境自然也会伴随时间的推移发生动态改变。那么具体到组织信任问题上，三种信任之间到底保持一种怎样的关系？这种关系是否会随着时间变化而发生改变呢？它们对中国社会组织的变迁又意味着什么？通过对这两次问卷调查数据的分析，我们预期能够从中找到问题答案的蛛丝马迹。二是出于研究预设的验证，如果组织中两种性质不同的信任类型——人际信任和制度信任之间真的保持某种相互矛盾的张力状态，那么这种状态也应当在不同时期的组织环境中呈现出来，所以通过纵向数据的分析有望对此给出结论。

对于这两次问卷调查数据的统计分析，我们的研究方法和过程基本保持一致。首先在检验我们的假设之前，使用验证性因子分析对组织信任量表的聚合效度和区分效度进行评估。对此本章使用了两种方法。一是 Harman 的单因素检验法（Podsakoff et al., 2003），根据该方法，如果量表所抽取的第一个因子所解释的变异量不超过 30%，就说明量表测量的共同方法偏差问题不严重，对系数估计影响不大。二是验证性因子分析模型的竞争分析，即通过三个测量模型进行评估：一因子模型假设所有的信任题项负荷在同一个因子上；二因子模型区分人际信任和制度信任，但设定垂直信任和水平信任负荷在同一个因子上；三因子模型则在二因子模型基础上将人际信任进一步区分为垂直信任和水平信任，设定存在三个特有的因子。如果在以上三个模型中三因子模型对数据的拟合效果最好，那么信任量表的聚合效度和区分效度就能获得很好的保证。其次我们运用广义结构方程模型（GSEM）对三种信任因子之间的相互关系进行检验。

综上，研究过程包括以下三步。第一步，采用验证性因子分析模型进行数据拟合，分析三个信任因子彼此之间的相关状况。第二步，使用广义结构方程模型进一步探讨制度信任环境对垂直信任、水平信任的影响，检验它们之间的具体作用情况。根据卢曼的意思，组织人际信任应当受到规则系统的影响，所以这里设定制度信任将会影响人际信任是合乎逻辑的（Luhmann，1979）。第三步，在第二步的基础上，视人际信任为垂直信任和水平信任背后的共同因子变量，运用广义结构方程模型探讨组织内整体制度信任和人际信任之间的具体关系，以期对问题做出最后的回答。

三　2007 年数据研究结果

使用 2007 年的数据检验我们的假设，首先通过验证性因子分析模型对当时的组织信任量表的聚合效度和区分效度进行评估。第一，根据 Harman 的单因素检验法（Podsakoff et al.，2003），把组织信任量表的所有 14 个题项放在一起，采用主成分分析法进行探索性因素分析。结果显示，共出现三个特征值大于 1 的因子，且第一个因子解释的变异量为 30.39%，表明量表测量的共同方法偏差问题基本不严重。第二，验证性因子分析结果（见表 3 - 1）表明，一因子模型的拟合指标都达不到可以接受的要求；二因子模型的拟合指标虽有所改善，但接受比较勉强；三因子模型的各项拟合指标表现最好，尤其是 RMSEA 达到了小于 0.10 的可接受经验标准。

以上两个结果基本证明共同方法偏差不是这次研究中的一个问题。

表 3 – 1　竞争性各模型验证性因子分析的拟合指标比较

模型	χ^2	df	χ^2/df	CFI	TLI	SRMR	CD	RMSEA
零模型	17449.35	66						
一因子模型	7372.05	54	136.52	0.58	0.49	0.14	0.87	0.16
二因子模型	2987.29	53	56.36	0.83	0.79	0.08	0.97	0.10
三因子模型	1871.69	51	36.69	0.89	0.86	0.07	0.99	0.08

　　其次，利用 GSEM 方法来分析三种信任之间的关系，验证性因子分析结果如图 3 – 1 所示。上一步基于线性组合的三因子模型的拟合结果是较好的，所以有充分的理由相信这里采用广义次序累积概率函数分析方法去拟合数据所获得的效果只会更佳，尽管该分析模型没有或不便报告出类似广义结构方程模型的拟合指标。另外，从报告的次序变量的 Logit 分位点可知，所有 4 个分位点 Logit 值的相邻两两之间的距离是不等的，这说明与使用一般线性测量模型相比，采用广义结构方程模型拟合数据是更为适当的，它可以大大提高参数估计的准确性。统计结果显示，依附在三个信任因子上的大多指标负荷较为理想，只有垂直信任的 p4d 题项的因子负荷较低，为 0.35。其他所有的因子负荷都达到了统计学意义上的显著性水平，说明模型拟合效果非常好。统计结果还显示，垂直信任和水平信任的协方差值为 2.30，显示出较强的正相关性，标准误为 0.13，系数的显著性水平远远超过了 0.05。而垂直信任与制度信任、水平信任与制度信任两两之间的协方差值分别为 – 1.06、– 0.66，显示出负相关性，标准误分别为 0.10 和 0.07，系数的显著性水平都远远超过了 0.05。

　　由于采用了广义结构方程模型，结果报告的是因子之间的协方差值而非相关系数。利用公式 $\rho_{xy} = \sigma_{xy} / \sqrt{(\sigma_x \sigma_y)}$，根据模型估计的协方差值和方差值我们就可以得到任何两种信任之间的相关

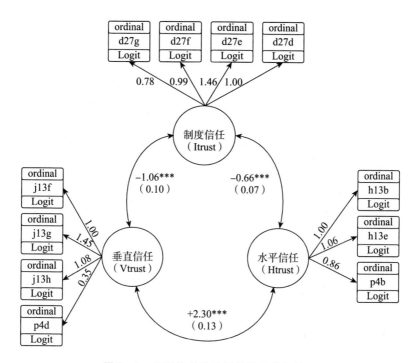

图 3 - 1 组织信任的验证性因子分析结果

注：＊＊＊表示 $p < 0.001$。

系数。结果（见表 3 - 2）显示，垂直信任和水平信任两因子的协方差值为 2. 30，其各自的方差值分别是 8. 29 和 2. 57，利用公式计算出的垂直信任与水平信任的相关系数高达 0. 49，说明相关性较强。这同时意味着它们可能是组织人际信任因素的两个维度，人际信任才是其背后的共同因素。同理，统计得到垂直信任与制度信任、水平信任与制度信任两对因素之间的相关系数，不出所料，它们均表现出一定的负相关关系，相关系数分别为 - 0. 19 和 - 0. 22。这就说明组织内的垂直信任、水平信任与非人格化的制度信任之间确实存在一种自相矛盾的共变关系。概括地说就是，如果人的信任关系提升了，非人格化的制度信任关系就会降低；而制度信任关系的提升，就会伴随人际信任关系的减弱。人际信任与制度信任两者间存在一种此消彼长、我退你进的辩证发展规律得到调查资料的支持。

表 3 - 2　组织信任的验证性因子分析结果

因子	Cov(·)	Var (Vtrust)	Var (Htrust)	Var (Itrust)	SE	Z	p	ρ
Vtrust – Htrust	2.30	8.29	2.57	—	0.13	17.85	0.00	0.49
Vtrust – Itrust	-1.06	8.29	—	3.57	0.10	-10.28	0.00	-0.19
Htrust – Itrust	-0.66	—	2.57	3.57	0.07	-9.55	0.00	-0.22

　　在以上分析基础上，接下来我们依然使用广义结构方程模型进一步研究制度信任环境对垂直信任和水平信任的影响。既然最低水平的制度信任是人际信任出现的必要条件，那么设想人际信任受制度信任的影响是合乎逻辑的。制度信任影响垂直信任的广义结构方程模型拟合结果如图 3 - 2 所示。结果表明，制度信任负向作用于垂直信任，关联回归系数为 - 0.297，相应的标准误为 0.028，系数的显著性水平远远超过了 0.05，说明总体上这种作用是真实存在的。它告诉我们，一个组织的制度可信性越强，其管理者或上级领导的信任度就会越低；而如果组织规章制度的可靠性越低，那么其管理者或上级领导的可信性就会越高。制度信任与垂直信任表现出一种我弱你强、此消彼长的动态变动关系。

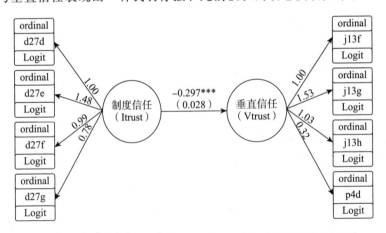

图 3 - 2　制度信任影响垂直信任的广义结构方程模型拟合结果

注：* * * 表示 $p < 0.001$。

　　制度信任影响水平信任的广义结构方程模型拟合结果如图 3 - 3 所示。结果表明，制度信任同样负向作用于水平信任，关联回归系数为 - 0.220，相应的标准误为 0.023，系数的显著性水平远远超过了 0.05，说明总体上这种作用确实存在。这个结果告诉我们，一个组织的制度可信性越强，横向同级成员的信任度就会越低；而如果组织规章制度的可靠性或可信度越低，则同级成员的可信性就会越高。制度信任与水平信任同样表现出一种我弱你强、此消彼长的动态变动关系。

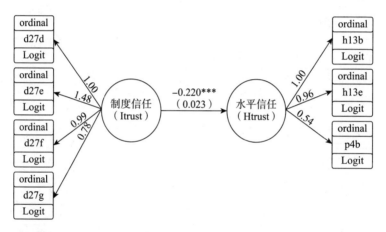

图 3 - 3　制度信任影响水平信任的广义结构方程模型拟合结果

注：*** 表示 $p < 0.001$。

　　最后，鉴于验证性因子分析发现组织的垂直信任和水平信任两者相关性较强，我们设想其背后有一个共同的人际信任因素，同样使用广义结构方程模型进一步研究制度信任对整体人际信任的影响。图 3 - 4 为制度信任影响总体人际信任的广义结构方程模型拟合结果。可见，制度信任负向作用于人际信任，关联回归系数为 - 0.302，相应的标准误为 0.027，系数的显著性水平远远超过了 0.05，说明总体上这种关联机制是真实存在的。这个结果说明，一个组织内如果整体制度运行的可信性越高，则人的可信度就会越低；反之，而如果制度运行越是失效、可信度越低，则人的可信度就会越高。二者我弱你强、此消彼长的动态变动趋势得以显现。转型期中国社会组织面对法治－人治、制度信任－人际信任这样的一种矛盾处境的预设得到 2007 年调查数据的验证。

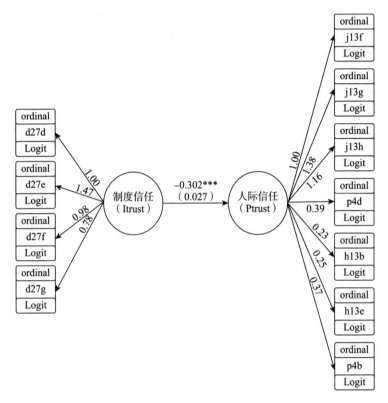

图 3－4　制度信任影响人际信任的广义结构方程模型拟合结果

注：＊＊＊表示 $p < 0.001$。

四　2017 年数据研究结果

2017 年中国组织环境整体上发生了重大变化，我们根据问卷调查的数据，制作了三种信任的量表。对于概念的聚合能力，我们首先也对调查数据进行了竞争性各模型验证性因子分析的拟合指标比较，结果见表 3－3。可见，在拟合的三个模型中，三因子模型的拟合最佳，尽管卡方检验拒绝了模型的可接受性，但 SRMR 达到了 0.08 的可接受标准，RMSEA 也达到了小于 0.10 的可接受经验标准，表示残差量较低，模型拟合较好，所以综合三因子模型的拟合结果以及与一因子模型、二因子模型拟合结果的比较，组织的垂直信任、水平信任和制度信任的三因子模型可以被接受。

表 3 - 3　竞争性各模型验证性因子分析的拟合指标比较

模型	χ^2	df	χ^2/df	CFI	TLI	SRMR	CD	RMSEA
零模型	25690.38	91						
一因子模型	9522.22	77	123.66	0.63	0.56	0.13	0.87	0.16
二因子模型	4155.89	76	54.68	0.84	0.81	0.08	0.97	0.10
三因子模型	3410.19	74	46.08	0.87	0.84	0.08	0.99	0.09

为更加精确地研究三个因子之间的关系，我们也采用 GSEM 来对数据再次进行拟合，因为我们认为如果基于线性组合的因子分析模型可以被接受，那么也就有充分的理由相信采用广义次序累积概率函数分析方法去拟合数据所得效果只会更佳。组织信任的验证性因子分析结果如图 3 - 5 所示。结果显示，依附在三个信任因子上的指标负荷基本在 1.00 及以上，只有垂直信任的一个题项（f9h）的因子负荷略低，但也达到了 0.99。所有因子负荷都达到了统计学意义上的显著性水平，说明模型拟合效果非常好。最重要的是，垂直信任和水平信任的协方差值为 2.84，显示出较强的正相关性，标准误为 0.12，系数的显著性水平远远超过了 0.05。而垂直信任与制度信任、水平信任与制度信任两两之间的协方差值分别为 - 0.48、- 0.18，显示出负相关性，标准误均为 0.04，系数的显著性水平也都远远超过了 0.05。

利用公式 $\rho_{xy} = \sigma_{xy}/\sqrt{(\sigma_x \sigma_y)}$，根据广义结构方程模型拟合的协方差值和方差值我们可以得到任何两种信任之间的相关系数。结果（见表 3 - 4）显示，垂直信任和水平信任两因子的协方差值

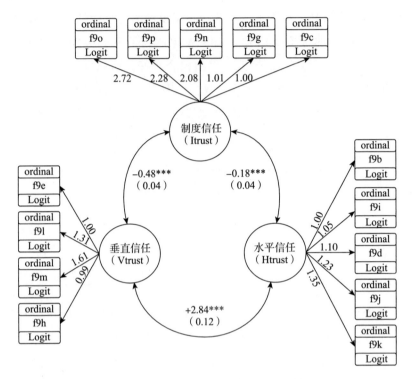

图 3 - 5　组织信任的验证性因子分析结果

注：＊＊＊表示 $p < 0.001$。

为 2.84，其各自的方差分别是 3.45 和 3.33，于是得到垂直信任与水平信任间的相关系数高达 0.84，说明它们是高度相关的。这就意味着它们可能是组织人际信任因素的两个方面，人际信任是其背后的共同因素的预设得到验证。同样，统计得到垂直信任与制度信任、水平信任与制度信任两两因素之间的相关系数，不出所料，它们都表现出一定的负相关关系，相关系数分别为 - 0.24 和 - 0.09，这就说明垂直信任、水平信任与非人格化的制度信任之间确实存在一种矛盾的共变关系。人际信任与制度信任两者间存在一种此消彼长、我退你进的辩证发展规律得到经验资料的支持。

以上述结果为基础，我们接着使用广义结构方程模型进一步研究制度信任对垂直信任、水平信任的影响。第一，图 3 - 6 为制度

表 3 - 4 组织信任的验证性因子分析结果

因子	Cov(·)	Var (Vtrust)	Var (Htrust)	Var (Itrust)	SE	Z	p	ρ
Vtrust – Htrust	2.84	3.45	3.33	—	0.12	23.82	0.00	0.84
Vtrust – Itrust	- 0.48	3.45	—	1.16	0.04	- 11.8	0.00	- 0.24
Htrust – Itrust	- 0.18	—	3.33	1.16	0.04	- 5.18	0.00	- 0.09

信任影响垂直信任的广义结构方程模型拟合结果。结果表明，制度信任负向作用于垂直信任，关联回归系数为 - 0.380，相应的标准误为 0.029，系数的显著性水平远远超过了 0.05，说明总体上这种关联机制是真实存在的。它告诉我们，一个组织的制度运行越是有效，其领导或主管的可信性就会越低；而组织制度及其执行越是不可信、不可靠，则其领导或主管的可靠性就会越高。制度信任负向影响垂直信任的假设得到数据支持。

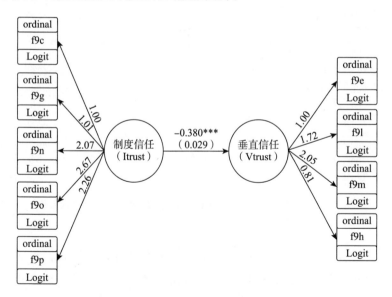

图 3 - 6 制度信任影响垂直信任的广义结构方程模型拟合结果

注：＊＊＊表示 $p < 0.001$。

第二，图 3 - 7 为制度信任影响水平信任的广义结构方程模型拟合结果。结果也表明，制度信任负向作用于水平信任，关联回归系数为 -0.142，相应的标准误为 0.028，系数的显著性水平远远超过了 0.05，说明总体上这种关联机制是真实存在的。该结果告诉我们，一个组织内的制度运行越是有效，同事或工作伙伴之间的可信性也会越低；而组织制度的可靠性越低，则同事或工作伙伴的可信性越高。制度信任影响水平信任的假设也得到了数据的支持。相较制度信任对垂直信任的影响，制度信任对水平信任的作用力相对较小，说明在造成组织较低的垂直信任的过程中，组织制度信任起着较为重要的作用。

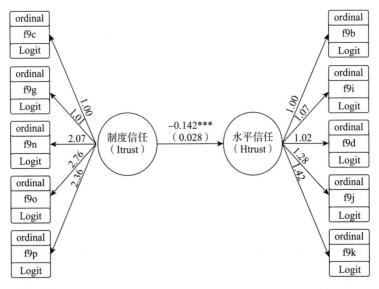

图 3 - 7　制度信任影响水平信任的广义结构方程模型拟合结果

注：*** 表示 $p < 0.001$。

最后，鉴于垂直信任和水平信任两者高度相关，我们设想其背后有一个共同的人际信任因素，我们继续使用广义结构方程模型进一步研究整体人际信任与制度信任的关系。图 3 - 8 为制度信任对总体人际信任影响的广义结构方程模型拟合结果。结果表明，制度信任对人际信任具有负向影响，关联回归系数为 -0.234，相应的标准误为 0.026，系数的显著性水平远远超过了 0.05，说明总体上这种关联机制是真实存在的。这个结果表明，一个组织的规章制度若是能够充分发挥作用，则人际信任程度就会显著降低；而如果组织的制度运行失效，则人际信任程度就会显著提高。制度信任的增强会弱化人际信任的假设最终得以证实。

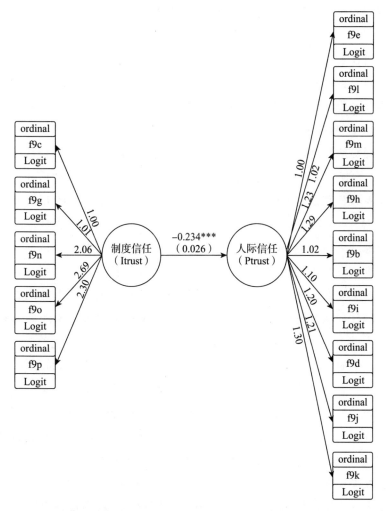

图 3 - 8　制度信任影响人际信任的广义结构方程模型拟合结果

注：＊＊＊表示 $p < 0.001$。

五　本章小结

　　基于组织人际信任和制度信任自相矛盾的"两难"观点，各种组织信任之间到底存在怎样的相关关系，以及这样的相关关系随着时间的推移是否发生变化等是本书欲求回答的主要问题。运用 2007 年和 2017 年两次问卷调查的数据，统计分析垂直信任、水平信任和制度信任三者之间的相关关系，两次问卷调查数据的统计结果告诉我们，垂直信任和水平信任之间表现为一种相互促进、相互强化的正相关关系，两次问卷调查统计得到的相关系数分别为 0.49 和 0.84，且极具统计显著性，说明总体上这样的正相关关系确实是存在的。更有价值的发现是在人际信任和制度信任的关系上，两次问卷调查的分析结果告诉我们，垂直信任与制度信任的相关系数分别是 -0.19 和 -0.24，水平信任与制度信任的相关系数分别为 -0.22 和 -0.09，且都极具统计学意义上的显著性。这一研究结果与 Baek 和 Jung（2014）的研究结果正好相反，他们得到制度信任显著地正向影响同事信任和领导信任。究其原因，我们认为主要在于两个研究所采用的制度信任量表的不同。总之，人际信任和制度信任的负相关关系理论假设在本章得到了经验数据的支持。

　　该研究发现极具现实启发意义。组织的存在主要依靠两大要素，一个是扮演各种职业角色的人，另一个就是使所有人的行动受到限制并得以"使能"的制度规范。所谓组织人（员工），其行动并不只是建立在情感的、情绪的或传统的基础之上，因为这样的社会关系只能构成家庭之类的共同体，它是不太能适应现代社会发展要求的。组织更多的是基于法理规则上的一种结合体关系，即大家之所以构成组织是因为有一致同意、认可的法律制度，这一制度是理性的，因为它能保证组织作为一个整体最大效率地实现目标。有些人一听到"人情"的字眼马上就会升起一股"原则"

的冲动，他们认为"人情"是令人厌恶的、不合时宜的（大多伴随腐败、不公平、不合理等现象），需要用"原则"来打击或消除"人情"。而在某些情境下，人们听到"按原则办事"的话语时又会萌生起一种"讲人情"的冲动，觉得原则过于无情、冰冷，而且是压抑人性的。人们往往认为人情与原则、人治与法治是对立派，其实这都是不必要的。研究发现，人际信任和制度信任原本就不是一种相互促进、相互增强的正向关系，相互对立、相互矛盾的关系才是它们存在的事实真相。换句话说，组织的制度信任水平高，意味着人际信任水平就会是低的；反之，如果组织的人际信任水平高了，自然就导致制度的可信性降低。制度信任和人际信任的这种对立统一性告诉我们，制度规则虽然是模式化的角色行动，是保证组织持续、长久存在的，但我们也不要太轻视了具体人性的需要，也要给具有自身独特利益追求的职业人群留出创造的机会和灵活变通的余地，使得组织发展有活力、有动力。同时还要看到，人的归属感、成就感以及爱等使得人们结合在一起，但如果没有一种约束和协调所有人行为的规章制度存在并切实发挥自身功能，价值多元的、行动多变的现代人就根本不可能结合成社会，更不可能形成组织。而组织管理实践中到底如何驾驭人际信任和制度信任，实现二者结合的最佳均衡发展状态却是一个微妙的、值得深刻思考的问题。

　　第二章的研究发现，从 2007 年到 2017 年的 10 年里，中国组织的人际信任和制度信任两者都呈现显著提高趋势，而并未出现一个方面"降"、另一个方面"升"的此消彼长现象，这又当做何解释呢？把两种信任放在纵向历史的维度上进行深入思考，我们似乎可以对它们之间的这种辩证发展关系做出一番设想。在单位体制下，单位组织依赖国家，个人依赖单位组织，从而国家通过单位组织实现了对多数社会成员的控制和整合，此时单位整合依靠的是权力，几乎谈不上这里所说的信任。改革以后，我国组织体制才使得各类组织日渐具有社会属性，才有了真正意义上的、一定程度的人际信任和制度信任。到 2007 年，组织人际信任中的垂直信任仅为 51.64 分，水平信任为 60.55 分，制度信任则更低，仅为 47.80 分。尽管人际信任和制度信任存在对立关系属性，但社会转型依然对它们提出了更高程度的要求。随着时间又推移了 10 年，它们都依然表现出上升的变化趋势，到 2017 年，人际信任中的垂直信任达到 54.42 分，水平信任达到 63.19 分，制度信任虽依然不及人际信任，但提升幅度相对较大，达到了 51.46 分，与垂直信任基本持平了。这一研究结果说明，当下中国社会组织的人际信任和制度信任还仍然处于过渡和转型过程中，不管我们如何指责社会诚信的缺失、道德的失范，社会组织的信任环境正在向良性方向发展却是个不争的事实。组织社会转型的完成需要较长时间，且还要有文化、制度等建设的社会努力才能达成，可以想象这个过程注定会使人体验到痛苦、挣扎和无奈。至于组织信任在什么程度上以及何时能够达到发展的拐点，实现发展的均衡状态，这里无法给出精确的判断。值得肯定的一点是，中国组织信任必定还有很大的提升空间，必定会在自身发展规律的约束作用下在某个时点上到达其转折点，然后进入组织整合和运行的更高级的阶段。

第四章　组织人际信任形成及其中介功能

一　人际信任的相关理论思考

组织作为一种次级社会群体，首先是由数量不等的人所构成，两人以上有目的、有意识地结合，彼此相互依赖和分工合作，是一个组织产生和存在的基本条件。一个人并不是一生下来就能成为组织成员的，成为组织成员需要个体经历社会化，尤其是职业社会化过程以获得一种资格，如学习专业知识、形成职业能力、内化职业价值观念、遵从职业道德规范等，然后通过特定的程序组合起来。当组织成员围绕完成特定社会目标结合起来，形成相对稳定的互动关系结构，展开频繁的职业互动实践时，社会组织现象就发生了。组织成员之间心理上相互依赖，彼此意识到对方的存在，行动上分工合作，彼此发生交互作用。所以，对组织而言，人是首要的要素，人交互作用的产物就是社会组织。

作为一种行动系统，一个组织要构成一种稳定的秩序，经历有序的发展过程，首先就要满足四个功能的先决条件，即帕森斯（Parsons）所谓的适应（A）、目标达成（G）、整合（I）和潜在模式维持（L）。占有特定地位 - 角色的成员如果能够正常发挥各自的职能，达到理想角色水平，组织就能正常存在和发展。而问题是每个组织成员都是一个生物有机体，都有自己的人格，且在个人体系、互动体系和文化体系三个层面上存在千变万化的问题。倘若互动体系得不到来自个人体系、文化体系甚或两者的最低限度的支持，成员互动就不能实现结构化。实现组织社会整合，第一要有足够比例的成员受到充分的激励，按照其角色系统的要求而行动；第二必须避免那些要么不能维持最低限度的秩序，要么对成员提出了过分的要求以致产生偏差或冲突的文化体系（Parsons，1951：27）。这里要突出说明的是因个人体系而造成的成员互动不协调、不整合的问题，即由于种种因素的影响，如果个体成员的角色行动未能满足组织系统的角色期待或角色期望，或者在他自身的素质、能力、水平上与他所扮演的角色之间出现了巨大的角色距离，他就暴露出了不可信赖的证据，从而给他人一种不可信任的感知，形成极低水平的人际信任。

从这个角度看，个体成员是否以及在多大程度上满足组织系统或组织其他成员的角色期望直接影响到组织人际信任水平的有无或高低。在组织环境中的各种互动场合，个体也会在参与行动中有意无意地谋划如何表达和呈现自己，这种表达主要是由其所处群体、所占社会位置的规范模式要求的，通过这种行动，以影响角色伴侣的情境定义。所谓情境定义，就是人们面对角色伴侣的行动表达和呈现而进行的一种自我考虑、自我反思和自我解释的主观过程，而其中信任就是这种情境定义的一个主要结果。

根据戈夫曼（Goffman）的观点，组织成员之间的互动也像剧院里演员的表演，互动一方总想通过一系列表现使对方形成自己所希望的印象，从而做出符合自己计划的行为反应（戈夫曼，2008）。大到整个群体，小到一个班组、科室、车间、研究所、攻关团队等，组织内在单一常规程序中进行协作配合的任何一组个体成员就构成了一个"剧组"，他们要按照制度规范对各个职位占据者角色的限定来做出相互接触、相互配合、彼此协助的行动，从而开展劳动实践或职业活动。在工作实践中，如果每个个体无论是有意无意地还是认真假装地表现出忠于角色期待的行为，忠于已为人所知的社会期望，那么他就是值得信任的。正如卢曼（Luhmann，1979：40）所说，不管动机结构有多么的不同，一种同样的结果正在发生——一种选择性的自我呈现，它提供了建立信任、建立预期的（行动）连续性的其他标准。因此，社会秩序中信任基础的形成很大程度上独立于个体动机上的波动和动机间的差异。

所以，是一个人信任得以证实的行动，唤起了另一方相应的反应。要求别人的信任是不可能的，信任只能提供和被接受，要求信任不可能引发信任关系，信任关系的开始只能通过我们所谓的"投资"，通过提前履行义务。发起人可能授予信任，或利用偶然的机会表明他是值得信赖的。信任者在其脆弱性中看到了一种工具或手段，借此即可建立一种信任关系。只有信任者最初的信任给了他将其作为一种规范而提出来的可能，即他的信任不可被辜负，才可能会把对方带到自己这一边（Luhmann，1979：43）。这就是说，信任问题的关键不在于个人要信任他人或个人应该信任他人，而是首先在于组织成员的角色行为是否以及在多大程度上履行了义务、与组织期望相一致，在于你是可以与一个具有独特人格的而不是任意行动的组织成员达成协议。不管动机如何，只要成员彼此忠实于所承担的角色，彼此能够满足角色期望，人际信任的社会关系就形成了。

当一个职工履行其角色时，他也一定期待着周围的领导和同事认真对待自己在他们面前所树立的工作形象，他也想让周围人相信，他的行动确实具有其所承担的角色本身所要求的品行和能力。当周围人也真的相信他的角色行为与角色期望达到了一致时，那么他们对该从业者的工作的真实性才深信不疑。反过来，如果受信者也真正感受到了工作同伴对他所努力塑造的印象的信任，哪怕之后如何不情愿，他也要尽力去维持这一来之不易的结果，甚至不惜戴着"假面具"工作。所以，"信任关系并非出于先前的规定，但它导致规范出现。所以在把出现的条件转变为持存的条件这一事实上，我们可以看到分外工作的功能。而这确实是信任出现所必需的"（Luhmann，1979：43）。信任与责任有关，工作角色就牵涉到责任，表现角色要求的自我，保持角色行为与制度的同一、一致，个体就要保持他已经表现出的自我，履行角色规定的或社会倡导的责任和义务。如果自我呈现与这样的责任保持一致，就会赢得信任，否则就不会有信任，信任的基础会依照成员自我呈现的情况和条件而发生调整。

信任是一种有意识的、相互培养的关系的焦点，通过服从这一信任条件，自我承诺被参与者所预期。说到做到，答应的就要兑现，由于自我一开始就是想要表现得值得信任，所以"信任者可能使他的信任以此为依据，并借助他的兴趣，借助符号，表明他持续收回信任的条件，以此控制行动者的行为"（Luhmann, 1979：63）。塑造人际信任，就是信任对象从自己的角色伴侣那里收回了标准化的期待，这种获得意味着他以人格作为保障，以一种特有方式能够保证实现。

那么影响人际信任的关键因素又是什么呢？按照卢曼的熟悉-信任论，熟悉是信任的前提，也是不信任的前提，还是对未来持特定态度、做任何承诺的前提。熟悉是过去指向的，只有过去的、经历过的事物才是熟悉的。熟悉的世界是相对简单的，这种简单性在相当狭窄的界限内得到保证，因为通过将熟悉的东西与不熟悉的"割裂"开来，熟悉的东西才看上去不言自明。正是熟悉使得人们有可能抱有相当可靠的期望，以致容纳了尚存的风险，所以信任必须在熟悉的世界中获取。"在熟悉的世界中，过去胜过当下和未来，过去不包含任何其他的可能性，所以熟悉一开始就简化了复杂性……只有在熟悉的世界信任才是可能的，信任需要历史作为可靠的背景，没有这种必不可少的基础，没有所有以前的经验，个人不可能付出信任。"（Luhmann, 1979：20）所以，信任源于人们共同的经历及相应的熟悉，如果彼此陌生而不相识，那就无从谈起信任或不信任了。

熟悉决定信任，而信任则关乎个人的未来行动。"信任不只是来自过去经验的推断，它还能超越其所收到的信息，冒险去界定未来。"这就是说，信任不仅能在熟悉的世界里简化环境的复杂性，更重要的是，它也是"未来指向的"。"通过信任行动，未来世界的复杂性得以简化。抱持着信任，个体参与行动，仿佛未来只有确定的可能性。行动者把他现在中的未来和未来中的现在联结在一起，他以这种方式给其他人提供了一个明确的未来，一个共同的未来，这个未来不是直接从他们共有的过去浮现出来，而是包含着相对比较新的东西。熟悉和信任是吸收（环境）复杂性的互补方式，它们相互联系，一如过去和未来相互联系。时间的统一性——当下分离开过去和未来，却又使得它们互为指向，使得这种互补性能的关系成为可能：关系一方信任，预设另一方熟悉。"（Luhmann，1979：20）所以，信任和信心都是人们对其所处工作环境而产生的一种主观感受，二者的区别在于，信任是人们基于互动经验对当下工作环境的主观感受，而信心则是其在信任或不信任的基础上对职业未来发展的心理期望，人们正是在过往角色互动信任评价的影响下来实现自身行为调整的。

　　制度规范行为，互动形成熟悉，熟悉产生信任。人际信任可被用来克服他人行为中的不确定性，从而简化互动环境的复杂性，帮助人们调整未来的行动指向，这就是卢曼关于人际信任的社会学观点。在当下中国社会组织生活中，广大职工在组织制度安排的约束与促动下，在组织内部的不同场合、不同领域、不同层次、不同侧面，以多重角色的存在展开工作实践活动，并随着时间推移，构成了相应的"行动流"。各种各样的互动经历，使得职工彼此之间熟悉，使得人际信任的形成也有了历史经验作为依据。行动产生信任，特殊的加班现象，领导的工作监督，参与岗位工作培训，通过组织沟通网络参与信息交流，与领导和同事的闲暇生活互动，工作场所的社会冲突，角色间互动频率，基于权威的整合角色行动以及角色强关系等角色互动参与状况，既形成了成员彼此之间的熟悉，也都牵涉到他们当下的情境定义，影响着信任或不信任心理资本的营造。

　　而根据信任指向未来的观点，基于经验或熟悉而来的信任不只是指向过去，更重要的是，它会给他人提供一个未来行动的确定预期。组织中不同性质的信任心理氛围同样预示着职工未来的工作行为状态，可以预测，较高的组织领导信任水平，意味着领导在与下属互动过程中，既体现出角色行为与角色期望保持一致，又体现其能够关心其成员的需求和愿望，最大限度发展其成员的个人才能，支持下属实现自我价值。而同事间的信任水平体现出同级别成员角色行为的可信赖特征，其强弱程度体现出成员之间团结合作、彼此相托的可靠性。有了这种信任的社会关系，职工可能更愿意承担风险，与组织形成更为强烈的心理契约，把自己与组织紧紧黏合在一起。反之，如果工作互动环境充满了矛盾、紧张和冲突，职工就难以从这样的经验中概化出信任，此时组织承诺的失范或断裂现象就会发生。

卢曼（Luhmann, 1979：6）指出，"在任何情况下，信任都是一种社会关系，受其自身特有的规则系统的影响。信任在一个互动框架内产生，该互动情境既受人格影响，也受制于社会系统，且不可能唯独与任何单方面相联系"。所以，本章的分析策略如下。第一步，既然信任关系受到规则系统、个人人格和互动经历等多方面因素的影响，我们就将影响人际信任的因素具体化为个人特征、客观制度环境、客观人际互动经历和主观人际互动评价四个方面，采用回归分析方法，依次探讨各方面因素对人际信任的影响力，以及具体的影响因素。第二步，基于熟悉塑造信任，信任指向未来的基本原理，我们采用路径分析法探讨主观人际信任在客观人际互动环境与个体组织承诺之间的中介作用，目的是想知道客观人际互动经历到底是如何通过塑造人际信任心理环境而影响职工组织承诺行为的。

二　人际信任的回归分析模型

1. 人际信任的测量模式

根据第二章的研究我们已经知道，2017 年的问卷调查共用了 9

个题项来测量人际信任的状况。其中，由 4 个题项组成垂直信任的量表，由 5 个题项组成水平信任的量表。鉴于答案选项依照"完全符合"、"比较符合"、"一般"、"较不符合"和"很不符合"编码依次为 5、4、3、2、1，不宜采用一般的因子分析方法进行处理，我们就采用次序变量的 Logit 因子分析模型对两个量表分别进行因子分析。对于提取出的两个因子的分值，再分别进行百分制转换，数值用来表示垂直信任和水平信任的高低，数值越大，表示个人感受到的信任程度越高。在样本中，垂直信任和水平信任分布的直方图见图 4-1，两个因子的最小值都是 0 分，最大值都是 100 分，垂直信任的均值为 55.35 分，标准差为 19.15 分；水平信

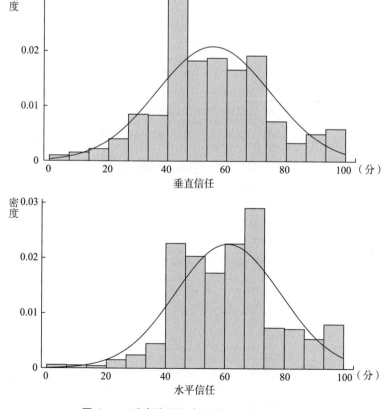

图 4-1 垂直信任和水平信任分布的直方图

任的均值为 60.94 分，标准差为 17.70 分。

2. 人际信任与个人背景

人际信任是否会受到个人背景因素的影响呢？我们设想，个人背景不同，往往会有相异的人格特征，而人格特征不同，其感受到的人际信任也会有差异。这里我们用 12 个个人背景变量来考察个人背景与人际信任之间的关系。12 个个人背景变量及样本情况见表 4-1。

表 4-1 个人背景变量及样本情况

个人背景变量	变量名	编码	样本结果
性别	gender	"男"编码为 1，"女"则为 0	男 = 34.83%，女 = 65.17%
文化程度	edu	"小学及以下"=1，"初中"=2，"高中或中技"=3，"大专"=4，"大学"=5，"研究生"=6	连续变量，均值 = 3.58，标准差 = 1.16
政治面貌	politic	"共产党员"编码为 1，"其他"则为 0	共产党员 = 10.66%，其他 = 89.34%
宗教信仰	relig	"有"编码为 1，"没有"则为 0	有 = 7.52%，没有 = 92.48%
户口性质	hukou	"农村"编码为 1，"城镇"则为 0	农村 = 31.78%，城镇 = 68.22%
职业资格证书	r4	"有"编码为 1，"没有"则为 0	有 = 60.66%，没有 = 39.34%
工作资历	seniority	在本组织工作的年数	均值 = 11.73 年，标准差 = 9.03 年
工作性质	bjobty	"正式工"编码为 1，"其他"则为 0	正式工 = 49.34%，其他 = 50.66%
婚姻状况	marry	"在婚"编码为 1，"其他"则为 0	在婚 = 69.08%，其他 = 30.92%
身体健康状况	r9	"很差"=1，"较差"=2，"一般"=3，"较好"=4，"很好"=5	连续变量，均值 = 4.18，标准差 = 0.80
家庭商品财富	famwell	8 种家庭商品题项量表，"有"编码为 1，"没有"则为 0	0-1 变量，Logit 测量模型，因子为百分分值，均值 = 48.85 分，标准差 = 13.42 分

续表

个人背景变量	变量名	编码	样本结果
家庭金融财富	*finance*	5 种家庭金融资产题项量表，"有"编码为 1，"没有"则为 0	0 – 1 变量，Logit 测量模型，因子为百分分值，均值 = 16.58 分，标准差 = 20.79 分

对于以上 12 个个人背景变量，我们用垂直信任和水平信任分别对它们进行回归分析，研究结果见表 4 – 2。可见，对于垂直信任而言，除了性别、政治面貌和户口性质 3 个个人背景变量的效应不显著外，其他 9 个个人背景变量的回归系数均具有统计显著性；对于水平信任而言，除了文化程度、政治面貌、户口性质和家庭金融财富的效应不显著外，其他变量的回归系数都是显著的。具体情况如下。

从性别上看，与女性相比，男性的水平信任平均低 1.254，回归系数在统计上具有显著性（$p < 0.01$）；男性的垂直信任较之女性也会低 0.585，但该差异不具有统计上的显著性。

文化程度从小学及以下到研究生，其每提高 1 个单位，垂直信任平均提升 1.169 个单位，该回归系数在统计上具有显著性（$p < 0.01$）；水平信任也会平均提高 0.118 个单位，但该回归系数并没有达到统计上的显著性要求。

与没有宗教信仰的人相比，具有宗教信仰的人的垂直信任会高出 2.165，水平信任也会高出 2.817，且它们的回归系数均达到了统计上的显著性（$p < 0.05$，$p < 0.01$），有宗教信仰会提高人际信任的预想得到经验证实。

与没有职业资格证书的人相比，拥有职业资格证书的人的垂直信任和水平信任都更高，垂直信任会高出 3.605，而水平信任也会高出 3.189，这样的差异在 0.01 的水平下都达到了统计显著性。

职工工作资历越高，其垂直信任和水平信任都会越高，分别高出 0.173 和 0.128，两个回归系数都达到了统计上的显著性。一个人在工作单位工作时间越长，与领导、周围同事的熟悉度越高，这就使得其对周围人的信任感越强，熟悉导致信任的观点得到经验数据的支持。

与临时工和劳务派遣工相比，正式工的垂直信任和水平信任都会更低，分别低 5.103 和 2.828，这种差异在统计上极具显著性。一般来说，一个单位的临时工或劳务派遣工往往与单位内的正式工没有一定广度和深度的交往，不像正式工之间那样彼此了解得全面且深入，而正式工的人际信任更低，则从另一个方面证明熟悉导致信任，但熟悉也是不信任的前提。

研究还发现，个人的婚姻状况和身体健康状况同样与人际信任具有显著的相关关系：与非婚状态的人相比，在婚者的垂直信任和水平信任分别高出 1.271 和 1.416；而身体健康状况自评从"很差"到"很好"每提高 1 个单位，垂直信任和水平信任分别高出 2.197 个和 2.535 个单位。在婚者和身体健康状况好的人，往往在人际交往中会有更强的自信，而自信是信任的内在基础，所以也就可能有更强的人际信任。

表 4 - 2　人际信任与个人背景

个人背景自变量	垂直信任		水平信任	
	回归系数	标准误	回归系数	标准误
性别（gender）	- 0.585	0.533	- 1.254 **	0.499
文化程度（edu）	1.169 **	0.291	0.118	0.272
政治面貌（politic）	1.037	0.826	0.754	0.771
宗教信仰（relig）	2.165 *	0.950	2.817 **	0.889
户口性质（hukou）	0.549	0.583	- 0.304	0.544
职业资格证书（r4）	3.605 **	0.604	3.189 **	0.564
工作资历（seniority）	0.173 **	0.033	0.128 **	0.031
工作性质（bjobty）	- 5.103 **	0.533	- 2.828 **	0.499
婚姻状况（marry）	1.271 *	0.595	1.416 **	0.556

个人背景自变量	垂直信任		水平信任	
	回归系数	标准误	回归系数	标准误
身体健康状况（r9）	2.197**	0.321	2.535**	0.301
家庭商品财富（famwell）	0.156**	0.021	0.110**	0.019
家庭金融财富（finance）	0.053**	0.013	0.020	0.012
	$F = 37.02$，$p = 0.000$ $R^2 = 0.075$，$n = 5480$		$F = 24.11$，$p = 0.000$ $R^2 = 0.050$，$n = 5460$	

注：＊表示 $p < 0.05$，＊＊表示 $p < 0.01$。

个体家庭财富状况会影响其人际信任吗？统计分析显示，个人的家庭商品财富和家庭金融财富基本与人际信任表现出显著的正相关关系，个人的家庭商品财富越多，垂直信任和水平信任的感受越强，前者每提高1分，后者分别提高0.156分和0.110分；个人的家庭金融财富越多，垂直信任感受也越强，前者每提高1分，后者提高0.053分，但家庭金融财富对水平信任的效应不显著。总体来看，家庭财富越多，个人与领导、周围同事交往时越自信，所以就可能有越强的人际信任。

3. 人际信任与制度环境

信任作为一种特殊的社会关系，受其自身特有的规则系统的影响。从我国当下各类组织的结构看，为了激发职工工作的积极性，保证组织良性运转，各个组织都做出了各种各样的制度安排，以期对职工的角色行为施加外在控制，防范角色偏差或违规行为，或者激励职工努力达到组织所期望的"理想角色"状态。因此我们假设，凡是组织设定的保证成员角色模式化互动的合法性规则或制度要素都应当对人际信任产生正向影响。鉴于制度包含文化价值、规则、机构和设施等要素，我们将考察以下20个制度环境变量对人际信任的影响。20个制度环境变量及样本情况见表4-3。

表4-3 制度环境变量及样本情况

制度环境变量	变量名	编码	样本结果
单位类型	tyorg1	"个体户"=1,"企业单位(adum2)"=2,"行政事业单位(adum3)"=3	类别变量,1=38.90%,2=54.55%,3=6.56%
有害物理环境	phyind	5类有害物理环境题项,"有"编码为1,"没有"则为0	0-1变量,Logit测量模型,因子为百分分值,均值=7.07分,标准差=14.31分
劳动合同制度	c5	签订书面劳动合同,"有"编码为1,"没有"则为0	1=57.70%,0=42.30%
劳动保护制度	c15	提供劳保用品,"有"编码为1,"没有"则为0	1=26.01%,0=73.99%
工作自主制度	automa	6个题项量表,"完全不自主"=1,"部分自主"=2,"完全自主"=3	次序变量,Logit测量模型,因子为百分分值,均值=48.96分,标准差=31.00分
党组织	d10a1	"有"编码为1,"没有"则为0	1=25.70%,0=74.30%
工会组织	d10c1	"有"编码为1,"没有"则为0	1=23.14%,0=76.86%
职代会	d10e1	"有"编码为1,"没有"则为0	1=16.09%,0=83.91%
弹性工作制度	d12	"有"编码为1,"没有"则为0	1=36.06%,0=63.94%
优秀员工评比制度	d13	"有"编码为1,"没有"则为0	1=57.30%,0=42.70%
干部考核制度	d14	"有"编码为1,"没有"则为0	1=37.82%,0=62.18%
员工考核制度	d17	"有"编码为1,"没有"则为0	1=54.75%,0=45.25%
社会保障制度	security	11个社会保障题项量表,"有"编码为1,"没有"则为0	0-1变量,Logit测量模型,因子为百分分值,均值=33.57分,标准差=28.28分
在岗培训制度	jobtrain	5个在岗培训题项量表,"有"编码为1,"没有"则为0	0-1变量,Logit测量模型,因子为百分分值,均值=53.38分,标准差=36.54分

制度环境变量	变量名	编码	样本结果
鼓励建言制度	*voice*	7 个题项量表，"限制" = 1，"允许" = 2，"鼓励" = 3	次序变量，Logit 测量模型，因子均值 = 48.74，标准差 = 26.26
设施服务制度	*physwell*	9 个设施服务题项量表，"有"编码为 1，"没有"则为 0	0 - 1 变量，Logit 测量模型，因子均值 = 25.85，标准差 = 27.41
团队文化建设制度	*teamwork*	10 个文化活动题项量表，"有"编码为 1，"没有"则为 0	0 - 1 变量，Logit 测量模型，因子均值 = 29.22，标准差 = 21.94
沟通网络制度	*channel*	9 个沟通渠道题项量表，"有"编码为 1，"没有"则为 0	0 - 1 变量，Logit 测量模型，因子均值 = 41.58，标准差 = 29.87
技术先进评比制度	*e15a*	"有"编码为 1，"没有"则为 0	1 = 68.76%，0 = 31.24%
政治先进评比制度	*e16a*	"有"编码为 1，"没有"则为 0	1 = 77.75%，0 = 22.25%

　　对于以上 20 个制度环境变量，我们用垂直信任和水平信任分别对它们进行回归分析，研究结果见表 4 - 4。

　　研究发现，单位类型不同，制度环境必然相异，从而影响内部的人际信任环境。与个体户相比，企业单位（私营企业、集体企业或国有企业）内部的人际信任较低，垂直信任低 3.787，而水平信任则低 3.181，差异程度都达到了统计上的显著性（$p <$ 0.01）。与个体户相比，行政事业单位内部的人际信任也是较低的，垂直信任低 4.402，而水平信任则低 2.938，差异程度也都达到了统计上的显著性（$p < 0.01$）。

　　我们假定不合法的制度会弱化组织的信任，不出所料，组织内有害物理环境会显著地降低垂直信任，有害物理环境每提高 1 分，垂直信任会降低 0.102 分，回归系数具有统计上的显著性。

　　研究发现，组织越是设置给予职工更大工作自主权的制度，则其塑造的人际信任就越会显著提高，即工作自主制度与组织人际信任之间呈显著的正相关关系：工作自主制度每提高 1 分，垂直信任提高 0.176 分，水平信任提高 0.098 分。同样，实行弹性工作制度显著地有利于提升垂直信任，但对水平信任的效应不具有统计显著性。究其原因，可能是越允许职工在履行角色过程中自主决定工作时间、节奏、地点、进度等，越能够体现管理的人文关怀，越有利于打破机械僵化的制度限制，提高领导和同事角色的可信性。

工会组织是代表广大职工利益、协调职工和组织系统之间关系的专门机构，承担着帕森斯所谓的"社会整合"功能（Parsons，1951）。工会组织的设置及其运行，强化了职工与职工之间、职工与领导之间的联系，可极大地增强职工的归属感和凝聚力，有助于提高人际信任。研究表明，与无工会的组织相比，有工会的组织则会提高垂直信任 3.088，影响表现出统计上的显著性。尽管有工会的组织也会提高水平信任 1.565，但效应未通过显著性检验。而保证职工组织参与的职代会表现出乎意料，与没有这项制度设置的组织相比，有职代会的组织反而会显著降低垂直信任 2.302。

实行在岗培训制度有利于人际信任的形成，组织在规章、专业知识技能、职业安全、职业进修等方面的培训制度越完善，越能提高人际信任，前者每提高 1 分，垂直信任可提高 0.046 分，水平信任则可提高 0.034 分，回归系数具有统计显著性（$p < 0.01$）。

研究还发现，组织鼓励建言制度对人际信任塑造是有利的，我国各类组织都规定或给予了职工进行信息交流、意见反馈的权利，支持和鼓励职工建言表明制度功能发挥良好，组织鼓励建言制度每提高 1 个单位，垂直信任可提高 0.089 个单位，水平信任则可提高 0.046 个单位，回归系数极具统计显著性（$p < 0.01$）。

与此相关联，如果所在组织具有团队文化建设制度，围绕职工精神生活开展多种多样的群众性文体活动，就有利于在成员中塑造更佳的人际信任氛围。结果发现，团队文化建设制度在控制了所有其他因素的情况下对人际信任发挥着显著的正向作用，团

队文化建设制度每提高 1 个单位，则组织内的垂直信任就会提高
0. 051 个单位，水平信任可提高 0. 073 个单位，回归系数也是极具
统计显著性的（$p < 0.01$）。

结果还显示，除了以上制度环境变量对人际信任产生显著影
响外，其余的 11 个制度环境变量的影响均未达到统计上的显著性，
意味着总体上它们与人际信任无关。

表 4 - 4　人际信任与制度环境

制度环境自变量	垂直信任		水平信任	
	回归系数	标准误	回归系数	标准误
（参照组＝个体户） 企业单位（adum2） 行政事业单位（adum3）	- 3. 787 ** - 4. 402 **	0. 867 1. 408	- 3. 181 ** - 2. 938 **	0. 814 1. 324
有害物理环境（phyind）	- 0. 102 **	0. 021	- 0. 013	0. 020
劳动合同制度（c5）	- 1. 549	0. 806	- 0. 968	0. 758
劳动保护制度（c15）	0. 817	0. 716	0. 960	0. 673
工作自主制度（automa）	0. 176 **	0. 012	0. 098 **	0. 011
党组织（d10a1）	- 0. 509	0. 974	0. 215	0. 915
工会组织（d10c1）	3. 088 **	1. 005	1. 565	0. 945
职代会（d10e1）	- 2. 302 *	1. 002	- 0. 628	0. 942
弹性工作制度（d12）	1. 867 **	0. 654	0. 719	0. 615
优秀员工评比制度（d13）	- 0. 213	0. 903	1. 033	0. 850
干部考核制度（d14）	0. 905	0. 830	0. 677	0. 781
员工考核制度（d17）	- 0. 832	0. 868	- 0. 557	0. 817
社会保障制度（security）	0. 014	0. 017	- 0. 025	0. 016
在岗培训制度（jobtrain）	0. 046 **	0. 013	0. 034 **	0. 012
鼓励建言制度（voice）	0. 089 **	0. 012	0. 046 **	0. 012
设施服务制度（physwell）	0. 025	0. 015	- 0. 005	0. 014
团队文化建设制度（team-work）	0. 051 **	0. 017	0. 073 **	0. 016

续表

制度环境自变量	垂直信任		水平信任	
	回归系数	标准误	回归系数	标准误
沟通网络制度（*channel*）	-0.010	0.017	0.022	0.016
技术先进评比制度（*e15a*）	0.673	0.843	-1.112	0.793
政治先进评比制度（*e16a*）	-1.737	0.966	-0.910	0.908
	$F = 24.38$, $p = 0.000$ $R^2 = 0.128$, $n = 3501$		$F = 11.37$, $p = 0.000$ $R^2 = 0.064$, $n = 3511$	

注：* 表示 $p < 0.05$，** 表示 $p < 0.01$。

4. 人际信任与人际互动

组织信任除受特有规则系统的影响外，尤其要以成员彼此之间合作、共事的行动经验为基础，这里假设能够彼此满足角色期望，合规的、积极的角色互动对人际信任能够产生重要影响。由于成员互动要在组织生活的多个维度展开，我们将用以下 14 个有关人际互动的变量来考察其对人际信任的影响。这里的变量及样本情况如表 4-5 所示。

表 4-5　人际互动变量及样本情况

人际互动变量	变量名	编码	样本结果
领导层	*leader*	"第 2 层及以上" = 1，"第 1 层" = 0	1 = 38.17%，0 = 61.83%
加班	*c25*	"有"编码为 1，"没有"则为 0	1 = 35.86%，0 = 64.14%
工作监督	*d8*	"有"编码为 1，"没有"则为 0	1 = 50.02%，0 = 49.98%
参加在岗培训	*havtrain*	5 个在岗培训题项量表，"完全不自主" = 1，"部分自主" = 2，"完全自主" = 3	次序变量，Logit 测量模型，因子为百分分值，均值 = 48.96 分，标准差 = 31.00 分

人际互动变量	变量名	编码	样本结果
参与信息沟通	*havchal*	9 个沟通渠道题项量表，"参与"编码为 1，"没有"则为 0	0－1 变量，Logit 测量模型，因子为百分分值，均值 = 87.18 分，标准差 = 22.82 分
获得技术先进称号	*e15b*	"获得过"编码为 1，"没有"则为 0	1 = 12.39%，0 = 87.61%
当选政治先进	*e16b*	"当选过"编码为 1，"没有"则为 0	1 = 6.4%，0 = 93.6%
闲暇互动	*groups*	7 个闲暇互动题项量表，"有"编码为 1，"没有"则为 0	0－1 变量，Logit 测量模型，因子为百分分值，均值 = 34.69 分，标准差 = 23.22 分
工作冲突	*conflict*	8 个工作冲突题项量表，"从不" = 1，"偶尔" = 2，"经常" = 3	次序变量，Logit 测量模型，因子为百分分值，均值 = 13.31 分，标准差 = 19.84 分
内部角色互动	*roleins*	6 个内部角色互动题项量表，"从不" = 1，"偶尔" = 2，"经常" = 3	次序变量，Logit 测量模型，因子为百分分值，均值 = 52.66 分，标准差 = 24.75 分
外部角色互动	*roleout*	3 个外部角色互动题项量表，"从不" = 1，"偶尔" = 2，"经常" = 3	次序变量，Logit 测量模型，因子为百分分值，均值 = 65.48 分，标准差 = 33.20 分
同事闲聊	*jobchat*	7 个同事闲聊题项量表，"从不" = 1，"偶尔" = 2，"经常" = 3	次序变量，Logit 测量模型，因子为百分分值，均值 = 32.50 分，标准差 = 21.96 分
嵌入性权力	*embedpow*	参与组织内 5 类机构题项量表，"领导" = 5，"骨干成员" = 4，"一般成员" = 3，"非成员积极分子" = 2，"非成员" = 1	次序变量，Logit 测量模型，因子为百分分值，均值 = 28.00 分，标准差 = 18.76 分

人际互动变量	变量名	编码	样本结果
内部强关系	strties	3 种内部强关系题项量表，"有" = 1，"没有" = 0	0 – 1 变量，Logit 测量模型，因子为百分分值，均值 = 36.32 分，标准差 = 30.62 分

用垂直信任和水平信任分别对这 14 个变量进行回归分析，研究结果见表 4 – 6。统计分析显示，参加在岗培训、获得技术先进称号、当选政治先进和同事闲聊 4 个人际互动变量对个人的垂直信任和水平信任产生一定程度或正向或负向的影响，但这些回归系数均未达到统计上的显著性，说明它们与人际信任无关。

与处于基层或生产一线的职工相比，拥有组织权力等级结构上的领导的垂直信任会平均高出 4.335，即下级领导或管理者会给予上级领导更高的信任，这种影响显示出极高的统计显著性。与最基层职工相比，任何层级的领导的水平信任更低（ – 0.650），但这种差异并未通过统计显著性的检验，所以是否为领导与水平信任无关。

参与信息沟通对水平信任并无影响，而职工在多大程度上借助这些渠道参与信息交流或反馈才是问题的关键。研究结果显示，成员参与信息沟通每提高 1 分，垂直信任则会提高 0.060 分，二者呈正相关，这一回归系数在 0.01 的水平下具有统计上的显著性，表明总体上这一效应确实是存在的。参与信息沟通虽对同事信任有负向作用，但效应不具有统计上的显著性。

研究还发现，组织内部角色互动频率越高，人际信任水平也越高，前者每提高 1 分，垂直信任提高 0.139 分，水平信任则可提高 0.058 分，在 0.01 的水平下影响都是显著的，说明确实存在这样的联系。同时，外部角色互动也对垂直信任有显著提升作用，回归系数为 0.035，对水平信任虽也表现出促进作用，但回归系数（0.006）未通过显著性检验，说明二者无关。

研究发现，组织内小圈子的闲暇互动（如聚餐、钓鱼、健身、打牌等）同样有助于人际信任的塑造，闲暇互动每提高 1 分，垂直信任可显著提高 0.059 分，水平信任也会提高 0.056 分，回归系数均达到了统计上的显著性（$p < 0.01$）。可见，组织成员之间职业角色之外的非正式互动，可以积累组织内部的社会资本，强化成员间的团结，其对组织人际信任发挥正向功能的假设得到了经验的证实。

个体在党组织或群团组织中嵌入性权力的大小与人际信任具有显著相关关系。具体来说，个人嵌入性权力越大，其感受到的人际信任就越高，前者每提高 1 分，可提高垂直信任 0.084 分，可提高水平信任 0.044 分，分别在 0.01 和 0.05 的水平下影响均具有统计上的显著性。与群团组织的一般角色或非角色成员相比，领导或骨干成员的主要角色模式就是协调上级与下属、同事与同事之间的各种关系，达成组织整合。所以他们常常要关心职工生活，频繁与所有成员互动，角色的活跃特性自然塑造出了他们更高的人际信任。

现代组织往往规模较大，成员结构较复杂，在个体与组织之间往往会存在一种"内部强关系"的人际圈子，从而把个人和组织联结在一起。研究发现，工作在这种内部强关系网络中的人会有更高的人际信任，内部强关系每提高 1 分，可引起垂直信任提高 0.086 分，可提高水平信任 0.126 分，在 0.01 的水平下影响均极具统计上的显著性。

不出所料，工作过程中的角色紧张或冲突（即工作冲突）会降低组织的人际信任，前者每提高 1 分，可造成垂直信任降低 0.130 分，水平信任降低 0.099 分，这样的影响均极具统计上的显著性（$p < 0.01$）。职工之间钩心斗角，尔虞我诈，相互拆台，争强好胜，小则破坏组织内部的和谐氛围，造成信任荡然无存，诱发职工人心异向，大则阻碍组织正常运行和发展，甚至导致组织走向没落和解体。

最后一个有意思的发现是工作监督，与那些工作时没有被监督（如摄像头、领班等）的人相比，受到工作监督的人的垂直信任要低2.436，这一效应极具统计上的显著性（$p < 0.01$）。受到工作监督的人的水平信任也会降低0.633，只是这一效应未通过显著性检验，说明该影响是不存在的。

职工加班行为会显著降低其对领导和同事的信任，与没有加班的职工相比，有加班的职工的垂直信任会降低2.461，水平信任也会降低2.592。为何加班现象会降低人际信任呢？正常来说，任何职业角色对从业者都有一定的能力要求，期待从业者在标准工作时间内胜任和完成工作任务，达到工作目标。《中华人民共和国劳动法》第三十六条规定，国家实行劳动者每日工作时间不超过八小时、平均每周工作时间不超过四十四小时的工时制度。现实中由于受种种因素的影响，组织领导有时不得不安排职工加班加点工作，根据生产经营需要安排劳动者在法定标准工作时间以外工作，这就是加班。无论如何，领导安排下的加班现象反映了其角色行为与法律规范的不一致性，自然会降低领导或他人的可信度，从而降低组织人际信任。

表4-6 人际信任与人际互动

人际互动自变量	垂直信任		水平信任	
	回归系数	标准误	回归系数	标准误
领导层（leader）	4.335**	0.808	-0.650	0.769
加班（c25）	-2.461**	0.772	-2.592**	0.735
工作监督（d8）	-2.436**	0.795	-0.633	0.757
参加在岗培训（havtrain）	-0.016	0.017	0.011	0.016
参与信息沟通（havchal）	0.060**	0.016	-0.009	0.015
获得技术先进称号（e15b）	0.708	0.913	-0.059	0.870
当选政治先进（e16b）	1.900	1.074	0.736	1.024
闲暇互动（groups）	0.059**	0.019	0.056**	0.018

人际互动自变量	垂直信任		水平信任	
	回归系数	标准误	回归系数	标准误
工作冲突（conflict）	− 0.130 **	0.019	− 0.099 **	0.018
内部角色互动（roleins）	0.139 **	0.019	0.058 **	0.018
外部角色互动（roleout）	0.035 **	0.012	0.006	0.012
同事闲聊（jobchat）	− 0.037	0.021	− 0.016	0.020
嵌入性权力（embedpow）	0.084 **	0.021	0.044 *	0.020
内部强关系（strties）	0.086 **	0.012	0.126 **	0.012
	$F = 31.90$，$p = 0.000$ $R^2 = 0.193$，$n = 1888$		$F = 15.38$，$p = 0.000$ $R^2 = 0.103$，$n = 1897$	

注：* 表示 $p < 0.05$，** 表示 $p < 0.01$。

5. 人际信任与人际互动评价

前面的研究已经表明，人际信任一定程度上受到客观制度环境和人际互动状况的影响。人际信任既是组织成员基于言实相符而构成的客观社会事实，也是组织成员对沟通交往对象可信赖性所形成的一种主观心理感受和评价，而这种特有的心理感受自然会与其对人际互动的其他方面的心理评价更为紧密相关。人际信任以成员之间的互动实践为基础，成员对人际互动状况的认知性评价应该与其信任心理紧密相关。可以设想，成员对组织内人际互动的认知与评价（包括成员之间的和谐、支持、满意、价值等）越高，则他们对组织的人际信任也越高。我们将用以下 7 个有关人际互动评价的变量来考察其与人际信任的关系。7 个人际互动评价变量及样本情况如表 4 - 7 所示。

表 4 - 7　人际互动评价变量及样本情况

人际互动评价变量	变量名	编码	样本结果
同事关系和谐度	f5	"很生分"=1，"较生分"=2，"一般"=3，"较融洽"=4，"很融洽"=5	连续变量，均值 = 4.24，标准差 = 0.70

人际互动评价变量	变量名	编码	样本结果
社会支持度	*support*	3个题项量表，答案采用李克特5点量表赋分	次序变量，Logit测量模型，因子为百分分值，均值 = 60.85分，标准差 = 18.06分
决策权大小	*decision*	8个题项量表，答案采用李克特4点量表赋分	次序变量，Logit测量模型，因子为百分分值，均值 = 37.05分，标准差 = 34.81分
岗位匹配度	*jobmatchd*	3个题项量表，定序层次测量，答案采用李克特5点量表赋分	次序变量，Logit测量模型，因子为百分分值，均值 = 58.23分，标准差 = 19.58分
工作过程满意度	*satproc*	7个题项量表，定序层次测量，1~5分赋值	次序变量，Logit测量模型，因子为百分分值，均值 = 61.91分，标准差 = 17.75分
工作社会意义	*sinnsoc*	3个题项量表，定序层次测量，1~4分赋值	次序变量，Logit测量模型，因子为百分分值，均值 = 51.42分，标准差 = 24.31分
相对剥夺感	*deprv*	3个题项量表，答案采用李克特5点量表赋分	次序变量，Logit测量模型，因子为百分分值，均值 = 54.63分，标准差 = 17.12分

以垂直信任和水平信任作为因变量，分别对这7个自变量进行回归分析，研究结果见表4-8。结果显示，人际互动评价影响人际信任的假设得到了经验支持，所有7个人际互动评价变量均对个人的垂直信任和水平信任表现出一定程度的影响，而且这些回归系数大多达到了统计上的显著性，说明个人的人际信任与人际互动评价是紧密关联在一起的。

同事关系和谐度对垂直信任、水平信任均有显著的正向影响。随着同事关系和谐度的上升，垂直信任将上升0.608，水平信任则将上升2.905，回归系数均达到了统计上的显著性。同时，职工在角色行为中所感受到的社会支持度与垂直信任、水平信任都呈显著正相关关系（$p < 0.01$），社会支持度每提高1分，垂直信任就

会提升 0.556 分，水平信任也会提高 0.554 分。可见，同事和谐的关系与彼此的工作支持，体现了职工行为的可信赖性，与职工彼此间的角色期待保持一致，所以能够提升个人的垂直信任和水平信任。

职工基于权力能选择执行不同决策的能力即决策权，职工感受到的决策权大小正向影响人际信任，他们越是感到自己在组织运行相关事项上具有决定权力，其垂直信任越高，水平信任也越高，回归系数分别为 0.116、0.017，且都极具统计上的显著性。

岗位匹配度是工作与个体理想、知识能力和兴趣相一致的评价结果。研究发现，成员越是认为自身的岗位匹配度高，其垂直信任也越高，前者每提高 1 分，垂直信任将会提高 0.060 分，回归系数极具统计显著性；水平信任也会提高 0.012 分，但未通过显著性检验，说明岗位匹配度与水平信任无关。知人善任，人尽其才，这是领导工作分配的基本准则，成员较高的岗位匹配度的评价意味着组织领导具有较高的人事决策能力和素质，也是领导落实任人准则最充分的体现和证明，自然会增加其角色的可信赖性，从而提升领导信任。

成员工作过程需要与领导、同事等相关角色保持密切的社会互动，且工作时间、设施、安全、强度及自主性等也都与相关角色行为不可分离。研究表明，职工对其工作过程满意度的评价与其人际信任具有正相关关系，工作过程满意度每提高 1 分，垂直信任将随之提高 0.056 分，水平信任会随之提高 0.110 分，影响均极具统计上的显著性。

个体对其角色行为社会意义大小的评价也影响其人际信任。统计结果显示，工作社会意义评价每提高 1 分，垂直信任会相应提高 0.026 分，水平信任也同样提高 0.031 分，这种影响均具有统计上的显著性（$p < 0.01$）。工作过程也是与角色伴侣互动的过程，如果通过这个过程成员感受到了对社会的较大贡献，对他人有较大帮助和影响，则自然意味着领导、同事具有较高的可信赖性，

人际信任显著提高也就变得可以理解。

最后值得一提的是相对剥夺感，按照美国社会学家斯托夫（Stouffer）著名的相对剥夺范式，可知相对剥夺感是一种很矛盾的心理状态，它的产生是人们将自己的状况与那些既和自己的地位相近，又不完全等同于自己的人或群体做反向比较的结果。不出所料，相对剥夺感负向影响垂直信任，前者每提高 1 分，后者就会降低 0.044 分，该效应极具统计显著性。有意思的是，相对剥夺感却显著地正向影响水平信任，它每提高 1 分，水平信任相应会提高 0.055 分，该效应在 0.01 的水平下具有统计显著性。这说明，职工其实是把相对剥夺感归因于领导或管理者的，他们与其他社会群体相比越是感受到较强的相对剥夺感，领导角色所具有的可信赖度就越低，而相对剥夺感越强，就越会增强同事间的心理信任。

表 4 - 8 人际信任与人际互动评价

人际互动评价自变量	垂直信任		水平信任	
	回归系数	标准误	回归系数	标准误
同事关系和谐度（f5）	0.608 *	0.296	2.905 **	0.266
社会支持度（support）	0.556 **	0.012	0.554 **	0.011
决策权大小（decision）	0.116 **	0.007	0.017 **	0.006
岗位匹配度（jobmatchd）	0.060 **	0.012	0.012	0.011
工作过程满意度（satproc）	0.056 **	0.013	0.110 **	0.012
工作社会意义（sinnsoc）	0.026 **	0.009	0.031 **	0.008
相对剥夺感（deprv）	- 0.044 **	0.013	0.055 **	0.011
	$F = 643.15$, $p = 0.000$ $R^2 = 0.438$, $n = 5792$		$F = 691.27$, $p = 0.000$ $R^2 = 0.455$, $n = 5815$	

注：* 表示 $p < 0.05$，** 表示 $p < 0.01$。

前面单方面因素的考察让我们对人际信任与每个自变量的关系有了一个初步的了解。接着我们采用嵌套回归分析的策略，综合考察各类影响因素的偏效应，以期对影响人际信任的各类因素有一个全面的认识。在建构回归模型时我们把 12 个个人背景变量视为控制变量，然后把 20 个制度环境变量、14 个人际互动变量、7 个人际互动评价变量逐一加入模型中，从而形成完整的回归模型。考虑到研究样本是大样本，回归建模采用稳健标准差估计，使得标准差对于模型中可能存在的异方差或自相关问题不敏感，这样得到的结果会更加准确。

从完整回归模型的 F 检验统计分析结果（见表 4 - 9）可以看出，垂直信任模型的决定系数（R^2）达到了 48.6%，水平信任模型的决定系数（R^2）则高达 47.9%，模型解释力非常理想。比较各变量组的决定系数变化量，可以看出，对人际信任影响最大的因素是人际互动评价，7 个变量对垂直信任的方差贡献率达到 20.9%，而对水平信任的方差贡献率更高，为 30.0%。其次是人际互动和个人背景，14 个人际互动变量对垂直信任、水平信任的方差贡献率分别为 10.6% 和 7.5%，12 个个人背景变量对垂直信任、水平信任的方差贡献率分别为 10.0% 和 6.9%。无论是垂直信任还是水平信任，制度环境因素的影响效应都是最小的，20 个变量对垂直信任、水平信任的方差贡献率分别仅为 7.1%、3.5%。总之，在影响人际信任的个人背景、制度环境、人际互动和人际互动评价四个因素中，人们对人际互动评价的主观感受对人际信任的塑造作用最大，而制度环境的作用相对要小得多。

表 4 - 9 人际信任各回归模型的 F 检验

垂直信任模型	加入变量数	回归统计值 F	$p > F$	R^2	ΔR^2
个人背景模型	12	15.59	0.000	0.100	
制度环境模型	20	5.30	0.000	0.171	0.071
人际互动模型	14	12.41	0.000	0.277	0.106
人际互动评价模型	7	50.58	0.000	0.486	0.209
水平信任模型	加入变量数	回归统计值 F	$p > F$	R^2	ΔR^2
个人背景模型	12	7.04	0.000	0.069	

水平信任模型	加入变量数	回归统计值 F	$p > F$	R^2	ΔR^2
制度环境模型	20	2.56	0.000	0.104	0.035
人际互动模型	14	7.89	0.000	0.179	0.075
人际互动评价模型	7	82.93	0.000	0.479	0.300

6. 人际信任的最优回归模型

最后，我们希望从以上所有影响人际信任的自变量中，选择出那些效应具有统计显著性的变量，以建立最优回归模型，来预测人际信任水平。最优回归模型包含所有对人际信任影响显著的自变量，而剔除掉那些影响不显著的自变量。为此，我们采用逐步回归（Stepwise Regression）方法，以 5% 的显著性水平为标准，按前进法（Forward）在所有自变量中进行选择，剔除 p 值大于临界值的变量，直到加入的都是显著的自变量。采用逐步回归模型统计分析，得到垂直信任和水平信任的最优且精确的回归模型，如图 4 - 2 所示。

对于垂直信任和水平信任来说，逐步回归分析结果与上述各自变量组的回归分析结果有些差异，原来各回归模型中效应显著的自变量，有的不再具有独立的显著效应而未进入最优模型；原来各回归模型中效应不显著的自变量，有的则变得具有统计显著性而进入最优回归模型。

对于垂直信任来说，原来个人背景自变量中效应显著的 9 个自变量，最终进入最优回归模型的只有工作性质（bjobty）与婚姻状况（marry）2 个自变量，其他的则不再显著而未出现在最优回归模型中；对水平信任而言，也只有 2 个个人背景自变量进入最优回归模型中，原来效应显著的 8 个自变量中，只有宗教信仰（relig）依然是效应显著的，而原来不显著的政治面貌（politic）现在变得显著而出现在最优回归模型里，其他的自变量在这里不再是显著的。

对于垂直信任而言，原来有 10 个制度环境自变量是显著的，行政事业单位（*adum*3）、有害物理环境（*phyind*）、工会组织（*d*10*c*1）和职代会（*d*10*e*1）4 个自变量的效应依然保持显著而出现在最优回归模型中，原来效应不显著的政治先进评比制度（*e*16*a*）现在因变得显著而得以进入最优回归模型。对水平信任来说，原来效应显著的 6 个自变量均变得不再显著，而原来效应不显著的工会组织（*d*10*c*1）和设施服务制度（*physwell*）2 个自变量现在变得具有统计显著性而进入水平信任最优回归模型中，其他的自变量不再具有显著效应。

　　人际互动自变量组中，原来对垂直信任具有显著影响的 10 个自变量中，加班（*c*25）、内部角色互动（*roleins*）、工作冲突（*conflict*）、领导层（*leader*）4 个自变量的效应依然显著，原来效应不显著的参加在岗培训（*havtrain*）现在变得显著，这样共有 5 个人际互动因素出现在垂直信任的最优回归模型中。而对于水平信

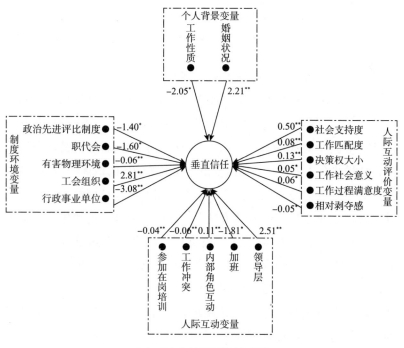

（*a*）垂直信任的最优回归模型

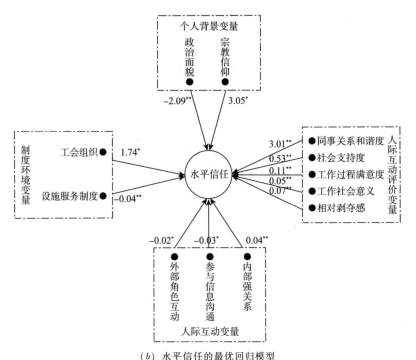

（b）水平信任的最优回归模型

图 4 – 2　人际信任的最优回归模型

注：＊表示 $p < 0.05$，＊＊表示 $p < 0.01$。

任来说，人际互动自变量组中原来效应显著的 6 个自变量中，只有内部强关系（strties）通过逐步回归依然效应显著，原来效应不显著的外部角色互动（roleout）、参与信息沟通（havchal）现在变得显著，这样共有 3 个人际互动因素出现在水平信任的最优回归模型中。

对于垂直信任来说，原来 7 个人际互动评价自变量都表现出统计显著性，而逐步回归的结果显示，其中 6 个自变量效应依然显著而出现在垂直信任的最优回归模型中，同事关系和谐度（f5）不再是一个显著的影响因素。对于水平信任来说，原来有 6 个效应显著的人际互动评价自变量，其中 5 个通过逐步回归效应依然保持显著，保留在最优回归模型里，决策权大小（decision）对水平信任的效应不再具有统计显著性。

这样，在所有考察的 53 个自变量中，通过逐步回归分析，最终进入垂直信任最优回归模型的自变量一共有 18 个，它们一共解释了垂直信任变异量的 47.8%。进入水平信任最优回归模型里的自变量总共 12 个，它们总共解释了水平信任变异量的 46.9%。由于垂直信任和水平信任两个最优回归模型省略了那些效应不具有统计显著性的自变量，所以每个自变量的效应大小与原来分组回归模型中的效应大小就会有所不同。

三　人际信任的中介模型

1. 人际信任的中介功能理论模型

组织承诺是本研究的最终结果变量，是指个人基于工作角色权利与义务的规范，认同所在组织的追求目标和价值信念，在行为上愿意为组织多做贡献，并希望继续成为所在组织的一分子的相对稳定的心理倾向。综合已有研究结果，这里将关注组织承诺中的组织关切和留职倾向两个方面。我们假设职工的角色互动环境影响其组织承诺行为，而人际信任则在人际互动环境和组织承诺行为之间发挥着中介作用。其原因是人际互动的信任具有或发挥着一种简化或转化机制，有能力把互动中感受到的同事或领导言行一致、诚信可靠性转化为一种心理结果，从而信任作为激发或打击的可能因素，会导致职工组织承诺关系的强化或削弱。根据布劳（2012）的互惠交换原理，如果互动中对方违背了行为期待和互惠规范义务，个体就会感受到其言行不一，对未来互动报酬的获得产生怀疑以致失去信心，这种怀疑会侵蚀职工对其他成员的信任，进一步引发职工的群体疏离感、失范感。

组织作为一个正式群体，成员并非处于相同的结构层面上，换句话说，互动对象并不是同质性的，本质上有着明显的不同。所以，依照受信者在群体中所处的地位和角色类型，就有了不同的人际信任类别，比如按照组织"金字塔"式的科层制模式，群体中的同事或共事者人员多，他们的言行相符、诚实可靠必然塑造出横向水平关系的人际信任。同样地，个体必然也要与工作上的主管或领导打交道，权力关系中的互动就会形成纵向垂直关系的人际信任。有垂直信任不一定就有水平信任，反过来对同事的深信不疑也不可能意味着就信任主管或领导，既然有理由把人际信任划分为垂直和水平两类，那么说明它们之间的关系也是很有必要的。在本研究看来，水平信任影响垂直信任是有道理的，设想一下，周围同事都不具有可信赖性，而认为主管或领导可信性高是很荒谬的。换句话说，通过体验到众多同事努力践行理想角色，职工才会建立起对主管或领导的信任，这就蕴含着同事信任影响领导信任的逻辑。从组织发展角度看，促进组织发展壮大首先需要培育水平层面的信任，只有分工与协作高效顺畅，对整个组织才有益，也才使得领导信任有了依靠基础。所以，我们理论上认为工作环境中的水平信任会促进垂直信任。于是，这里提出的人际信任中介模型如图4-3所示。

2. 组织承诺的测量

（1）组织关切量表由3个题项构成，它们分别是"D23. 一般来说，您是否关心单位中发生的事情"、"D24. 一般来说，您是否愿意对单位中发生的事情发表自己的看法"和"D25. 一般来说，您是否愿意参加单位组织的一些公益活动（如植树绿化）"，答案选项均为"很关心"或"很愿意"、"较关心"或"较愿意"和"不关心"或"不愿意"，编码依次为3、2、1。我们假定组织关切是不可直接观察的连续变量，鉴于指标变量为定序测量的数据，这里同样采用次序变量的Logit测量模型进行因子分析，结果（见图4-4）显示，量表各题项的因子负荷都是极为显著的，量表可以被接受。获得因子预测数值后，为便于阅读对其进行百分制转换，从而得到最终的组织关切数值，其正态分布如图4-5所示。在本样本中，组织关切量表的数值在0~100分，均值为54.36分，标准差为28.25分，数值偏离正态分布较大。

（2）留职倾向是构成组织承诺的第2个成分，量表由4个题

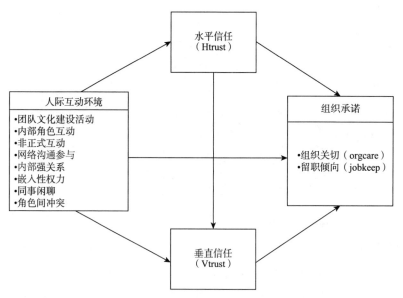

图 4 – 3 人际互动环境、人际信任和组织承诺的理论模型

注：此处的团队文化建设活动相当于前文的团队文化建设制度，前者属于人际互动环境变量，后者属于制度环境变量。另外，非正式互动、网络沟通参与、角色间冲突分别与前文的闲暇互动、参与信息沟通、工作冲突含义相同。

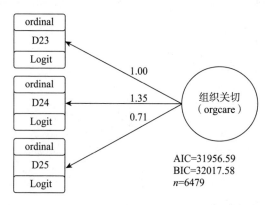

图 4 – 4 组织关切量表的广义结构方程模型

项组成。"C37. 您有没有换一个工作的想法"，答案为"经常有"、"偶尔有"和"从没有"，编码依次为 3、2、1，计算时反向计分。"C38. 如果能够从头再来一次，您还会不会选择现在这份工作"，

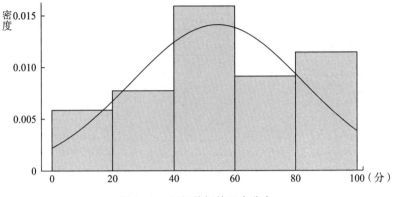

图 4 - 5 组织关切的正态分布

答案为"一定会"、"大概会"、"不确定"、"大概不会"和"肯定不会"，编码依次为 5、4、3、2、1。"C39. 在将来的 12 个月内，您会不会失去现在这份工作"，答案为"一定会"、"大概会"、"不确定"、"大概不会"和"肯定不会"，编码依次为 5、4、3、2、1，计算时反向计分。"C41. 如果您钱多得这辈子都花不完，您是否会从事现在这份工作"，答案为"会"、"不确定"和"不会"，编码依次为 3、2、1。广义结构方程模型分析结果（见图 4 - 6）表

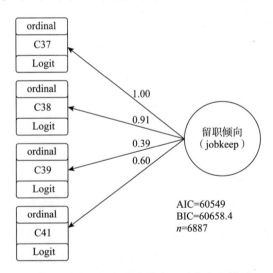

图 4 - 6 留职倾向量表的广义结构方程模型

明，留职倾向量表的测量效果也较好，4 个题项的因子负荷均极具统计上的显著性。获得因子预测数值后，为便于阅读也对其进行百分制转换，从而得到最终的留职倾向数值，其正态分布如图 4 - 7 所示。在本样本中，留职倾向数值分布在 0 ~ 100 分，均值为 57. 61 分，标准差为 20. 10 分，分值越高表示职工的留职倾向越强。

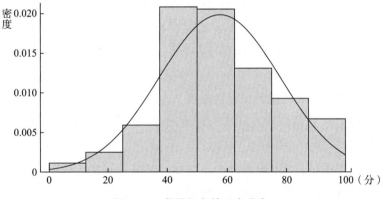

图 4 - 7　留职倾向的正态分布

3. 人际信任中介模型研究结果

本书运用路径分析法来对研究假设进行检验。我们假设人际信任在人际互动环境变量与组织承诺之间发挥着中介作用。依照巴伦（Baron）和肯尼（Kenny）的研究，中介作用存在需要满足以下四个条件：①自变量和中介变量必须显著相关；②自变量和因变量必须显著相关；③中介变量与因变量必须显著相关；④在增加中介变量后，自变量与因变量之间的关系应当不再显著或者强度减弱（Baron and Kenny, 1986）。路径分析法可以同时探讨一个以上中介变量的中介效应，即可以分析所有人际互动环境变量的中介效应以及它们之间复杂的关系。根据麦金农（MacKinnon）等人的观点，可知与麦金农的方法相比，路径分析法具有更高的检验效力（MacKinnon et al. , 2002），所以本研究使用 Amos 21. 0 进行多自变量和多中介变量关系的假设检验。

模型分析过程如下：首先根据理论模型，我们用路径结构模型对数据进行拟合；然后通过各个系数估值的显著性以及整体模型的拟合优度指标，来判断路径关系假设的显著性。另外，这里用 Bootstrap 法构造中介效应的置信区间，进行中介效应检验。由于用 Bootstrap 法得到的参数分布能够完全获得取样的变异性，即使数据非正态，得到的参数区间估计也往往优于其他方法得到的区间估计（温忠麟等，2012：80）。与结构模型的正态理论方法相比，我们有理由相信 Bootstrap 法能够表现出更高的统计分析效力。研究采用 5000 个 Bootstrap 样本为标准，选择第 2.5 百分位数和第 97.5 百分位数来估计 95% 的中介效应置信区间，以此检测路径分析的结果和中介效应的显著性取值。

（1）人际信任在人际互动环境和组织关切之间的中介作用分析结果。

这里先对人际互动环境 8 个变量、组织关切变量和人际信任 2 个变量进行初步的描述性统计与相关性分析，研究结果如表 4-10 所示。人际互动环境变量中团队文化建设活动与网络沟通参与、网络沟通参与与角色间冲突的相关系数均未达到统计学意义上的显著性，其他人际互动环境变量两两之间的相关系数从最小的 0.02 到最大的 0.32 不等，且都通过了显著性检验。人际互动环境变量与水平信任、垂直信任、组织关切之间的相关状况与预期保持一致，其中，角色间冲突与三个变量均呈负相关，但与组织关切的负相关系数不显著；其他 7 个人际互动环境变量与人际信任、组织关切均呈显著的正相关关系。

表 4-10　各变量描述性统计与相关性分析

变量	均值	标准差	1	2	3	4	5
1. 团队文化建设活动	29.22	21.94					
2. 内部角色互动	52.65	24.75	0.15 *				
3. 非正式互动	34.69	23.21	0.32 *	0.27 *			
4. 网络沟通参与	67.55	21.85	-0.01	0.10 *	0.10 *		

变量	均值	标准差	1	2	3	4	5
5. 内部强关系	36.32	30.62	0.13*	0.23*	0.22*	0.09*	
6. 嵌入性权力	28.00	18.76	0.06*	0.08*	0.10*	0.14*	0.07*
7. 同事闲聊	32.50	21.96	0.16*	0.26*	0.21*	0.02*	0.20*
8. 角色间冲突	13.31	19.84	0.04*	0.12*	0.11*	0.02	0.19*
9. 水平信任	60.94	17.70	0.09*	0.17*	0.13*	0.04*	0.26*
10. 垂直信任	55.35	19.15	0.07*	0.22*	0.13*	0.12*	0.22*
11. 组织关切	54.36	27.38	0.07*	0.15*	0.05*	0.13*	0.17*

变量	6	7	8	9	10	11
1. 团队文化建设活动						
2. 内部角色互动						
3. 非正式互动						
4. 网络沟通参与						
5. 内部强关系						
6. 嵌入性权力						
7. 同事闲聊	0.03*					
8. 角色间冲突	0.05*	0.26*				
9. 水平信任	0.05*	0.09*	-0.03*			
10. 垂直信任	0.10*	0.05*	-0.04*	0.60*		
11. 组织关切	0.11*	0.11*	-0.06	0.28*	0.34*	

注: *$p < 0.05$。

研究人际信任在人际互动环境与组织关切之间的中介功能，我们首先分析自变量和因变量的因果关系模型，即先从提出的理论模型中去除中介变量，检验从人际互动环境变量到组织关切的直接路径系数是否显著。由表 4 – 11 中的直接效应模型估计结果可见，8 个自变量与组织关切的直接路径系数都呈现统计学意义上的显著性，其中，非正式互动、角色间冲突与组织关切呈现显著的负相关关系，其他几个自变量与组织关切呈现显著的正相关关系。

模型拟合指标 $\chi^2(0) = 0.000$，CFI = 1.00，GFI = 1.00，RMR = 0.000，表明路径结构模型整体拟合极为完美。

然后我们对提出的人际信任中介模型进行数据拟合，模型拟合指标 $\chi^2(0) = 0.000$，CFI = 1.00，GFI = 1.00，RMR = 0.000，表明路径结构模型整体拟合同样完美（见表 4-11）。结果显示，网络沟通参与到水平信任的直接路径系数不显著（$p = 0.622$），团队文化建设活动到垂直信任的直接路径系数不显著（$p = 0.634$），其他人际互动环境变量到人际信任的直接路径系数均表现出统计显著性。结果还表明，水平信任、垂直信任到组织关切的直接路径系数极具统计显著性。最后，在增加了中介变量之后，人际互动环境 8 个变量与组织关切的直接路径系数依然都具有统计显著性，但系数较之直接效应大多明显减小，说明水平信任和垂直信任在它们之间起到了部分中介作用。

表 4-11　人际信任中介效应检验结果

模型及路径系数	b	SE	p	CI(Lower)	CI(Upper)
直接效应模型					
团队文化建设活动→组织关切	0.054	0.018	< 0.050	0.021	0.088
内部角色互动→组织关切	0.103	0.014	< 0.001	0.072	0.133
非正式互动→组织关切	-0.050	0.015	= 0.002	-0.081	-0.019
网络沟通参与→组织关切	0.153	0.017	< 0.001	0.122	0.185
内部强关系→组织关切	0.124	0.011	< 0.001	0.101	0.147
嵌入性权力→组织关切	0.213	0.031	< 0.001	0.161	0.268
同事闲聊→组织关切	0.103	0.017	< 0.001	0.069	0.138
角色间冲突→组织关切	-0.093	0.017	< 0.001	-0.127	-0.059
人际信任中介模型					
团队文化建设活动→水平信任	0.026	0.011	< 0.050	0.004	0.048
内部角色互动→水平信任	0.069	0.008	< 0.001	0.050	0.087
非正式互动→水平信任	0.029	0.007	= 0.001	0.011	0.047

模型及路径系数	b	SE	p	CI(Lower)	CI(Upper)
网络沟通参与→水平信任	0.005	0.010	0.622	−0.016	0.025
内部强关系→水平信任	0.128	0.007	<0.001	0.114	0.143
嵌入性权力→水平信任	0.037	0.019	<0.050	−0.001	0.075
同事闲聊→水平信任	0.021	0.010	<0.050	−0.002	0.045
角色间冲突→水平信任	−0.081	0.010	<0.001	−0.102	−0.061
团队文化建设活动→垂直信任	−0.005	0.010	0.634	−0.023	0.014
内部角色互动→垂直信任	0.081	0.007	<0.001	0.065	0.096
非正式互动→垂直信任	0.017	0.008	<0.050	0.002	0.032
网络沟通参与→垂直信任	0.086	0.009	<0.001	0.067	0.106
内部强关系→垂直信任	0.027	0.006	<0.001	0.015	0.040
嵌入性权力→垂直信任	0.090	0.017	<0.001	0.055	0.123
同事闲聊→垂直信任	−0.029	0.009	=0.001	−0.048	−0.010
角色间冲突→垂直信任	−0.037	0.009	<0.001	−0.056	−0.018
水平信任→垂直信任	0.600	0.011	<0.001	0.574	0.626
水平信任→组织关切	0.161	0.023	<0.001	0.111	0.210
垂直信任→组织关切	0.369	0.010	<0.001	0.325	0.414
团队文化建设活动→组织关切	0.046	0.017	<0.050	0.014	0.078
内部角色互动→组织关切	0.047	0.013	<0.001	0.017	0.075
非正式互动→组织关切	−0.067	0.015	<0.001	−0.097	−0.037
网络沟通参与→组织关切	0.120	0.017	<0.001	0.089	0.150
内部强关系→组织关切	0.065	0.011	<0.001	0.042	0.087
嵌入性权力→组织关切	0.166	0.030	<0.001	0.115	0.218
同事闲聊→组织关切	0.106	0.016	<0.001	0.073	0.140
角色间冲突→组织关切	−0.048	0.016	<0.050	−0.080	−0.015

表4-12是人际互动环境变量到组织关切间接效应的具体分析结果。从表中总间接效应可以发现，团队文化建设活动和同事闲聊到组织关切的总间接效应不具有统计显著性，置信区间包含0，

说明团队文化建设活动通过水平信任和垂直信任两个中介的总间接效应是不存在的，同事闲聊通过水平信任和垂直信任两个中介的总间接效应也是不存在的。开展团队文化建设活动能够显著地直接提高职工的组织关切水平，具体分析人际信任在它们之间的特定中介效应就会发现，从团队文化建设活动经由水平信任影响组织关切的特定中介效应为 0.004，从团队文化建设活动经由水平信任再到垂直信任影响组织关切的远程中介效应为 0.006，且两个中介效应都是显著的。但从团队文化建设活动经由垂直信任影响组织关切的特定中介效应则为 -0.002，与以上两个中介效应的符号相反，存在不一致中介效应现象。以上三个中介效应加总为 0.008，但总间接效应不具有统计显著性。人际信任在同事闲聊与组织关切中的中介效应表现出相似的特征：从同事闲聊经由水平信任影响组织关切的特定中介效应为 0.003，从同事闲聊经由垂直信任影响组织关切的特定中介效应为 -0.011，从同事闲聊经由水平信任再到垂直信任影响组织关切的远程中介效应为 0.005，三个中介效应均具有统计显著性，但由于效应方向相反，总间接效应不显著。

用 Bootstrap 百分位数来估计 95% 中介效应置信区间，只能检验人际互动环境变量到组织关切总间接效应是否显著，不能直接分析特定中介效应和远程中介效应的大小及其显著性。从人际互动环境变量到中介变量的路径系数显著，从中介变量到结果变量的路径系数显著，这也不足以说明存在显著的中介效应（Preacher and Kelley，2011）。这里同样采用 MacKinnon 和 Fritz（2007）提供的 PRODCLIN2 中介效应置信区间的计算程序，进一步计算特定中介效应及其置信区间，以检验各个特定中介效应是否真实存在。结果显示：①人际信任在内部角色互动与组织关切之间的三个特定中介效应都具显著性，说明它们是真实存在的；②人际信任在非正式互动与组织关切之间的三个特定中介效应都是显著的，说明它们的确是存在的；③垂直信任在网络沟通参与与组织关切之间的特定中介效应具有统计显著性，说明它是真实存在的；④人际信任在内部强关系与组织关切之间的三个特定中介效应都具有统计显著性，说明它们确实存在；⑤人际信任在嵌入性权力与组织关切之间的中介效应是真实存在的，但远程中介效应不存在；⑥人际信任在角色间冲突与组织关切间的三个特定中介效应都具有统计显著性，说明总体上它们是真实存在的。

表 4 – 12　人际信任间接效应分析结果

路径系数	b	SE	p	CI(Lower)	CI(Upper)
总间接效应					
团队文化建设活动→组织关切	0.008	0.006	0.149	– 0.003	0.020
内部角色互动→组织关切	0.056	0.005	< 0.001	0.046	0.067
非正式互动→组织关切	0.017	0.005	< 0.001	0.008	0.027
网络沟通参与→组织关切	0.034	0.006	< 0.001	0.023	0.045
内部强关系→组织关切	0.059	0.005	< 0.001	0.050	0.068
嵌入性权力→组织关切	0.047	0.010	< 0.001	0.029	0.068
同事闲聊→组织关切	– 0.003	0.006	0.676	– 0.015	0.009
角色间冲突→组织关切	– 0.045	0.006	< 0.001	– 0.057	– 0.034
1. 团队文化建设活动到组织关切特定中介效应					
团队文化建设活动→水平信任→组织关切	0.004			0.001	0.008
团队文化建设活动→垂直信任→组织关切	– 0.002			– 0.009	0.005
团队文化建设活动→水平信任→垂直信任	0.016			0.003	0.029
水平信任→垂直信任→组织关切	0.221			0.206	0.237
团队文化建设活动→水平信任→垂直信任→组织关切	0.006				
2. 内部角色互动到组织关切特定中介效应					

路径系数	b	SE	p	CI(Lower)	CI(Upper)
内部角色互动→水平信任→组织关切	0.011			0.007	0.016
内部角色互动→垂直信任→组织关切	0.030			0.025	0.035
内部角色互动→水平信任→垂直信任	0.041			0.032	0.051
水平信任→垂直信任→组织关切	0.221			0.206	0.237
内部角色互动→水平信任→垂直信任→组织关切	0.015				

3. 非正式互动到组织关切特定中介效应

非正式互动→水平信任→组织关切	0.005			0.002	0.007
非正式互动→垂直信任→组织关切	0.006			0.001	0.012
非正式互动→水平信任→垂直信任	0.017			0.009	0.026
水平信任→垂直信任→组织关切	0.221			0.206	0.237
非正式互动→水平信任→垂直信任→组织关切	0.006				

4. 网络沟通参与到组织关切特定中介效应

网络沟通参与→水平信任→组织关切	0.001			−0.002	0.004
网络沟通参与→垂直信任→组织关切	0.032			0.025	0.039
网络沟通参与→水平信任→垂直信任	0.003			−0.009	0.015
水平信任→垂直信任→组织关切	0.221			0.206	0.237

路径系数	b	SE	p	CI(Lower)	CI(Upper)
网络沟通参与→水平信任→ 垂直信任→组织关切	0. 001				

5. 内部强关系到组织关切特定中介效应

路径系数	b	SE	p	CI(Lower)	CI(Upper)
内部强关系→水平信任→组织关切	0. 021			0. 014	0. 027
内部强关系→垂直信任→组织关切	0. 010			0. 006	0. 014
内部强关系→水平信任→垂直信任	0. 077			0. 067	0. 086
水平信任→垂直信任→组织关切	0. 221			0. 206	0. 237
内部强关系→水平信任→ 垂直信任→组织关切	0. 028				

6. 嵌入性权力到组织关切特定中介效应

路径系数	b	SE	p	CI(Lower)	CI(Upper)
嵌入性权力→水平信任→组织关切	0. 006			0. 000	0. 013
嵌入性权力→垂直信任→组织关切	0. 033			0. 021	0. 046
嵌入性权力→水平信任→垂直信任	0. 022			− 0. 000	0. 045
水平信任→垂直信任→组织关切	0. 221			0. 206	0. 237
嵌入性权力→水平信任→ 垂直信任→组织关切	0. 008				

7. 同事闲聊到组织关切特定中介效应

路径系数	b	SE	p	CI(Lower)	CI(Upper)
同事闲聊→水平信任→组织关切	0. 003			0. 000	0. 007
同事闲聊→垂直信任→组织关切	− 0. 011			− 0. 017	− 0. 004
同事闲聊→水平信任→垂直信任	0. 013			0. 001	0. 024
水平信任→垂直信任→组织关切	0. 221			0. 206	0. 237

路径系数	b	SE	p	CI(Lower)	CI(Upper)
同事闲聊→水平信任→ 垂直信任→组织关切	0.005				
8. 角色间冲突到组织关切特定中 介效应					
角色间冲突→水平信任→组织 关切	-0.013			-0.018	-0.008
角色间冲突→垂直信任→组织 关切	-0.014			-0.020	-0.007
角色间冲突→水平信任→垂直 信任	-0.049			-0.061	-0.037
水平信任→垂直信任→组织关切	0.221			0.206	0.237
角色间冲突→水平信任→ 垂直信任→组织关切	-0.018				

以上研究结果告诉我们，本书提出的理论模型中有一些路径系数不具有统计显著性，说明它们是不存在的。为了得到更为简约的人际信任中介模型，我们去除掉这些不显著的路径，进一步对数据进行拟合，最终得到的人际信任中介功能的简约模型如图 4 - 8 所示。模型拟合指标 χ^2（2）= 0.470，p = 0.791，χ^2/df = 0.594，CFI = 1.00，RMSEA = 0.00，表明简约路径结构模型整体拟合结果完全可以接受。

（2）人际信任在人际互动环境和留职倾向之间的中介作用分析结果。

研究人际信任在人际互动环境和留职倾向之间的中介作用，这里也首先对人际互动环境变量、留职倾向变量和人际信任变量进行描述性统计与相关性分析，研究结果如表 4 - 13 所示。结果显示，团队文化建设活动与网络沟通参与、网络沟通参与与角色间冲突的相关系数分别为 - 0.01、0.02，不具有显著性，而其他几个人际互动环境变量两两之间均存在显著的相关关系，系数从最小的

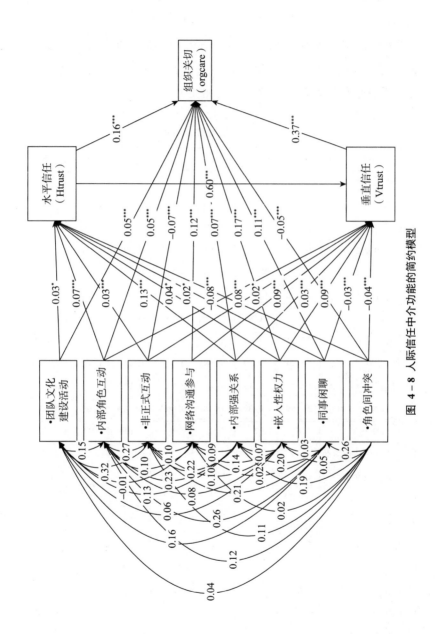

图 4 - 8 人际信任中介功能的简约模型

0.02 到最大的 0.32 不等，这与前面的统计分析结果一致。人际互动环境变量、水平信任、垂直信任和留职倾向之间的相关状况与预期保持一致，留职倾向与 6 个人际互动环境变量均呈正相关关系，而与角色间冲突、同事闲聊均呈负相关关系。同时，水平信任、垂直信任与留职倾向之间呈正相关关系。

表 4 - 13　各变量描述性统计与相关性分析

变量	均值	标准差	1	2	3	4	5
1. 团队文化建设活动	29.22	21.94					
2. 内部角色互动	52.65	24.75	0.15*				
3. 非正式互动	34.69	23.21	0.32*	0.27*			
4. 网络沟通参与	67.55	21.85	-0.01	0.10*	0.10*		
5. 内部强关系	36.32	30.62	0.13*	0.23*	0.22*	0.09*	
6. 嵌入性权力	28.00	18.76	0.06*	0.08*	0.10*	0.14*	0.07*
7. 同事闲聊	32.50	21.96	0.16*	0.26*	0.21*	0.02*	0.20*
8. 角色间冲突	13.31	19.84	0.04*	0.12*	0.11*	0.02	0.19*
9. 水平信任	60.94	17.70	0.09*	0.17*	0.13*	0.04*	0.26*
10. 垂直信任	55.35	19.15	0.07*	0.22*	0.13*	0.12*	0.22*
11. 留职倾向	57.60	20.09	0.10*	0.06*	0.08*	0.07*	0.12*

变量	6	7	8	9	10	11
1. 团队文化建设活动						
2. 内部角色互动						
3. 非正式互动						
4. 网络沟通参与						
5. 内部强关系						
6. 嵌入性权力						
7. 同事闲聊	0.03*					
8. 角色间冲突	0.05*	0.26*				
9. 水平信任	0.05*	0.09*	-0.03*			

变量	6	7	8	9	10	11	
10. 垂直信任	0.10 *	0.05 *	- 0.04 *	0.60 *			
11. 留职倾向	0.09 *	- 0.06 *	- 0.11 *	0.18 *	0.23 *		

注：* $p < 0.05$。

我们同样地首先检验了自变量和因变量的直接效应模型，即从提出的理论模型中去除中介变量，检验从人际互动环境变量到留职倾向的直接路径系数是否显著。由表 4 - 14 中的直接效应模型估计结果可见，8 个自变量都与留职倾向的直接路径系数呈现显著相关性，其中，同事闲聊和角色间冲突对留职倾向具有显著的负向影响，其他 6 个人际互动环境变量对留职倾向则表现为显著的正向影响。模型拟合指标 GFI = 1.00，RMR = 0.000，表明路径结构模型整体拟合极为完美。

在此基础上，我们对提出的人际信任中介模型进行数据拟合，模型拟合指标 χ^2（0）= 0.000，CFI = 1.00，GFI = 1.00，RMR = 0.000，表明路径结构模型整体拟合也是完美的。结果显示，网络

表 4 - 14　人际信任中介效应检验结果

模型及路径系数	b	SE	p	CI(Lower)	CI(Upper)
直接效应模型					
团队文化建设活动→留职倾向	0.079	0.013	< 0.001	0.053	0.105
内部角色互动→留职倾向	0.032	0.010	< 0.050	0.011	0.053
非正式互动→留职倾向	0.034	0.011	< 0.050	0.011	0.056
网络沟通参与→留职倾向	0.051	0.013	< 0.001	0.026	0.075
内部强关系→留职倾向	0.083	0.008	< 0.001	0.067	0.100
嵌入性权力→留职倾向	0.133	0.023	< 0.001	0.087	0.180
同事闲聊→留职倾向	- 0.076	0.012	< 0.001	- 0.101	- 0.051
角色间冲突→留职倾向	- 0.137	0.013	< 0.001	- 0.161	- 0.111

模型及路径系数	b	SE	p	CI(Lower)	CI(Upper)
人际信任中介模型					
团队文化建设活动→水平信任	0.026	0.011	< 0.05	0.004	0.048
内部角色互动→水平信任	0.069	0.008	< 0.001	0.050	0.087
非正式互动→水平信任	0.029	0.007	$= 0.001$	0.011	0.047
网络沟通参与→水平信任	0.005	0.010	0.622	$- 0.016$	0.025
内部强关系→水平信任	0.128	0.007	< 0.001	0.114	0.143
嵌入性权力→水平信任	0.037	0.019	< 0.050	$- 0.001$	0.075
同事闲聊→水平信任	0.021	0.010	< 0.050	$- 0.002$	0.045
角色间冲突→水平信任	$- 0.081$	0.010	< 0.001	$- 0.102$	$- 0.061$
团队文化建设活动→垂直信任	$- 0.005$	0.010	0.634	$- 0.023$	0.014
内部角色互动→垂直信任	0.081	0.007	< 0.001	0.065	0.096
非正式互动→垂直信任	0.017	0.008	< 0.050	0.002	0.032
网络沟通参与→垂直信任	0.086	0.009	< 0.001	0.067	0.106
内部强关系→垂直信任	0.027	0.006	< 0.001	0.015	0.040
嵌入性权力→垂直信任	0.090	0.017	< 0.001	0.055	0.123
同事闲聊→垂直信任	$- 0.029$	0.009	$= 0.001$	$- 0.048$	$- 0.010$
角色间冲突→垂直信任	$- 0.037$	0.009	< 0.001	$- 0.056$	$- 0.018$
水平信任→垂直信任	0.600	0.011	< 0.001	0.574	0.626
水平信任→留职倾向	0.070	0.018	< 0.001	0.033	0.106
垂直信任→留职倾向	0.169	0.016	< 0.001	0.136	0.204
团队文化建设活动→留职倾向	0.076	0.013	< 0.001	0.049	0.102
内部角色互动→留职倾向	0.006	0.010	0.570	$- 0.014$	0.028
非正式互动→留职倾向	0.026	0.011	< 0.050	0.003	0.048
网络沟通参与→留职倾向	0.035	0.013	< 0.050	0.011	0.059
内部强关系→留职倾向	0.057	0.008	< 0.001	0.040	0.074
嵌入性权力→留职倾向	0.112	0.023	< 0.001	0.066	0.158
同事闲聊→留职倾向	$- 0.074$	0.012	< 0.001	$- 0.099$	$- 0.049$
角色间冲突→留职倾向	$- 0.116$	0.012	< 0.050	$- 0.140$	$- 0.091$

沟通参与到水平信任的直接路径系数不显著（$p = 0.622$），团队文化建设活动到垂直信任的直接路径系数不显著（$p = 0.634$），其他人际互动环境变量到人际信任的直接路径系数均表现出统计显著性。结果还表明，水平信任、垂直信任到留职倾向的直接路径系数均极具统计显著性。最后，在增加了中介变量之后，内部角色互动到留职倾向的直接路径系数不再显著，说明人际信任对此起到了完全中介作用。人际互动环境的其他 7 个变量与留职倾向的直接路径系数依然具有统计显著性，且系数较之直接效应大多明显减小，说明水平信任和垂直信任在它们之间起到了部分中介作用。

　　表 4 - 15 是人际互动环境变量到留职倾向间接效应的具体分析结果。从表中总间接效应可以发现，只有团队文化建设活动和同事闲聊的总间接效应不具有统计显著性，置信区间包含 0，说明团队文化建设活动和同事闲聊通过水平信任和垂直信任两个中介的总间接效应是不存在的。通过观察三个特定中介效应的具体情况，发现多重并行中介模型中不同中介效应彼此符号相反，形成了所谓压抑模型，最终导致总间接效应消失。比如，从团队文化建设活动经由水平信任影响留职倾向的特定中介效应为 0.002，从团队文化建设活动经由水平信任再到垂直信任影响留职倾向的远程中介效应为 0.003，但从团队文化建设活动经由垂直信任影响留职倾向的特定中介效应则为 - 0.001，不同中介效应的符号相反，导致总间接效应不再显著。表现出不一致中介效应的还有同事闲聊变量：从同事闲聊经由水平信任影响留职倾向的特定中介效应为 0.003，而经由垂直信任影响留职倾向的特定中介效应为 - 0.011，经由水平信任再到垂直信任影响留职倾向的远程中介效应是 0.005，三个中介效应均显著，但由于效应方向的不一致性，总间接效应不再显著。

　　采用 MacKinnon 和 Fritz（2007）提供的 PRODCLIN2 中介效应置信区间的计算程序，进一步计算特定中介效应及其置信区间，以检验各个特定中介效应是否真实存在。研究结果显示：①人际信任在内部角色互动与留职倾向之间的三个中介效应分别为

0.011、0.030 和 0.015，都具有显著性，说明总体上它们是真实存在的；②人际信任在非正式互动与留职倾向之间的三个中介效应分别是 0.005、0.006 和 0.006，都是显著的，表明总体上它们的确存在；③只有垂直信任在网络沟通参与与留职倾向之间的特定中介效应具有显著性，系数为 0.032，说明它是真实存在的；④人际信任在内部强关系与留职倾向之间的三个中介效应分别为 0.021、0.010 和 0.028，都具有统计显著性，说明它们确实存在；⑤水平信任、垂直信任在嵌入性权力与留职倾向之间的特定中介效应分别是 0.006 和 0.033，系数均具有统计显著性，说明它们真实存在，远程中介效应为 0.008，但不具有显著性，说明它不存在；⑥人际信任在角色间冲突与留职倾向间的三个中介效应分别达到 -0.013、-0.014 和 -0.018，都具有统计显著性，表明总体上它们也是真实存在的。

表 4-15 人际信任间接效应分析结果

路径系数	b	SE	p	CI(Lower)	CI(Upper)
总间接效应					
团队文化建设活动→留职倾向	0.004	0.003	0.157	-0.002	0.009
内部角色互动→留职倾向	0.025	0.003	<0.001	0.020	0.067
非正式互动→留职倾向	0.008	0.002	<0.001	0.003	0.031
网络沟通参与→留职倾向	0.015	0.003	<0.001	0.010	0.021
内部强关系→留职倾向	0.026	0.003	<0.001	0.021	0.032
嵌入性权力→留职倾向	0.022	0.005	<0.001	0.013	0.031
同事闲聊→留职倾向	-0.001	0.003	0.656	-0.007	0.004
角色间冲突→留职倾向	-0.020	0.003	<0.001	-0.026	-0.015
1. 团队文化建设活动到留职倾向 特定中介效应					
团队文化建设活动→水平信任→留职倾向	0.002			0.000	0.004

路径系数	b	SE	p	CI(Lower)	CI(Upper)
团队文化建设活动→垂直信任→留职倾向	−0.001			−0.004	0.003
团队文化建设活动→水平信任→垂直信任	0.016			0.003	0.029
水平信任→垂直信任→留职倾向	0.101			0.082	0.121
团队文化建设活动→水平信任→垂直信任→留职倾向	0.003				
2. 内部角色互动到留职倾向特定中介效应					
内部角色互动→水平信任→留职倾向	0.011			0.002	0.008
内部角色互动→垂直信任→留职倾向	0.030			0.010	0.017
内部角色互动→水平信任→垂直信任	0.041			0.032	0.051
水平信任→垂直信任→留职倾向	0.101			0.082	0.121
内部角色互动→水平信任→垂直信任→留职倾向	0.015				
3. 非正式互动到留职倾向特定中介效应					
非正式互动→水平信任→留职倾向	0.005			0.001	0.004
非正式互动→垂直信任→留职倾向	0.006			0.000	0.006
非正式互动→水平信任→垂直信任	0.017			0.009	0.026
水平信任→垂直信任→留职倾向	0.101			0.082	0.121
非正式互动→水平信任→垂直信任→留职倾向	0.006				

路径系数	b	SE	p	CI(Lower)	CI(Upper)
4. 网络沟通参与到留职倾向特定中介效应					
网络沟通参与→水平信任→留职倾向	0.001			−0.001	0.002
网络沟通参与→垂直信任→留职倾向	0.032			0.011	0.019
网络沟通参与→水平信任→垂直信任	0.003			−0.009	0.015
水平信任→垂直信任→留职倾向	0.101			0.082	0.121
网络沟通参与→水平信任→垂直信任→留职倾向	0.001				
5. 内部强关系到留职倾向特定中介效应					
内部强关系→水平信任→留职倾向	0.021			0.004	0.014
内部强关系→垂直信任→留职倾向	0.010			0.002	0.007
内部强关系→水平信任→垂直信任	0.077			0.067	0.086
水平信任→垂直信任→留职倾向	0.101			0.082	0.121
内部强关系→水平信任→垂直信任→留职倾向	0.028				
6. 嵌入性权力到留职倾向特定中介效应					
嵌入性权力→水平信任→留职倾向	0.006			0.000	0.006
嵌入性权力→垂直信任→留职倾向	0.033			0.009	0.022
嵌入性权力→水平信任→垂直信任	0.022			−0.000	0.045

路径系数	b	SE	p	CI(Lower)	CI(Upper)
水平信任→垂直信任→留职倾向	0.101			0.082	0.121
嵌入性权力→水平信任→ 　垂直信任→留职倾向	0.008				

7. 同事闲聊到留职倾向特定中介
效应

同事闲聊→水平信任→留职倾向	0.003			0.000	0.003
同事闲聊→垂直信任→留职倾向	-0.011			-0.008	-0.002
同事闲聊→水平信任→垂直信任	0.013			0.001	0.024
水平信任→垂直信任→留职倾向	0.101			0.082	0.121
同事闲聊→水平信任→ 　垂直信任→留职倾向	0.005				

8. 角色间冲突到留职倾向特定中
介效应

角色间冲突→水平信任→留职 倾向	-0.013			-0.009	-0.003
角色间冲突→垂直信任→留职 倾向	-0.014			-0.010	-0.003
角色间冲突→水平信任→垂直 信任	-0.049			-0.061	-0.037
水平信任→垂直信任→留职倾向	0.101			0.082	0.121
角色间冲突→水平信任→ 　垂直信任→留职倾向	-0.018				

　　最后，根据以上研究结果，我们把人际信任中介模型中不具有统计显著性的路径剔除，从而得到更为简约的人际信任中介模型，最终得到的模型如图 4-9 所示。模型拟合指标 $\chi^2(3) = 0.835$，$p = 0.841$，$\chi^2/\mathrm{df} = 0.993$，CFI = 1.00，RMSEA = 0.00，说明简约路径结构模型整体拟合结果完全可以接受。

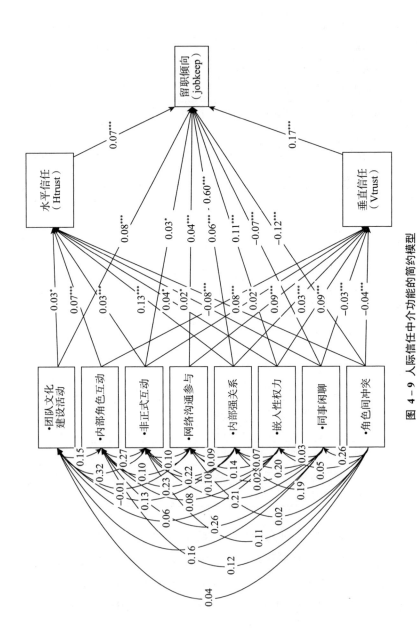

图 4 - 9 人际信任中介功能的简约模型

四　本章小结

人际信任，具体指水平信任和垂直信任，其组织环境塑造因素到底有哪些？在人际互动环境与组织承诺之间，人际信任是否以及在多大程度上发挥着中介作用？这些都是本章欲求回答的核心问题。运用2017年的调查数据，采用逐步回归分析探讨人际信任的影响因素，发现以下因素对人际信任具有显著影响。

（1）婚姻状况：在婚者具有更高的垂直信任，效应系数为2.21，与水平信任无关。

（2）工作性质：正式工的垂直信任更低，效应系数是 -2.05，与水平信任无关。

（3）有宗教信仰者的水平信任更高，效应系数为3.05，对垂直信任无影响。

（4）共产党员有更低的水平信任，效应系数为 -2.09，对垂直信任无影响。

（5）有政治先进评比制度时职工感受到的垂直信任更低，效应系数为 -1.40，对水平信任无影响。

（6）有工会组织时职工感受到的垂直信任更高，效应系数为2.81；水平信任也更高，效应系数为1.74。

（7）有职代会时职工感受到的垂直信任更低，效应系数为 -1.60，对水平信任无影响。

（8）随着有害物理环境的范围扩大，垂直信任将下降0.06，对水平信任无影响。

（9）行政事业单位（参照组为个体户）的垂直信任更低，效应系数为 -3.08，对水平信任无影响。

（10）随着设施服务制度的完善，水平信任将下降0.04，与垂直信任无关。

（11）参加在岗培训的职工感受到的垂直信任更低，效应系数

为 -0.04，对水平信任无影响。

（12）随着工作冲突的上升，垂直信任将下降 0.06，对水平信任无影响。

（13）随着内部角色互动水平的上升，垂直信任将上升 0.11，对水平信任无影响。

（14）有加班经历者的垂直信任会降低 1.81，对水平信任无影响。

（15）与基层一线职工相比，领导或管理者的垂直信任更高，效应系数为 2.51，与水平信任无关。

（16）随着外部角色互动水平的上升，水平信任将下降 0.02，与垂直信任无关。

（17）随着参与信息沟通的增加，水平信任将下降 0.03，与垂直信任无关。

（18）有内部强关系，水平信任会上升 0.04，与垂直信任无关。

（19）随着社会支持度的上升，垂直信任上升 0.50，水平信任上升 0.53。

（20）随着工作过程满意度的上升，垂直信任将上升 0.06，水平信任将上升 0.11。

（21）随着工作社会意义的上升，垂直信任会上升 0.05，水平信任也上升 0.05。

（22）随着相对剥夺感的上升，垂直信任将下降 0.05，水平信任却会上升 0.07。

（23）随着工作匹配度的上升，垂直信任将上升 0.08，与水平信任无关。

（24）随着决策权的上升，垂直信任会上升 0.13，与水平信任无关。

（25）随着同事关系和谐度的上升，水平信任将上升 3.01，与垂直信任无关。

采用多重并行中介模型拟合调查数据，以研究人际信任在人际互动环境和组织承诺之间的中介作用。结果发现人际信任在下列人际互动环境与个体组织承诺之间发挥着中介作用。

（1）经由水平信任和垂直信任，团队文化建设活动、同事闲聊对组织关切和留职倾向的总间接效应均为0。

（2）经由水平信任和垂直信任，内部角色互动对组织关切的总间接效应为0.056，对留职倾向的总间接效应为0.025。

（3）经由水平信任和垂直信任，非正式互动对组织关切的总间接效应为0.017，对留职倾向的总间接效应为0.008。

（4）经由水平信任和垂直信任，网络沟通参与对组织关切的总间接效应为0.034，对留职倾向的总间接效应为0.015。

（5）经由水平信任和垂直信任，内部强关系对组织关切的总间接效应为0.059，对留职倾向的总间接效应为0.026。

（6）经由水平信任和垂直信任，嵌入性权力对组织关切的总间接效应为0.047，对留职倾向的总间接效应为0.022。

（7）经由水平信任和垂直信任，角色间冲突对组织关切的总间接效应为 - 0.045，对留职倾向的总间接效应为 - 0.020。

（8）人际信任在内部角色互动与留职倾向之间发挥着完全中介作用，在其他情况下人际信任则发挥着部分中介作用。

本次研究发现了影响人际信任的一些意外结果，比如我们原以为政治先进评比制度、职代会会显著地提升职工的人际信任，但结果发现这样的制度环境降低了职工对领导的信任。这就启示我们，类似树立政治性榜样或设置职代会权力机构这样的组织运行手段，看上去是有利于组织运行的制度安排，现实中务必要谨慎加以实施，否则就可能会造成降低领导信任的意想不到的后果。再比如，垂直信任随着个人在岗培训参与度的上升而显著下降，水平信任则随着参与信息沟通的增加而显著下降。这告诉我们，虽然积极组织职工进行在岗学习培训能提升他们的职业素质和工作效绩，虽然鼓励职工运用各种沟通渠道进行信息的交流和共享有利于实现民主管理和科学决策，但是组织对此类活动降低人际信任的作用必须要有清醒的认识，应尽力做到扬长避短，彰显其显功能，消除其负面的潜功能。

　　研究已证明，人际信任在人际互动环境与组织承诺之间发挥着中介功能。这就告诉组织管理者一个道理：人际信任是工作互动环境和组织承诺之间的通道，要提高职工的情感承诺，职工与职工、职工与领导之间的互动必须诚实守信，彼此建立相互信赖的关系，没有这种信任为基础，任何的技巧都将失效。所以，激发职工工作热情，提升职工组织关心，吸引和留住优秀人才，靠薪酬、待遇、升职等都是有局限性的，而通过鼓励和促进组织内部各种形式的正面人际互动，既可满足成员交往的需要，更重要的是，也可塑造和提升组织内的水平信任和垂直信任，进而增强个体与组织之间的社会关系，最终实现组织的高度整合。

第五章　组织制度信任形成及其调节功能

一　制度信任的相关理论思考

组织作为一种互动系统，要实现和保持稳定的秩序，所有行动者一定要遵从一套共享的价值取向标准系统，这就是制度，即具有各种行动取向的人进入工作场所整合互动时，都要以组织的文化价值系统为导向，按照某种规定相互调整各自的价值取向，于是规章制度由此产生。所以，制度就是人们相互交往的规则，是引导人们行动的手段，也是对人类行为的人为约束，是人制定和共有的规则。比如说一个组织系统的人事制度，就是把各种岗位角色的行动期望结合在一起，并用价值模型去管理与它们相关的权利和义务的界定。制度包括为社会生活提供稳定性和有意义的规制性、规范性和文化 – 认知性要素，以及相关的活动与资源（斯科特，2010：56）。对于组织而言，制度的类型是多样的，它们可以是指令性的，即精确地指示人们应采取什么行动以实现特定的结果，也可以是禁令性的，即禁止某些难以接受的行为。它们可以是群体内随经验而演化出的内在制度，如内化的规则或礼貌等，也可以是外在设计出来并靠政治行动由上面强加于社会的规则、专门指令和程序性规则等（柯武刚、史漫飞，2000：120 ~ 131）。制度的重要特点是依靠惩罚加以贯彻，没有惩罚的规则不是制度，带有惩罚的规则才可能创立一定程度的秩序。

群体制定制度的目的是抑制可能出现的、机会主义的和乖僻的个人行为。人是社会性的，只有在与他人的合作中才能满足需要，达成自己的目标。而有知识或信息的人未必能通过有效互动对知识加以运用，制度通过协调个人行动，有望实现合作。同时，带着个体需求取向的人往往为追求利益最大化而产生短期行为，他们可能会靠欺骗、违约等谋取私利，使得行为长时期内变得不可预见。而包含惩罚的制度其作用就在于抑制这种机会主义。崇尚自由、平等和追求幸福等价值的现代人，能够根据自己的意志制订计划、追求个人的目标，但个人理性的行为极有可能导致集体的非理性后果，此时外在的制度可以对个人理性行为加以限制，从而增加集体的规模效益。

制度规范人的行为，角色限定人的表现，规定角色互动模式的制度影响和制约着占据各种职位的人的行为，成为职工工作过程中必然要加以考虑的一种客观事实。组织制度具有以下特征。首先是普遍存在性，对于经济的、政治的、社会的、文化的组织，大规模的、小型化的组织，归属不同所有制的组织，制度是任何组织存在和运行的基本条件。其次是内容多样性，即不同类型的组织其制度也具有不同内容，为了保证实现组织特定的目标，规定成员角色模式的具体制度内容也会与之相适应，在内容和形式上各具特色。再次是相对稳定性，各种工作角色的一套行为规范一旦变成了制度，就会在相当长的时间内发挥作用。最后是人的体现性，作为组织结构的制度一定要与人相联系，在人的工作活动中得以体现，它既限制人，也能促动人的工作行为，同时也是人的行动的结果。所以脱离了人及其角色互动，制度就是虚无缥缈的。

从结构功能论看，制度可将人类的行为导入可预期的轨道，使彼此的角色期望得到满足，以实现社会的整合和均衡。制度可以说是一种制度化了的角色关系的复合体，它是社会结构较之角色更高的秩序单位，由很多相互依赖的角色模式构成。各种制度规范一经产生便又反过来调节其之后的互动，并使其保持稳定。制度对角色期待的调节包括两方面，一方面是对行动者的行动设定标准，即调整行动者自我的角色期望；另一方面则涉及其他人可能性反应的一套期望，此时制度就成了一种约制。它们是相互性的，制度的作用就是保证行动者相互间的角色期望保持一致。

那么一个群体有了制度是否就自然而然地达到协调人的行动、保证群体合作的目的呢？有了制度只是使人们合作成为可能，而要把这种可能变为现实却离不开制度运行的稳定性和奖惩措施的有效性。稳定的、有效的制度意味着制度的制定和制度的执行结果是一致的，即意味着制度信任。所以制度和制度信任不完全是等同的，只有当制度的贯彻执行表现出了稳定性、可靠性和有效性时，我们才可以说制度是可以信赖的，群体具有制度信任。只有可信的、有效的组织制度才能真正规范和影响成员的角色行为，才能让角色伴侣之间的互动真正变得可以预见。可信的规则不是只适用于一个组织的当下，而是可保证组织长远的未来。反之，如果制度执行因人而异，朝令夕改，或者形同虚设，根本没有得到遵守，那么组织运行必然充满了混乱和冲突，成员不知所措，角色互动无法进行。如果由于种种因素制度丧失了信任特征，那么就会出现角色互动过程结构化互补性的缺失，以及规范化秩序的崩溃，这就是组织失范。所以制度信任是与制度功能的正常发挥程度紧密联系在一起的。

社会组织是较大数量规模的个体为了实现共同目标而组织在一起的社会群体。从功能主义或理性主义角度看，它是人们为了降低经常性合作的不确定性或风险性而做出的选择，一经形成，就有了自身特殊的结构和过程。成员的日常互动所塑造的主要是人际信任，人际信任首先是一个组织运行必不可少的基础。然而，随着社会结构的日益现代化及行动理性化的加深，组织秩序也变得更加复杂且多变，整体上也趋于丧失其理所当然的特性，丧失众所周知的熟悉。"世界的复杂性意味着选择过程的多样化：通过这种方式不同行动方的选择彼此联结在一起。如果选择不仅可能成为某个人自己行动的结果，而且也表现为同时的和现在的他人的选择，或者其至少能被人们在当下时刻记起或预期，那么它就只能保证同时的和现在的世界。在这个意义上，一方面是世界的复杂性，另一方面是对分化和联结的多元选择的社会调节过程，（它们）是有内在联系的。"（Luhmann，1979：48）这就是说，为了适应更加复杂多变的组织环境的要求，熟悉和信任不得不扩展到另外一个层面，寻求一种新的相互稳定化的关系，以满足组织协调更大规模成员行动、确保其未来形态的要求，这就是制度信任。

在现代社会条件下，无论采用何种交往媒介，"信任成为一种理性的和正常的生活方式的基本前提，这是同时发生的可感知的改变。世界变得更为复杂，同时也更能受到偶然过程的影响"。在这个阶段，交往媒介如货币、真理和合法权利是靠什么获得信任呢？答案是制度，"基本上假定一个系统在发挥功能，且给予系统以信任，而不再是人"。这种信任是通过组织权力、制度、货币等连续且肯定的运用经验自然建立的，"人格信任转变为系统信任，使学习过程更容易了，使控制更加困难了……对制度的信任是以一种自动的学习方式产生，通过这种方式，怀有信任的人意识到他依赖一个他不可能看穿的高度复杂的系统的功能，尽管这个系统本身是可以被看穿的。信任的人知道他不能够做出修正，他觉得自己被置于难以预见的环境下，但不得不继续信任，好像这样做是被强迫的"（Luhmann，1979：50）。

任何一个信任制度规则的稳定性、信任制度能持续满足组织存在和发展需要的人，基本上假定有一个制度系统在有效发挥功能，而且信任该制度的功能，而不是信任人（无论是领导还是同事）。制度作为一种概化的交往媒介，其功能就在于使得在或长或短的行动链上主体间的选择行为的传递成为可能（Luhmann，1979：48）。对组织制度的"概化的"信任，通过无所不包的行为，取代了对无数个人的信任的艰难证明，在一个合作的社会里为生活提供确信的基础，这是必要的（Luhmann，1979：51）。一定意义上说，现代社会组织普遍采用的科层化管理制度就是适应这种新的社会条件而兴盛起来的。科层制以其非人格化、文本式规章、岗位专职化、职位权力等级化及普遍化标准等特性而被组织成员所熟知和信任，这种新型的熟悉和信任关系，现在发挥着降低组织环境极为复杂性的功能，减少了各种工作角色和各职能部门间互动的摩擦，提供了所有工作角色稳定而明确的当前和未来行为预期，为最大限度地实现他们的合作和控制创造了便利。

　　系统或制度信任，作为一种新型复杂性简化机制，有着自身不同于人际信任的特性。首先，制度信任实质是职工对制度功能的信任，是制度功能具有可信赖性而在个体心理产生的感受或评价。制度的功能就是既约束又推动角色间的互动，所以制度信任必定产生且存在于真实有效的角色互动机会之中，它表明组织系统的制度确实在发挥着这样的一般功能，制度的设置与制度的执行结果的确具有一致性。其次，制度信任用个体与制度功能的互动代替了个体人格的内在保证，所以制度信任不会受到某一个体心境状况或不满意度的影响，比如你可能不信任某个领导或同事，但你会信任组织制度。再次，制度信任的对象是非人格化的，但其功能就是要协调大规模成员的行动，所以它与信任者的个人工作处境紧密关联。制度信任可以降低工作环境中的不确定性，工作者会超越过去与制度互动的经验，而把个人当下或未来的行为反应与组织制度联结在一起。最后，制度信任不受个人动机形态的影响。个体参与人际互动有着各种各样的动机，而动机归因包括内在动机归因、工具动机归因和外在动机归因三种基本类型，不同动机归因对信任心理氛围影响不同（Rempel et al.，1985）。而制度环境的功能在于消减组织未来的诸多可能性以适应现在，它是工具指向的，涉及组织目标和对组织未来预期的效果，成员与制度互动而形成的信任仅关涉制度的功能，而不受具体个人动机的影响。也正因为这一点，组织要增加制度信任需要普及专业制度知识。

　　信任是组织的一种特殊社会资本，它能提供互动机会，也可以是制约人行为的一种力量。那么工作环境的制度信任怎样产生呢？首先，与人际信任一样，组织设置和建立各种规章制度是前提，如果不存在调节角色互动的正式制度规范，制度信任自然无从谈起。其次，制度信任必须通过人与制度的互动关系建立起来，如果制度难以接近，或者高高在上，自成一体，就不会给人提供学习和检验的机会，自然不会形成工作者的信任。在这种情况下，即使制度成了一个相对可以估量的因素，也不会被信任。最后，培养人与制度关系的信任点，成员必须参与制度下的角色互动实践，制度运行要能够使得成员的角色期待成为自我呈现，使成员对制度熟悉。所谓角色期待，就是在某种工作互动场合下，制度对他人或部门所占据某地位、扮演某角色的行为期望。成员首先感觉到制度对于某一角色的要求和期待，尽力了解制度对某一角色的理想化要求与期望，然后去执行角色规范。在制度角色实践中如果人们确实能感受到制度规范在切实有效地发挥作用，制度自然就会表现出信任。

卢曼（Luhmann，1979：6）指出："在任何情况下，信任都是一种从属于其本身特殊的规则系统的社会关系。信任在互动框架中产生，互动框架既受人格影响，也受社会系统影响，而且不可能排他地与任何单方面相联系。"根据这一原理，组织的制度信任与组织的结构要素、制度设置存在明显的关联性，且组织的制度设置不同，所塑造的信任关系也会相异。制度在发挥其功能的过程中，也会成为组织成员不断加以体验、反思和学习的对象，这样成员在心理上就形成了对制度的信任。所以，制度贯穿于组织信任形成与发展的整个过程。"组织内部制度"可细化为制度设置、制度参与和制度认知与评价三大方面。这里把组织的制度设置、制度参与、制度认知与评价三者本身作为一个连贯性的过程，并按照这样一种顺序探讨它们影响制度信任心理的作用机制。我们有理由假设，组织的制度设置越是完善，职工的制度参与水平越高，对制度的认知与评价越会是积极的、正面的，则他们的制度信任感就可能越强。

制度信任通过连续的、参与的运用制度的经验自然而然在组织内形成，信任制度的人意识到他依赖的是一套规则系统而不是具体的个人，尽管对此他不可能完全解释得清楚。制度约束下的工作生活领域既给组织制度的可靠性提供了判断的经验依据，又即时地唤起从业者对工作活动的特定情绪反应，形成其积极或消极的工作行为体验。在工作生活领域所引起的各种特定工作行为体验中，工作投入感和工作倦怠感是最为直接、最为紧密的情绪结果变量，所以它们就成了本研究特别关注的内容。组织承诺中，工作承诺是最重要的也是最基础的要素，因为从业者全力以赴地投入工作，体现出从业者恪守职业道德、爱岗敬业、忠于职守的精神，可以使角色行为更有意义，积极的结果是提升员工工作效率和提高组织生产与服务效能。相反，在工作倦怠感中，工作情感倦怠最为关键，因为情感倦怠指的是从业者因过分付出而造成的身体和情感的疲惫与枯竭状态，其造成的负面后果就是日益丧失工作激情，工作效率日渐下降，旷工和早退行为增多，疏离感或离职倾向逐步增强，严重的情感倦怠使人对工作提不起任何兴趣，易迁怒他人、爱埋怨，甚至出现离职行为等。可见，工作投入和工作倦怠从正、反两个方面反映了特定工作生活领域下的行为（情感）结果。

工作生活领域是莱特（Leiter）和马斯拉奇（Maslach）通过研究而提出的影响员工倦怠的工作环境概念，该概念的结构化框架涉及工作生活的以下六个领域。工作负荷（workload）指工作所要求或耗费的精力和时间，与工作强度紧密相关。工作自主（control）是个体对工作活动所拥有的控制权力的大小。工作报酬（reward）即工作所带来的金钱、社会或内在的酬赏与个体期望相一致的程度。工作归属（community）是指工作场所社会互动的整体质量。工作公平（fairness）主要是指组织是否以及在多大程度上执行了一致性的、公平的规则。而工作价值（value）指的是个体与工作的一种动机性联系，主要是工作或组织的价值是否以及在多大程度上与个体的价值追求相一致。这六个方面共同构成了每个员工的具体工作生活领域，并且与员工的工作行为结果表现出一定的联系（Leiter and Maslach，2004）。

工作生活领域与岗位投入、岗位倦怠的关系可以用工作要求－资源模型（JD-R Model）来加以解释（Demerouti et al.，2001）。按照该理论模型，任何工作生活领域都有其自身的工作特征，即包括工作要求和工作资源两个方面，较高的工作要求和有限的工作资源最有可能导致工作紧张的发生，即会损耗从业者的身体和心理资源，导致一种精力完全耗尽的体验。相较而言，适当的工作要求及高水平的工作资源则可以给员工提供一种处理工作压力的应对策略，从而促进其工作参与，唤起其更高的工作热情和更强的成就动机。现实组织生活中，制度执行时一味坚持原则性（高制度信任），或者一味强调灵活性（低制度信任），就可能会使得工作生活领域与工作情绪反应的关系发生变化，即工作生活领域与工作情绪反应的关系要受到制度执行所遵守的原则性和灵活变通性状况的影响，制度执行的原则性程度不同，工作生活领域与工作情绪反应间关系的强弱甚至方向都有可能发生变化。"制度的稳定性减少了制度的执行成本，提高了制度的可信赖性，并因此促进着人际互动。但稳定性的另一面是制度僵化的危险，即使是面临变化的环境也不例外，因此，必须要有一点调整的余地。"（柯武刚、史漫飞，2000：114）可以这样设想，制度规定与制度执行高度一致，员工对未来工作来自组织的互惠报酬预期变得十分确定，对组织发展充满信心，此时工作资源对工作投入的促进作用较之低制度信任环境会更大。另外，不折不扣地执行制度的具体规定也是对组织目标追求的某种背离，因为现实组织生活具有复杂性、丰富性和多变性，从业者还要在复杂多变的工作生活中保持活力，发挥主观能动性。所以在坚持制度高度可靠的前提下，灵活变通地执行具体规定，能够增加员工职业行为的内在活力，对工作生活领域减少工作倦怠的关系起到提升作用。于是，工作生活状况与工作行为反应的关系是否以及在多大程度上受到制度信任的调节影响也构成了本研究欲求回答的重要问题。

制度信任调节作用的理论模型如图5-1所示。

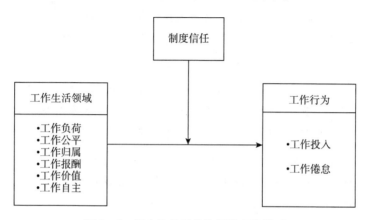

图5-1 制度信任调节作用的理论模型

进行本次研究之前，对制度信任相关的研究成果进行回顾是有必要的。近几年中国学者在运用制度信任概念研究组织领域问题方面取得了一些成果，且大多数研究以制度信任为前因变量，探讨它在经济、政治活动等领域对某些行为结果的影响状况。有学者研究制度信任在企业组织领域的各种作用，比如有研究发现制度信任正向影响企业间的知识共享意愿，企业对制度的信任感知能更大限度地提升企业的知识共享意愿，促进企业间的知识交流（邹国庆等，2010）。也有学者研究了制度信任对工人的自主安全行为意愿的影响，发现制度设计信任、制度执行信任和制度遵从信任均对工人自主安全行为意愿有显著的正向影响（祁慧等，2016）。还有学者把制度信任运用到企业供应链关系领域，发现制度信任直接且通过供应链协作信任（部分中介变量）显著正向影响再次合作意愿；制度有效性与重要性感知偏离显著调节供应链协作信任在制度信任与再次合作意愿关系中的中介作用，二者偏离程度越大，供应链协作信任的中介作用被削弱幅度也越大（张海燕、孙树伟，2017）。鉴于组织系统信任的研究少见，刘爱玉和田志鹏（2016）从组织内部制度环境切入，探讨了组织系统信任与组织内部制度环境之间的关系。

基于 Luhmann（1979：6）的信任形成的基本观点，本章的分析策略如下。第一步，制度及制度执行贯穿于制度信任形成与发展的整个过程，这里将影响制度信任的组织环境因素划分为个人背景、制度环境、制度参与和制度参与评价 4 个层次，采用回归分析方法，依次探讨各层次因素对制度信任的影响，以及具体的影响变量。第二步，基于熟悉塑造信任，信任指向未来的基本原理，我们采用调节分析模型，探讨制度信任在工作生活领域与工作情绪反应之间关系上的干扰或调节作用，目的是想知道个体工作生活领域与其工作情绪反应的关系是否以及在多大程度上受到制度信任的影响。

二 制度信任的回归分析模型

1. 制度信任的测量

制度信任是这里要研究的因变量。根据第二章研究我们已经知道，2017 年的问卷调查共用了 5 个题项来测量制度信任的状况，它们分别是"f9c. 只要合情理的事情，不符合单位制度也无所谓"、"f9g. 在单位中办事，熟人比规章制度更管用"、"f9n. 少数人把持着单位，其他人对此无能为力"、"f9o. 我得不到工作所必需的资料、信息或工具"和"f9p. 兢兢业业的人在我们单位根本不吃香"。答案选项均是"完全符合"、"比较符合"、"一般"、"较不符合"和"很不符合"，编码依次为 5、4、3、2、1。统计时进行反向计分，保证分值越高，制度信任水平越高。鉴于各题项均为定序测量的层次，这里采用次序变量的 Logit 测量模型进行因子分析。

制度信任量表的广义结构方程模型分析结果（见图 5 - 2 和图

5-3）表明，制度信任量表的测量效果是非常好的，5 个题项的因子负荷均极具统计上的显著性（$p < 0.001$）。获得因子预测数值后，为便于阅读对其进行百分制转换，从而得到制度信任变量的数值，其正态分布如图 5-3 所示。正如第二章研究结果，本样本

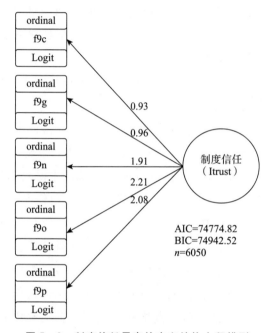

图 5-2　制度信任量表的广义结构方程模型

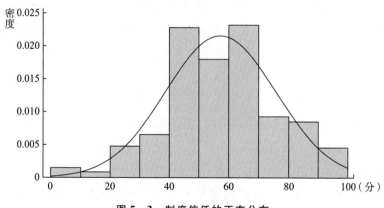

图 5-3　制度信任的正态分布

中制度信任因子的最小值是 0 分，最大值是 100 分，均值为 57.21 分，标准差为 18.52 分。

2. 制度信任与个人背景

个人背景特征不同，其感受到的制度信任是否也有显著差异呢？这里我们依然使用第四章表 4 – 1 中的 12 个个人背景变量来考察个人背景与制度信任之间的关系。用制度信任对它们进行回归分析，研究结果见表 5 – 1。

从性别上看，与女性相比，男性的制度信任低 2.120，这一差异具有统计上的显著性（$p < 0.01$）。

与没有职业资格证书的人相比，有职业资格证书的人的制度信任较高，高出前者 1.942，该系数具有统计上的显著性。这说明个体的资质和能力达到了职位角色的要求，并得到制度的认定，则其角色的不可替代性更强，从而其对制度的信任度也更高。

结果还发现，个体工作资历越长，越会降低其对组织制度的信任水平，前者每提高 1 个单位，制度信任就会降低 0.075 个单位，该回归系数通过了显著性检验（$p < 0.05$）。资历是职工因为工作时间长短不同而获得的一种社会地位，个体工作资历高，往往会凭借自身的丰富经验和资格威望行事，忽视僵化的制度规范存在，从而出现相信自身能力胜过制度运行的现象。

研究还发现，个人的身体健康状况和婚姻状况同样与制度信任具有显著的相关关系：与非婚状态的人相比，在婚者的制度信任高出 1.745，而身体健康状况自评从"很差"到"很好"每提高 1 个单位，制度信任就会高出 1.488 个单位。在婚者和身体健康状况好的人，往往对组织制度有更强的信任。

个人的家庭金融财富越多，其感受到的制度信任也越强，前者每提高 1 分，后者提高 0.046 分。家庭金融财富更多，个人对制度运行更加自信，所以就可能有更高的制度信任。

人际信任与个人背景的关系曾表明，文化程度、宗教信仰对人际信任具有显著的正向影响（见表 4 – 2）。而对于制度信任而言，它们的影响均未达到统计显著性，说明它们与人际信任相关，与制度信任无关。

表 5 - 1 制度信任与个人背景

自变量	回归系数	标准误	自变量	回归系数	标准误
性别 （gender）	-2.120**	0.532	工作资历 （seniority）	-0.075*	0.033
文化程度 （edu）	-0.107	0.290	工作性质 （bjobty）	0.113	0.531
政治面貌 （politic）	0.008	0.825	身体健康状况 （r9）	1.488**	0.321
宗教信仰 （relig）	0.367	0.947	婚姻状况 （marry）	1.745**	0.594
户口性质 （hukou）	-0.246	0.581	家庭商品财富 （famwell）	-0.007	0.021
职业资格证书 （r4）	1.942**	0.602	家庭金融财富 （finance）	0.046**	0.013

$F = 7.88$, $p = 0.000$,
$R^2 = 0.017$, $n = 5491$

注：* 表示 $p < 0.05$，** 表示 $p < 0.01$。

3. 制度信任与制度环境

我们使用第四章表 4 - 3 中的制度环境变量来考察制度环境对制度信任的影响。对于 19 个制度环境变量（劳动合同制度变量放在下文制度参与中进行分析），我们用制度信任对它们进行回归分析，研究结果见表 5 - 2。

研究发现，组织设置的工作自主制度（automa）和弹性工作制度（d12）会降低个人的制度信任，工作自主制度每提高 1 分，制度信任将会降低 0.038 分，弹性工作制度每提高 1 个单位，制度信任则会降低 2.772 个单位，两个自变量的回归系数均具有统计显

表 5 - 2　制度信任与制度环境

自变量	回归系数	标准误	自变量	回归系数	标准误
（参照组 = 个体户） 企业单位（adum2） 行政事业单位 （adum3）	- 0.512 0.187	0.847 1.422	员工考核制度 （d17）	2.509 **	0.881
有害物理环境 （phyind）	- 0.009	0.022	社会保障制度 （security）	- 0.033 *	0.017
劳动保护制度 （c15）	- 0.949	0.725	在岗培训制度 （jobtrain）	0.024	0.013
工作自主制度 （automa）	- 0.038 **	0.012	鼓励建言制度 （voice）	0.015	0.012
党组织 （d10a1）	- 0.006	0.994	设施服务制度 （physwell）	0.031 *	0.015
工会组织 （d10c1）	- 3.129 **	1.027	团队文化建设制度 （teamwork）	0.049 **	0.017
职代会 （d10e1）	0.505	1.022	沟通网络制度 （channel）	0.052 **	0.017
弹性工作制度 （d12）	- 2.772 **	0.665	技术先进评比制度 （e15a）	0.694	0.859
优秀员工评比制度 （d13）	0.425	0.918	政治先进评比制度 （e16a）	0.952	0.986
干部考核制度 （d14）	- 3.995 **	0.846	Constant	54.809 **	1.124

$F = 6.07$，$p = 0.000$，
$R^2 = 0.033$，$n = 3576$

注：* 表示 $p < 0.05$，** 表示 $p < 0.01$。

著性。第四章的研究已经表明，这两个制度变量可以提高工作环境中的人际信任（见表 4 - 4），但对组织的制度信任具有弱化作用。可见，如果制度赋予职工更大的工作自主权，或者允许其在完成工作任务的条件下灵活且自主地选择工作的具体安排，这虽

然能够体现管理的人文关怀，打破机械僵化的限制，有利于提高职工工作的积极性，但也确实有损于个人与制度之间信任关系的塑造，不利于组织的整合和可持续发展。

考核制度对个人的制度信任也表现出独特的影响。与没有员工考核制度相比，有员工考核制度会提高个人的制度信任，平均高 2.509，差异是极为显著的。有意思的是，与没有干部考核制度相比，有干部考核制度则会降低个人的制度信任，平均低 3.995，效应同样极为显著。员工考核制度是落实职工提薪、晋升、奖励、表彰等的重要管理手段，各组织严格贯彻这一制度，自然会强化员工的信任。但干部考核制度往往距离一般职工较远，职工没有实际参与，往往视单位干部考核制度为搞形式、走过场，所以这样的走过场的制度自然就削弱了职工对组织制度的整体信任。

组织内部设置的各种事关职工生活、福利或服务的机构或设施（如幼儿园、医务室、集体宿舍、公共浴室等）是职工工作环境的重要组成部分。研究发现，组织的这种设施服务制度越完善，职工的制度信任越高，回归系数为 0.031，达到了统计上的显著性。这说明，组织内部的设施服务制度虽不影响人际信任，却会显著地正向促进制度信任的提升。

职工社会保障制度的效应出乎意料，原来我们认为完善的社会保障制度有利于职工建立安全感，进而增强其对组织制度的信任，统计发现并非如此，"五险一金"之类的社会保障制度越是完善，制度信任却越低，前者每提高1分，个人的制度信任将会降低 0.033 分，该效应通过了显著性检验（$p < 0.05$）。考虑到这类制度往往是组织在国家的强制要求下被动建立的，而非组织自身善意的表达，所以出现该结果似乎也是可以理解的。

研究表明，在控制了其他变量的情况下，团队文化建设制度既可以显著提高个人的人际信任（见表4-4），也能够提高个人的制度信任，该制度环境因素每提高1个单位，制度信任则会提高 0.049 个单位，回归效应具有统计上的显著性。

组织内部完善的沟通网络制度表现出与制度信任之间的显著正相关，组织上下沟通的各种渠道越多、越完备，越能塑造出个人更强的制度信任心理，前者每提高 1 个单位，后者将会提高 0.052 个单位，该效应具有统计上的显著性。良好的沟通网络制度彰显出组织信息流动和共享、群策群力和民主管理的形象，呈现了组织言行一致、名副其实的证据，自然有利于制度信任的形成。

人际信任与单位类型关系的研究（见表 4 - 4）表明，与个体户相比，企业单位和行政事业单位内部的人际信任都显著降低。而这里的研究表明，单位类型与制度信任没有关系，即不同类型单位的制度信任都是一样的。另外，优秀员工评比制度、技术先进评比制度和政治先进评比制度虽都与制度信任表现出正向的统计相关性，但在统计上都不显著。

4. 制度信任与制度参与

我们有理由相信，人与制度之间的互动经历是制度信任的重要基础，制度信任要以制度参与为前提条件。不同于人际互动，人与制度互动的交往对象为非人格化的规则，这里假设个人与组织制度互动的方式、实际结果等对其制度信任心理产生着重要影响，由于制度参与会在组织生活的多个维度展开，我们将用以下15 个有关制度参与的变量来考察其对制度信任的影响。这里的制度参与变量及样本情况如表 5 - 3 所示。

表 5 - 3　制度参与变量及样本情况

制度参与变量	变量名	编码	样本结果
领导层	$leader$	"第 2 层及以上" = 1，"第 1 层" = 0	1 = 38.17%，0 = 61.83%
劳动合同制度	$c5$	签订书面劳动合同，"有"编码为1，"没有" 则为0	1 = 57.70%，0 = 42.30%
加班	$c25$	"有"编码为1，"没有" 则为0	1 = 35.86%，0 = 64.14%

制度参与变量	变量名	编码	样本结果
工作监督	d8	"有"编码为1，"没有"则为0	1 = 50.02%，0 = 49.98%
签到或打卡	d9	"需要"编码为1，"不需要"则为0	1 = 60.04%，0 = 39.96%
享受社会保障	havsec	12个社会保障题项量表，"享受"编码为1，"未享受"则为0	0 - 1变量，Logit测量模型，因子为百分分值，均值 = 80.48分，标准差 = 21.52分
参加在岗培训	havtrain	5个在岗培训题项量表，"参加过"编码为1，"没参加"则为0	0 - 1变量，Logit测量模型，因子为百分分值，均值 = 87.18分，标准差 = 22.82分
参与信息沟通	havchal	9个沟通渠道题项量表，"参与"编码为1，"没有"则为0	0 - 1变量，Logit测量模型，因子为百分分值，均值 = 67.55分，标准差 = 21.85分
工作收入	lnincom	删除月收入3万元及以上的奇异值，取原数据的自然对数	均值 = 8.332，标准差 = 0.602
加薪经历	e6	近三年工资变化，从"增加很多"到"下降很多"编码依次为5、4、3、2、1	连续变量，均值 = 3.60，标准差 = 0.66
拖欠工资	e8	"有"编码为1，"没有"则为0	1 = 4.59%，0 = 95.41%
获得技术先进称号	e15b	"获得过"编码为1，"没有"则为0	1 = 12.39%，0 = 87.61%
当选政治先进	e16b	"当选过"编码为1，"没有"则为0	1 = 6.4%，0 = 93.6%
职业病	e19	"有"编码为1，"没有"则为0	1 = 4.09%，0 = 95.91%
工伤	e20	"有"编码为1，"没有"则为0	1 = 1.19%，0 = 98.81%

在其他变量得到控制的条件下，参加在岗培训（$havtrain$）、参

与信息沟通（*havchal*）、加薪经历（*e6*）与拖欠工资（*e8*）等变量均对职工制度信任的塑造产生显著的影响（见表 5 - 4）。

首先，职工越是参加在岗培训，其感受到的制度信任越高。职工通过参加实实在在的岗位培训活动，加深了自己对制度规划与制度执行之间一致性的认知程度，该回归系数达到 0.049，极具统计上的显著性。

其次，个体越是通过各种制度渠道参与信息沟通，其感受到的制度信任就会越低，回归系数为 - 0.052。我们原以为完善制度化沟通网络、保障职工广泛进行信息交流可以提升组织信任水平，研究结果出乎意料，个体通过沟通网络参与交流互动，有可能使得组织规章制度的不完善和各种缺陷被广而告之，最终反而导致制度信任的下降。

再次，职工近三年来具有加薪经历且加薪次数越多，则其制度信任越高，加薪经历每提高 1 个单位，制度信任将会提高 1.595 个单位，影响具有统计显著性。随着我国整体经济水平的提升，组织及时增加职工工资，可以塑造出良好的制度信任环境。

最后，意料之中，组织拖欠职工工资的行为会极为显著地影响其制度信任状态，与"没有"被拖欠工资经历的人相比，"有"被拖欠工资经历的人的制度信任平均低 6.746，该影响极具统计显著性。因为拖欠工资传达出来的是一种制度功能失效的信号，如果制度运行不能保证按时付酬，它必然会失信于人。

另外，为了充分调动职工达到理想角色状态，组织总是会通过树立榜样如给予先进荣誉称号等方式，勉励人们要积极工作。现实中单位设置的优秀楷模主要有两类，一类是与岗位技能紧密相关的先进职工，另一类就是与政治挂钩的模范人物。研究表明，如果职工获得技术先进称号，其制度信任会显著高于未获得过此类表彰的人，平均高 0.980（$p < 0.10$）；相反，如果职工当选政治先进，如优秀党员、人大代表、优秀团员等，其制度信任会显著低于未获得过此类表彰的人，平均低 1.270（$p < 0.10$）。可见，如

果职工的真才实干得到组织的承认，会加深其与制度信任的联系，而赋予职工远离实际工作的政治类头衔并不能体现职工的真实价值，这会削弱职工与制度信任的联系。

表 5 - 4 制度信任与制度参与

自变量	回归系数	标准误	自变量	回归系数	标准误
领导层（leader）	1.043	0.641	工作收入（lnincom）	0.544	0.640
劳动合同制度（c5）	0.124	0.757	加薪经历（e6）	1.595**	0.524
加班（c25）	-0.842	0.608	拖欠工资（e8）	-6.746**	1.385
工作监督（d8）	-0.179	0.623	获得技术先进称号（e15b）	0.980+	0.800
签到或打卡（d9）	-0.462	0.792	当选政治先进（e16b）	-1.270+	1.030
享受社会保障（havsec）	-0.001	0.014	职业病（e19）	0.909	1.489
参加在岗培训（havtrain）	0.049**	0.014	工伤（e20）	0.466	2.853
参与信息沟通（havchal）	-0.052**	0.013	Constant	47.487	5.249

$F = 4.83$, $p = 0.000$,
$R^2 = 0.020$, $n = 3566$

注：+表示 $p < 0.10$，**表示 $p < 0.01$。

5. 制度信任与制度参与评价

信任是建立在行动者反思基础之上的，我们假设个人的制度信任与其制度参与评价因素紧密相关，制度参与评价如果是积极的、肯定的，则其对制度的感受也应当是可靠的、可信的。这里我们使用8个制度参与评价变量来研究其对制度信任的影响，其样本情况见表5-5。

表 5 – 5   制度参与评价变量及样本情况

制度参与评价变量	变量名	编码	样本结果
工作环境影响健康	c16	"有利于"编码为1，"没影响"编码为2，"不利于"编码为3	连续变量，均值 = 2.04，标准差 = 0.37
工作个人意义	sinnind	3 个题项量表，定序层次测量，1 ~ 4 分赋值	次序变量，Logit 测量模型，因子为百分分值，均值 = 46.41 分，标准差 = 25.72 分
工作社会意义	sinnsoc	3 个题项量表，定序层次测量，1 ~ 4 分赋值	次序变量，Logit 测量模型，因子为百分分值，均值 = 51.42 分，标准差 = 24.31 分
工作发展前景	jobspect	3 个题项量表，定序层次测量，答案采用李克特 5 点量表赋分	次序变量，Logit 测量模型，因子为百分分值，均值 = 47.99 分，标准差 = 22.72 分
岗位匹配度	jobmatchd	3 个题项量表，定序层次测量，答案采用李克特 5 点量表赋分	次序变量，Logit 测量模型，因子为百分分值，均值 = 58.23 分，标准差 = 19.58 分
工作过程满意度	satproc	7 个题项量表，定序层次测量，答案采用李克特 5 点量表赋分	次序变量，Logit 测量模型，因子为百分分值，均值 = 61.91 分，标准差 = 17.75 分
工作结果满意度	satfin	3 个题项量表，定序层次测量，答案采用李克特 5 点量表赋分	次序变量，Logit 测量模型，因子为百分分值，均值 = 56.89 分，标准差 = 18.29 分
相对剥夺感	deprv	3 个题项量表，定序层次测量，答案采用李克特 5 点量表赋分	次序变量，Logit 测量模型，因子为百分分值，均值 = 54.63 分，标准差 = 17.12 分

制度信任与制度参与评价的回归结果如表 5 – 6 所示。

首先，工作环境质量直接影响职工实际工作的感受，进而影响其对组织制度运行的信任。研究结果显示，职工对于"工作环境影响健康"的评价对其制度信任产生显著影响，他们越是认为工作环境对健康不利，就越是感受到制度规划与制度执行的不一致性，制度信任越低，前者每提高 1 个单位，制度信任将会降低

2.119 个单位，影响具有统计上的显著性。

其次，工作过程满意度和工作结果满意度正向影响制度信任的形成，职工对工作过程和工作结果评价越高，制度信任越高。工作过程满意度每提高 1 分，制度信任会提升 0.004 分，但该效应未达到统计上的显著性。工作结果满意度每提高 1 分，制度信任则会提升 0.112 分，该效应极具统计上的显著性，说明这一影响总体上的确是存在的。

再次，相对剥夺感每提高 1 分，制度信任会提高 0.074 分，该效应具有统计显著性，说明相对剥夺感的确影响着职工对制度的可信性评价。制度运行给职工造成的相对剥夺感越强，其可信性也越强；反之，如果组织制度运行结果使职工感受到的相对剥夺感较弱，则其可信赖性就会随之降低。可能的解释是，制度信任体现的是制度得到了僵化的、不折不扣的执行，而职工往往把较强的相对剥夺感与这种较高程度的制度信任联系起来，从而形成一种相互强化的关系。

最后，个人认为职业角色给其带来的价值越大（即工作社会意义越大），认为自己的职业角色发展前景越好（即工作发展前景越好），就导致制度信任越低，且这样的关系具有统计显著性。与我们原来的设想完全不同，究其缘由，可能与人们的内在归因原则相关联，即一个人总是偏好把成就归于个人特征，愿意进行内在归因。所以在职业角色上越成功的人，越相信是自己的能力和努力所致，自然会降低对外在制度环境的信任度。

表 5-6　制度信任与制度参与评价

自变量	回归系数	标准误	自变量	回归系数	标准误
工作环境影响健康（c16）	-2.119**	0.657	岗位匹配度（jobmatchd）	0.013	0.017
工作个人意义（sinnind）	-0.025	0.014	工作过程满意度（satproc）	0.004	0.018

自变量	回归系数	标准误	自变量	回归系数	标准误
工作社会意义（sinnsoc）	-0.028*	0.013	工作结果满意度（satfin）	0.112**	0.019
工作发展前景（jobspect）	0.004	0.013	相对剥夺感（deprv）	0.074**	0.017

$$F = 9.18, \quad p = 0.000,$$
$$R^2 = 0.013, \quad n = 5739$$

注：*表示 $p < 0.05$，**表示 $p < 0.01$。

前面单方面因素的考察让我们对制度信任与每个自变量的关系有了一个初步的了解。接着我们采用嵌套回归分析的策略，综合考察各类影响因素的偏效应，以期对影响制度信任的各类因素有一个全面的认识。在建构回归模型时我们把12个个人背景变量视为控制变量，然后把19个制度环境变量、15个制度参与变量、8个制度参与评价变量逐一加入模型中，从而形成完整的回归模型。考虑到研究样本是大样本，回归建模采用稳健标准差估计，使得标准差对于模型中可能存在的异方差或自相关问题不敏感，这样得到的结果会更加准确。

从完整回归模型的 F 检验统计分析结果（见表5-7）可以看出，制度信任模型的决定系数（R^2）达到了10.8%，模型解释力较为一般。比较各变量组的决定系数变化量，可以看出，四个模型都是成立的，其中解释力最大的是制度环境，其对制度信任的方差贡献率为4.0%，是第一位重要的影响因素。第二位重要的影响因素是制度参与评价，8个变量对制度信任的方差贡献率为2.4%。处于第三位重要的影响因素是制度参与，其对制度信任的方差贡献率为2.3%。而个人背景对制度信任的方差贡献率为2.1%，是第四位重要的影响因素。可见，影响制度信任的因素是极为复杂的，我们在进一步探索制度信任的形成因素方面仍存在非常大的空间。

表 5 – 7　制度信任各回归模型的 *F* 检验

制度信任模型	加入变量数	回归统计值 *F*	*p* > *F*	R^2	ΔR^2
个人背景模型	12	4.26	0.000	0.021	
制度环境模型	19	4.88	0.000	0.061	0.040
制度参与模型	15	3.64	0.000	0.084	0.023
制度参与评价模型	8	7.47	0.000	0.108	0.024

6. 制度信任的最优回归模型

为了得到制度信任精确、简洁、最优的回归模型，我们采用逐步回归方法，以 5% 的显著性水平为标准，按前进法对以上所有的自变量进行选择，如果 *t* 检验显著则保留该变量，否则就去除，直到最后所得的自变量都具有显著的统计学意义。我们最终得到的制度信任的最优回归模型如图 5 – 4 所示。

逐步回归分析结果与我们分别考察各自变量组对制度信任的影响结果有些差异，原来各个回归模型中显著的自变量，有的出现在最优回归模型中，而有的则不再具有独立的显著效应；而原来不显著的自变量，逐步回归时因变得显著而进入最优回归模型。比如，个人背景变量中进入最优回归模型的有职业资格证书、身体健康状况、家庭金融财富和工作资历 4 个自变量，而原来显著的性别、婚姻状况 2 个自变量这里不再是显著的因素。制度环境变量中，原来 9 个效应显著的自变量，进入最优回归模型的有 6 个自变量，沟通网络制度等不再具有显著效应，而原来不显著的政治先进评比制度新增到最优回归模型中。制度参与变量中，原来效应显著的 4 个自变量（此处以 5% 的显著性水平为标准，所以不包括获得技术先进称号、当选政治先进），均出现在最优回归模型中，而原来不显著的领导层和获得技术先进称号 2 个自变量，因效应变得显著而增加进来。制度参与评价变量的变化较大，原来效应显著的工作环境影响健康和工作社会意义 2 个自变量现在变得不再显著，原来效应不具有显著性的工作过程满意度、工作发展前景和工作个人意义新增到最优回归

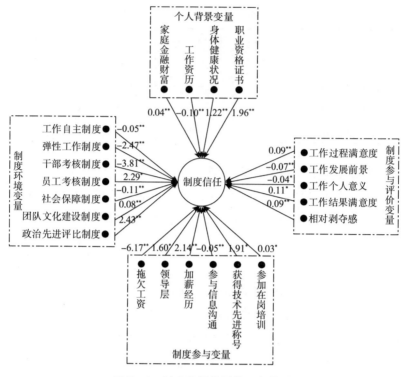

图 5 - 4　制度信任的最优回归模型

注：＊表示 $p < 0.05$，＊＊表示 $p < 0.01$。

模型中。这样，在所有考察的 54 个自变量中，最终进入最优回归模型的自变量一共有 22 个，它们共解释了制度信任变异量的 9.21%。由于最优回归模型省略了效应不具有统计上显著的自变量，所以以每个自变量的效应大小与原来分组回归模型中的效应大小就会有所不同。

三　制度信任的调节作用分析结果

（一）变量的初步统计描述和相关分析

1. 工作投入量表

该量表共由 5 个题项构成："c42m. 我总把工作放在第一位"、"c42n. 工作中，领导怎么说，我就怎么做"、"c42o. 我尽可能把工作做得又快又好"、"c42p. 如果我不能解决好工作上的问题，我会感到很难受"和"c42q. 下班之后，我仍然惦记着工作中的事情"。答案选项均是"完全符合"、"比较符合"、"一般"、"较不符合"和"很不符合"，编码依次为 5、4、3、2、1。我们假定工作投入是一种无法直接观察的连续潜变量，鉴于量表为定序测量层次，我们使用广义结构方程模型（GSEM）进行分析，结果（见图 5 – 5）表明各题项的因子负荷均具有统计显著性，说明量表可以被接受。采用次序变量的 Logit 测量模型抽取因子得分，这样得到的分值较之一般线性测量模型更为精确，且为便于阅读对该分值进行百分制转换，从而得到最终的工作投入测量结果（见图 5 – 6）。在

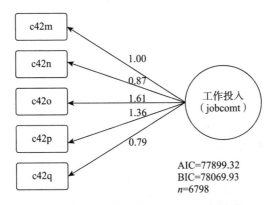

图 5 – 5　工作投入量表 GSEM 分析结果

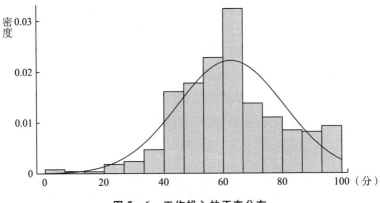

图 5 – 6　工作投入的正态分布

我们的样本中，工作投入的数值分布在 0～100 分，均值为 62.59 分，标准差为 17.97 分，分值越高表示职工的工作投入越多。

2. 工作倦怠量表

2017 年的问卷调查我们用了 6 个题项的量表来测量工作倦怠，具体包括 "f10a. 工作十分劳累，打不起精神"、"f10b. 工作压力大，总有做不完的事"、"f10c. 对工作越来越提不起兴趣"、"f10d. 对自己失去信心，越来越没有自信"、"f10e. 感到困难太大，再怎么努力也不行" 和 "f10f. 在单位不开心，看什么都不顺眼"。答案选项均是 "经常"、"偶尔" 和 "从不"，编码依次为 3、2、1。鉴于各题项均为定序测量的层次，这里采用次序变量的 Logit 测量模型进行因子分析，结果（见图 5-7）表明各题项的因子负荷均具

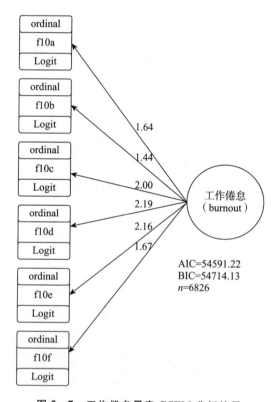

图 5-7 工作倦怠量表 GSEM 分析结果

有统计显著性，说明量表可以被接受。获得因子得分后对其进行
百分制转换，结果（见图 5 - 8）显示，该变量均值为 30. 66 分，
标准差是 22. 19 分；变量的偏度（skewness）系数是 0. 29，略呈正
偏态分布，峰度（kurtosis）系数为 2. 66，略呈低阔峰分布。

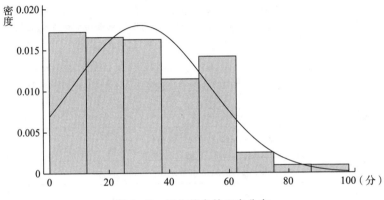

图 5 - 8　工作倦怠的正态分布

3. 工作生活领域

2017 年的问卷调查事先并未考虑到对工作生活领域变量进行
系统化的观测，所以这里使用它们的代理指标进行统计分析。6 个
自变量及样本情况如表 5 - 8 所示。

表 5 - 8　工作生活领域变量及样本情况

工作生活领域变量	变量名	编码	样本结果
工作负荷	*workload*	12 个题项量表，"需要"编码为 1，"不需要"则为 0	0 - 1 变量，Logit 测量模型，因子为百分分值，均值 = 64. 43 分，标准差 = 17. 57 分
工作价值	*value*	3 个题项量表，答案从"没有"、"较少"、"较多"到"很多"编码依次为 1、2、3、4	次序变量，Logit 测量模型，因子为百分分值，均值 = 46. 41 分，标准差 = 25. 72 分
工作公平	*fairness*	"e14. 就您的能力和工作付出而言，您觉得现在的收入是否合理"，答案从"很不合理"到"非	连续变量，均值 = 3. 37，标准差 = 0. 92

工作生活 领域变量	变量名	编码	样本结果
工作公平	*fairness*	常合理"采用李克特5点量表赋分	连续变量，均值＝3.37，标准差＝0.92
工作报酬	*reward*	"e3. 您对目前这份工作的收入是否满意"，答案从"很不满意"到"非常满意"采用李克特5点量表赋分	连续变量，均值＝3.37，标准差＝0.89
工作自主	*control*	6个题项量表，答案从"完全不自主"、"部分自主"到"完全自主"编码依次为1、2、3	次序变量，Logit测量模型，因子为百分分值，均值＝48.96分，标准差＝31.00分
工作归属	*community*	"f5. 您和同事之间的关系如何"，答案从"很生分"到"很融洽"采用李克特5点量表赋分	连续变量，均值＝4.24，标准差＝0.71

4. 描述性统计与相关性分析

在对制度信任的调节作用进行分析之前，这里首先对自变量、结果变量和调节变量进行描述性统计与相关性分析，研究结果如表5-9所示。从6个工作生活领域变量与工作投入的相关系数情况看，工作负荷与工作投入呈现显著的负相关关系（-0.11）；而其他5个工作生活领域变量与工作投入均呈现显著的正相关关系，系数最小的为0.05，最大的为0.20。而从6个工作生活领域变量与工作倦怠的相关系数上看，工作负荷与工作倦怠呈现显著的正相关关系（0.01）；而其他5个工作生活领域变量与工作倦怠均呈现显著的负相关关系，系数绝对值最小的为0.05，绝对值最大的为0.21。这就为我们进一步研究制度信任对它们之间关系的调节作用提供了基础。

表5-9　各变量描述性统计与相关性分析

变量	均值	标准差	1	2	3	4
1. 工作负荷	64.43	17.57	1.00			

变量	均值	标准差	1	2	3	4
2. 工作价值	46.41	25.72	-0.16*	1.00		
3. 工作公平	3.37	0.92	-0.03*	0.28*	1.00	
4. 工作报酬	3.37	0.89	-0.03*	0.37*	0.53*	1.00
5. 工作自主	48.96	31.00	0.12*	0.32*	0.18*	0.23*
6. 工作归属	4.24	0.71	-0.09*	0.22*	0.14*	0.18*
7. 制度信任	57.21	18.52	-0.12*	-0.02*	0.06*	0.06*
8. 工作投入	62.59	17.97	-0.11*	0.19*	0.05*	0.11*
9. 工作倦怠	30.66	22.19	0.01*	-0.16*	-0.18*	-0.21*
变量	5	6	7	8	9	
1. 工作负荷						
2. 工作价值						
3. 工作公平						
4. 工作报酬						
5. 工作自主	1.00					
6. 工作归属	0.10*	1.00				
7. 制度信任	-0.03*	0.07*	1.00			
8. 工作投入	0.11*	0.20*	0.02*	1.00		
9. 工作倦怠	-0.05*	-0.12*	-0.19*	-0.01*	1.00	

注：*表示 $p < 0.05$。

（二）制度信任对工作生活领域与工作投入关系的调节作用分析

（1）制度信任对工作负荷与工作投入关系的调节作用分析。以工作投入为因变量，以工作负荷为自变量，以制度信任为调节变量，参照 Hayes（2018）提出的调节模型 1 对样本数据进行拟合，统计分析结果见表 5 - 10。结果显示：在控制了工作负荷和制度信任的条件下，二者的交互项回归系数（$b = -0.004$）极具统计学意义上的显著性（$p = 0.000$），说明制度信任对工作负荷与工作投入的关系确实存在影响。负向的调节系数意味着制度信任越高，工作负荷对工作投入的负向回归系数值越小，这种负向影响力越强，在制度信任均值以下 1 个标准差时，工作负荷每提高 1 分，工作投入会降低 0.039 分；而在制度信任均值以上 1 个标准差时，工作负荷每提升 1 分，工作投入会降低 0.185 分。

表 5 - 10　制度信任对工作负荷与工作投入关系的调节作用分析

变量	工作投入				制度信任	调节效应			
	b	SE	t	p		b	SE	t	p
工作负荷	-0.112	0.013	-8.688	0.000					
制度信任	0.013	0.012	1.090	0.276	-1SD	-0.039	0.018	-2.195	0.028
工作负荷 × 制度信任	-0.004	0.001	-5.849	0.000	Mean	-0.112	0.013	-8.688	0.000
					+1SD	-0.185	0.018	-10.30	0.000
截距	62.251	0.227	274.281	0.000					
$R^2 = 0.019$，$F(3, 5925) = 37.734$，$p = 0.000$									

注：Mean 表示均值，-1SD、+1SD 分别表示均值的上、下 1 个标准差。下同。

由图 5 - 9 的调节效应[①]可以看出：在低制度信任环境下，工作投入在工作负荷低分组时是 62.695 分，而在工作负荷高分组时降低到 61.311 分，工作负荷由低分组到高分组，工作投入降低了 1.384 分。而在高制度信任环境下，工作投入在工作负荷低分组时是 65.752 分，而在工作负荷高分组时降低到 59.244 分，工作投入随着工作负荷由低分组到高分组降低了 6.508 分。可见，在高低不同的制度信任环境下，工作负荷对工作投入影响力的效果差异较大，与低制度信任环境相比，该负向影响力在高制度信任环境下更强。这说明制度设计和制度执行越是高度一致，管理原则性越

---

① 本书中"调节效应"与"调节作用"含义相同，书中其他处的"中介效应"与"中介作用"含义相同。

强，提升岗位工作要求而减少的工作投入越大。

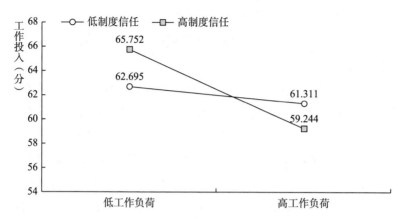

图 5 - 9　制度信任对工作负荷与工作投入关系的调节效应

（2）制度信任对工作报酬与工作投入关系的调节作用分析。以工作投入为因变量，以工作报酬为自变量，以制度信任为调节变量，参照 Hayes（2018）提出的调节模型 1 对数据进行拟合，统计分析结果见表 5 - 11。结果显示：在控制了工作报酬和制度信任的条件下，二者的交互项回归系数（$b = 0.036$）具有统计学意义上的显著性（$p = 0.005$），说明制度信任对工作报酬与工作投入的关系确实存在影响。正向的调节系数意味着制度信任越高，工作报

表 5 - 11　制度信任对工作报酬与工作投入关系的调节作用分析

变量	工作投入				制度信任	调节效应			
	b	SE	t	p		b	SE	t	p
工作报酬	2.471	0.260	9.506	0.000					
制度信任	0.004	0.012	0.355	0.000	- 1SD	1.813	0.328	5.525	0.000
工作报酬 × 制度信任	0.036	0.013	2.827	0.005	Mean	2.471	0.260	9.506	0.000
					+ 1SD	3.129	0.369	8.488	0.000
截距	62.358	0.226	276.313	0.000					
$R^2 = 0.016$, $F(3, 6015) = 31.681$, $p = 0.000$									

酬对工作投入的影响力越强，在制度信任均值以下 1 个标准差时，工作报酬每提高 1 个单位，工作投入会提高 1.813 个单位；而在制度信任均值以上 1 个标准差时，工作报酬每提高 1 个单位，工作投入会提高 3.129 个单位。

由图 5-10 的调节效应可见：在低制度信任环境下，工作投入在工作报酬低分组时是 60.691 分，而在工作报酬高分组时提高到 63.862 分，工作投入提升了 3.171 分；在高制度信任环境下，工作投入在工作报酬低分组时是 59.702 分，而在工作报酬高分组时提高到 65.175 分，工作报酬由低分组到高分组使得工作投入提升了 5.473 分。可见，在高低不同的制度信任环境下，工作报酬对工作投入的正向影响是有显著差异的，与低制度信任环境相比，这种影响在高制度信任环境下更强，即从低工作报酬到高工作报酬，工作投入的提升幅度更大。

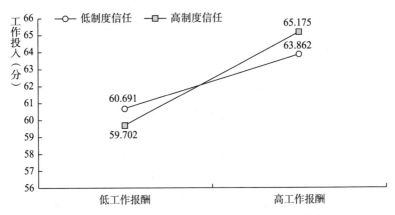

图 5-10　制度信任对工作报酬与工作投入关系的调节效应

（3）制度信任对工作自主与工作投入关系的调节作用分析。这里以工作投入为因变量，以工作自主为自变量，以制度信任为调节变量，参照 Hayes（2018）提出的调节模型 1 对样本数据进行拟合，统计分析结果见表 5-12。结果显示：在控制了工作自主和制度信任的条件下，二者的交互项回归系数（$b = -0.001$）极具统计学意义上的显著性（$p = 0.002$），说明制度信任对工作自主与工作投入的关系确实存在影响。负向的调节系数意味着制度信任越高，工作自主对工作投入的影响力越弱，在制度信任均值以下 1 个标准差时，工作自主每提高 1 分，工作投入会提高 0.091 分；而在制度信任均值以上 1 个标准差时，工作自主每提高 1 分，工作投入只会提高 0.047 分。

表 5 - 12 制度信任对工作自主与工作投入关系的调节作用分析

变量	工作投入				制度信任	调节效应			
	b	SE	t	p		b	SE	t	p
工作自主	0.069	0.008	8.851	0.000					
制度信任	0.025	0.012	2.044	0.041	-1SD	0.091	0.010	8.937	0.000
工作自主 ×					Mean	0.069	0.008	8.851	0.000
制度信任	-0.001	0.000	-3.040	0.002	+1SD	0.047	0.011	4.336	0.000
截距	62.380	0.225	276.909	0.000					
$R^2 = 0.015$, $F(3, 6023) = 31.254$, $p = 0.000$									

由图 5 - 11 的调节效应可见：在低制度信任环境下，工作投入在工作自主低分组时是 59.287 分，而在工作自主高分组时提高到 64.538 分，工作投入提升了 5.251 分；在高制度信任环境下，工作投入在工作自主低分组时是 61.474 分，而在工作自主高分组时

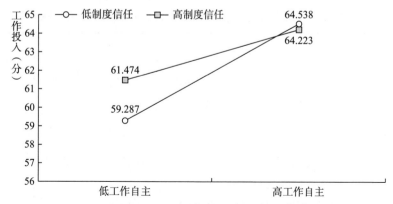

图 5 - 11 制度信任对工作自主与工作投入关系的调节效应

提高到 64. 223 分，工作投入只提升了 2. 749 分。可见，在高低不同的制度信任环境下，工作自主对工作投入影响力的效果是有显著差异的，与高制度信任环境相比，该影响力在低制度信任环境下更强，即制度执行越具有灵活变通性，工作自主提升工作投入的幅度会越大。

（三）制度信任对工作生活领域与工作倦怠关系的调节作用

（1）制度信任对工作价值与工作倦怠的关系具有调节作用。这里以工作倦怠为因变量，以工作价值为自变量，以制度信任为调节变量，参照 Hayes（2018）提出的调节模型 1 对数据进行拟合，统计分析结果见表5 - 13。结果显示：在控制了工作价值和制度信任的条件下，二者的交互项回归系数（$b = 0.001$）具有统计学意义上的显著性（$p = 0.014$），说明制度信任对工作价值与工作倦怠的关系确实存在影响。正向的调节系数意味着制度信任越高，工作价值对工作倦怠的负向回归系数越大，这种负向影响力越弱，在制度信任均值以下 1 个标准差时，工作价值每提高 1 分，工作倦怠会降低 0. 159 分；而在制度信任均值以上 1 个标准差时，工作价值每提高 1 分，工作倦怠只会降低 0. 109 分。

表 5 – 13　制度信任对工作价值与工作倦怠关系的调节作用分析

变量	工作倦怠				制度信任	调节效应			
	b	SE	t	p		b	SE	t	p
工作价值	- 0. 134	0. 011	- 12. 249	0. 000					
制度信任	- 0. 242	0. 015	- 15. 991	0. 000	- 1SD	- 0. 159	0. 015	- 10. 950	0. 000
工作价值 ×					Mean	- 0. 134	0. 011	- 12. 249	0. 000
制度信任	0. 001	0. 001	2. 470	0. 014	+ 1SD	- 0. 109	0. 015	- 7. 072	0. 000
截距	30. 623	0. 277	110. 542	0. 000					
$R^2 = 0.062$, $F(3, 6030) = 133.765$, $p = 0.000$									

由图 5 – 12 的调节效应可见：个体体验到的工作价值越大，其工作倦怠就越低，在低制度信任环境下，工作倦怠在工作价值低分组时是 39. 150 分，而在工作价值高分组时降低到 28. 895 分，工作倦怠降低了 10. 255 分；在高制度信任环境下，工作倦怠在工作价值低分组时是 31. 072 分，而在工作价值高分组时降低到 23. 376 分，工作价值由低分组到高分组使得工作倦怠减少了 7. 696 分。可见，在高低不同的制度信任环境下，工作价值对工作倦怠影响力的效果是有显著差异的，与高制度信任环境相比，该负向影响力在低制度信任环境下更强，即灵活变通的管理制度更能放大这一弱化作用。

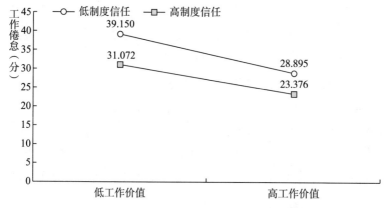

图 5 – 12　制度信任对工作价值与工作倦怠关系的调节效应

（2）制度信任对工作公平与工作倦怠的关系具有调节作用。以工作倦怠为因变量，以工作公平为自变量，以制度信任为调节变量，参照 Hayes（2018）提出的调节模型 1 对数据进行拟合，统计分析结果见表 5 – 14。结果显示：在控制了工作公平和制度信任的条件下，二者的交互项回归系数（$b = 0.048$）具有统计学意义上的显著性（$p = 0.002$），说明制度信任对工作公平与工作倦怠的关系确实存在影响。在制度信任均值以下 1 个标准差时，工作公平每提高 1 个单位，工作倦怠会降低 4. 746 个单位；而在制度信任均值以上 1 个标准差时，工作公平每提高 1 个单位，工作倦怠只会降低 2.983 个单位，相比之下效应大大减小。

表 5 - 14　制度信任对工作公平与工作倦怠关系的调节作用分析

变量	工作倦怠				制度信任	调节效应			
	b	SE	t	p		b	SE	t	p
工作公平	- 3.864	0.300	- 12.880	0.000					
制度信任	- 0.225	0.015	- 14.966	0.000	- 1SD	- 4.746	0.394	- 12.049	0.000
工作公平 ×					Mean	- 3.864	0.300	- 12.880	0.000
制度信任	0.048	0.015	3.168	0.002	+ 1SD	- 2.983	0.424	- 7.035	0.000
截距	30.562	0.278	110.070	0.000					
$R^2 = 0.066$，$F(3, 6030) = 142.054$，$p = 0.000$									

调节效应图 5 - 13 更为直观地展示了制度信任的这一功能：在低制度信任环境下，工作倦怠在工作公平低分组时是 39.138 分，在工作公平高分组时降低到 30.327 分，工作倦怠降低了 8.811 分；在高制度信任环境下，工作倦怠在工作公平低分组时是 29.161 分，而在工作公平高分组时降低到 23.623 分，工作倦怠降低了 5.538 分。在高低不同的制度信任环境下，工作公平对工作倦怠的影响力表现出了显著的差别，与高制度信任环境相比，该影响力在低制度

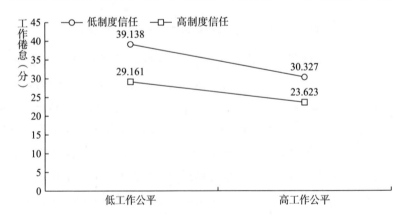

图 5 - 13　制度信任对工作公平与工作倦怠关系的调节效应

信任环境下更强，即工作公平降低工作倦怠的程度在灵活变通的管理环境下更大。

（3）制度信任对工作报酬与工作倦怠的关系具有调节作用。以工作倦怠为因变量，以工作报酬为自变量，以制度信任为调节变量，按照 Hayes（2018）提出的调节模型 1 对样本数据进行拟合，统计分析结果见表 5 - 15。结果显示：在控制了工作报酬和制度信任的条件下，二者的交互项回归系数（$b = 0.058$）极具统计学意义上的显著性（$p = 0.000$），说明制度信任对工作报酬与工作倦怠的关系确实存在影响。正向的调节系数意味着制度信任越高，工作报酬对工作倦怠的影响力越弱（负向回归系数越大），在制度信任均值以下 1 个标准差时，工作报酬每提高 1 个单位，工作倦怠会降低 5.798 个单位；而在制度信任均值以上 1 个标准差时，工作报酬每提高 1 个单位，工作倦怠只会降低 3.649 个单位。

表 5 - 15　制度信任对工作报酬与工作倦怠关系的调节作用分析

变量	工作倦怠				制度信任	调节效应			
	b	SE	t	p		b	SE	t	p
工作报酬	-4.724	0.318	-14.876	0.000					
制度信任	-0.226	0.015	-15.048	0.000	-1SD	-5.798	0.401	-14.459	0.000
工作报酬 ×					Mean	-4.724	0.318	-14.876	0.000
制度信任	0.058	0.015	3.772	0.000	+1SD	-3.649	0.451	-8.098	0.000
截距	30.550	0.276	110.855	0.000					

$R^2 = 0.076$，$F(3, 6023) = 165.837$，$p = 0.000$

图 5 - 14 则更为直观地展示了制度信任的这一功能，由图可知：在低制度信任环境下，工作倦怠在工作报酬低分组时是 39.802 分，而在工作报酬高分组时降低到 29.557 分，工作倦怠降低了 10.245 分；在高制度信任环境下，工作倦怠在工作报酬低分组时是 29.665 分，而在工作报酬高分组时降低到 23.176 分，工作

倦怠降低了 6.489 分。在高低不同的制度信任环境下，工作报酬对工作倦怠的影响力差别显而易见，与高制度信任环境相比，该影响力在低制度信任环境下更强，即灵活变通的管理制度更能进一步放大工作报酬对工作倦怠的弱化作用。

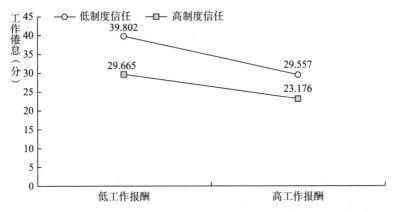

图 5 - 14　制度信任对工作报酬与工作倦怠关系的调节效应

（4）制度信任对工作自主与工作倦怠的关系具有调节作用。以工作倦怠为因变量，以工作自主为自变量，以制度信任为调节变量，参照 Hayes（2018）提出的调节模型 1 对数据进行拟合，统计分析结果见表 5 - 16。结果显示：在控制了工作自主和制度信任的条件下，二者的交互项回归系数（$b = 0.002$）具有统计学意义上的显著性

表 5 - 16　制度信任对工作自主与工作倦怠关系的调节作用分析

变量	工作倦怠				制度信任	调节效应			
	b	SE	t	p		b	SE	t	p
工作自主	- 0.030	0.010	- 3.113	0.002					
制度信任	- 0.243	0.015	- 15.790	0.000	- 1SD	- 0.059	0.013	- 4.645	0.000
工作自主 ×					Mean	- 0.030	0.010	- 3.113	0.002
制度信任	0.002	0.015	3.223	0.001	+ 1SD	- 0.002	0.014	- 0.127	0.899
截距	30.637	0.000	109.320	0.000					
$R^2 = 0.041$，$F(3, 6030) = 85.841$，$p = 0.000$									

（$p = 0.001$），说明制度信任对工作自主与工作倦怠的关系确实存在影响。在制度信任均值以下 1 个标准差时，工作自主每提高 1 分，工作倦怠会降低 0.059 分；而在制度信任均值以上 1 个标准差时，工作自主每提高 1 分，工作倦怠只会降低 0.002 分。

调节效应图 5 – 15 更加直观地显示：在低制度信任环境下，工作倦怠在工作自主低分组时是 36.837 分，在工作自主高分组时降低到 26.188 分，工作倦怠降低了 10.649 分；在高制度信任环境下，工作倦怠在工作自主低分组时是 33.437 分，而在工作自主高分组时降低到 26.088 分，工作倦怠降低了 7.349 分。由此可见，组织制度信任环境不同，工作自主减小工作倦怠的影响力差异巨大，与高制度信任环境相比，该影响力在低制度信任环境下表现得更强。

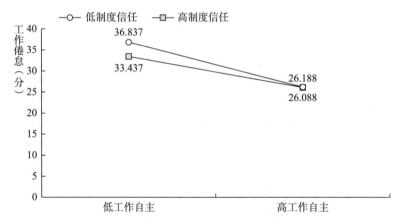

图 5 – 15　制度信任对工作自主与工作倦怠关系的调节效应

（5）制度信任对工作归属与工作倦怠的关系具有调节作用。以工作倦怠为因变量，以工作归属为自变量，以制度信任为调节变量，参照 Hayes（2018）提出的调节模型 1 对数据进行拟合，统计分析结果见表 5 – 17。结果显示：在控制了工作归属和制度信任的条件下，二者的交互项回归系数（$b = 0.048$）具有统计学意义上的显著性（$p = 0.029$），说明制度信任对工作归属与工作倦怠的关系确实存在影响。在制度信任均值以下 1 个标准差时，工作归属每提高 1 个单位，工作倦怠会降低 4.505 个单位；而在制度信任均值以上 1 个标准差时，工作归属每提高 1 个单位，工作倦怠只会降低 2.742 个单位。制度环境不同，影响程度也不一样。

表 5 – 17　制度信任对工作归属与工作倦怠关系的调节作用分析

变量	工作倦怠				制度信任	调节效应			
	b	SE	t	p		b	SE	t	p
工作归属	-3.624	0.404	-8.976	0.000					
制度信任	-0.226	0.016	-14.471	0.000	-1SD	-4.505	0.543	-8.294	0.000
工作归属 ×					Mean	-3.624	0.404	-8.976	0.000
制度信任	0.048	0.022	2.188	0.029	+1SD	-2.742	0.596	-4.600	0.000
截距	30.612	0.281	108.762	0.000					
$R^2 = 0.050$, $F(3, 5938) = 104.989$, $p = 0.000$									

由调节效应图 5 – 16 可知：在低制度信任环境下，工作倦怠在工作归属低分组时是 37.934 分，而在工作归属高分组时降低到 28.365 分，工作倦怠降低了 9.569 分；在高制度信任环境下，工作倦怠在工作归属低分组时是 31.625 分，在工作归属高分组时降低

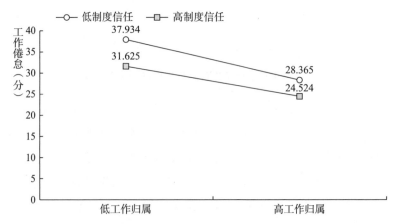

图 5 – 16　制度信任对工作归属与工作倦怠关系的调节效应

到 24.524 分，工作倦怠降低了 7.101 分。显然，在高低不同的制度信任环境下，工作归属对工作倦怠的影响力有显著差异，与高制度信任环境相比，该影响力在低制度信任环境下更强，即灵活变通的管理制度可进一步放大工作归属对工作倦怠的弱化作用。

四　本章小结

制度信任的环境塑造因素到底有哪些，在工作生活领域与工作情绪反应之间制度信任是否以及在多大程度上发挥着调节作用是这里欲求回答的核心问题。本章运用 2017 年的问卷调查数据，采用逐步回归方法研究制度信任的有效影响因素，在所有考察的 54 个自变量中，我们发现下列 22 个因素对制度信任具有显著影响。

（1）职业资格证书：拥有职业资格证书的人，制度信任上升 1.96。

（2）身体健康状况：随着身体健康状况自评的提升，制度信任上升 1.22。

（3）工作资历：随着工作资历的提高，制度信任下降 0.10。

（4）家庭金融财富：随着家庭金融财富的增加，制度信任会上升 0.04。

（5）工作自主制度：随着工作自主制度的完善，制度信任下降 0.05。

（6）弹性工作制度：制定了弹性工作制度的组织，制度信任下降 2.47。

（7）干部考核制度：有干部考核制度，制度信任下降 3.81。

（8）员工考核制度：有员工考核制度，制度信任上升 2.29。

（9）社会保障制度：随着社会保障制度的完善，制度信任下降 0.11。

（10）团队文化建设制度：随着团队文化建设制度的完善，制度信任上升 0.08。

（11）政治先进评比制度：有这项制度安排的组织，制度信任上升 2.43。

（12）拖欠工资：有被拖欠工资经历的人，制度信任会下降 6.17。

（13）加薪经历：有加薪经历的人，制度信任会上升 2.14。

（14）领导层：从事领导或管理活动，制度信任上升 1.60。

（15）参与信息沟通：随着信息沟通参与度的提高，制度信任下降 0.05。

（16）获得技术先进称号：有此项经历的人，制度信任会上升 1.91。

（17）参加在岗培训：随着在岗培训参与度的提高，制度信任上升 0.03。

（18）工作过程满意度：随着工作过程满意度的提升，制度信任上升 0.09。

（19）工作结果满意度：随着工作结果满意度的提升，制度信任上升 0.11。

（20）工作发展前景：随着工作发展前景的评价的提升，制度信任下降 0.07。

（21）工作个人意义：随着工作个人意义的提升，制度信任下降 0.04。

（22）相对剥夺感：随着相对剥夺感的增强，制度信任上升 0.09。

采用调节分析模型拟合调查数据，以研究制度信任在工作生活领域与工作投入、工作倦怠关系上的调节作用，得到以下结论。

（1）制度信任每提高 1 个单位，工作负荷对工作投入的负向影响会提高 0.004 个单位。

（2）制度信任每提高 1 个单位，工作报酬对工作投入的正向影响提高 0.036 个单位。

（3）制度信任每提高 1 个单位，工作自主对工作投入的正向影响降低 0.001 个单位。

（4）制度信任每提高 1 个单位，工作价值对工作倦怠的负向影响降低 0.001 个单位。

（5）制度信任每提高 1 个单位，工作公平对工作倦怠的负向影响降低 0.048 个单位。

（6）制度信任每提高 1 个单位，工作报酬对工作倦怠的负向影响降低 0.058 个单位。

（7）制度信任每提高 1 个单位，工作自主对工作倦怠的负向影响降低 0.002 个单位。

（8）制度信任每提高 1 个单位，工作归属对工作倦怠的负向影响降低 0.048 个单位。

以上研究结果对组织运行实践极具启发意义。本次研究发现了影响制度信任的一些意外结果，比如我们原以为工作自主制度、弹性工作制度、干部考核制度、社会保障制度等客观制度环境因素会显著地提升员工的制度信任，但结果发现组织此类的制度设置实际上在降低制度的可信性。这就启示组织决策者，设置某些看上去有利于组织运行的制度务必要谨慎地加以执行，否则就可能会造成适得其反的不良后果。再比如，组织建设和完善各种沟通网络，鼓励员工积极参与信息沟通，这样非但未能提升制度信任，反而起到了降低的作用，所以到底如何看待组织内部信息沟通问题值得管理者深刻思考。更甚者，员工越是认为工作对自身有意义、工作发展有前景，其制度信任就越低，这种个体与组织制度关系的复杂矛盾不能不引发我们思考这样一个问题：当下中国组织内部到底在上演着一种怎样的故事剧情？

令人满意的薪酬能够影响员工的工作动机和态度，通过提高薪酬水平，组织就可以大大提升员工工作积极性和工作士气。但是单纯地依靠提高员工的薪酬来调动员工的工作积极性会有很大的局限性，研究发现组织制度的可靠性对提升薪酬的激励效果十分明显，这就告诉我们，在满足员工物质或金钱需求的基础上，还要努力做到和确保本组织内的制度制定和制度执行之间的高度一致性，高水平的制度信任环境可以把薪酬激励的效果推向一个更高的水平，即制度信任能起到薪酬效应放大的作用，这种作用应该受到组织的重视。工作除了与金钱相联系，还涉及人们所追求的自由和控制。赋予员工工作自主性能够提高其工作投入，而制度执行的灵活抑或死板对这种关系的强弱影响明显，与机械呆板的制度执行相比，此时较为灵活的制度环境更能放大它们之间的正向效应。

站在另一个角度看，组织管理要降低职工的工作倦怠同样可以借用制度信任的调节作用。比如，与工作相关的价值、公平、报酬、自主和归属等管理策略的确可以降低职工的工作倦怠，但这种削减效应在灵活变通的制度管理条件（即低制度信任）下表现更佳，即如果一味地讲原则、走极端、死板教条，那么此类削减效应只能表现一般。制度需要管理者运用权力和制裁手段才能实际发挥作用，而任何正式组织的规章制度在规定职业活动方面都是非常有局限性的，所以布劳就精辟地指出，如果只是在正式权威的范围里，有效的管理是不可能的。管理人员被赋予的每一项特权和他有权实施的每一条规章，都增加了他可以用来使下级感激他的资本。如果他不使用他的某些权力，而是把这些权力投入社会义务中，那么下级从他的监管模式中所得到的好处会迫使他们通过服从他的指示和要求而加以回报（布劳，2012：306～307）。这就告诉我们，制度信任对组织运行来说是一个复杂的问题，艺术性地加以运用才是组织管理要紧的地方。组织管理应避免走只追求原则性或只讲求灵活性的极端，要结合组织实际运行现状，充分发挥规章制度的原则性与灵活性的正向功能，从而进一步提升成员的工作投入，减少其工作倦怠。

第六章 岗位特征与组织承诺：组织信任的中介功能（一）

一 相关概念和理论思考

组织承诺（OC），这一概念最早由美国社会学家贝克尔（Becker）提出，是指员工由于单方投入而产生的维持"活动一致性"倾向。之后 Meyer 和 Allen（1991）提出了组织承诺三因素模型，即情感承诺（affective commitment）、持续承诺（continuance commitment）和规范承诺（normative commitment），以具体体现员工对组织的忠诚、参与与认同程度，以及当下和未来是否继续留在该组织的决定。组织承诺基本上是指员工与组织之间的一种积极、正向的黏合或束缚关系，它把个体约束到与保持成员身份角色相关的行为上。较高的组织承诺有利于组织形成和维系一种更稳固、更高效的运行状态，因此是任何组织管理和控制都在试图追求的目标，备受组织管理和公共管理领域的重视。组织承诺的概念并无统一规定，其产生主要源于两个方面：一是成员对组织中的工作产生依恋或依附性，或者基于职业道德规范而感受到想要或应该留在组织里；二是成员基于自身功利的考虑，如经济的、精神的、声望的等，认为自己需要留在组织里。

由于本研究的对象涉及经济、政治、文化、社会等各种类型组织的职工，所以我们就采用以上观点来研究职工的组织承诺。这里采用 Porter 等（1974）将组织承诺定义为个人对某一组织认同与投入（identification and involvement）态度相对强度的观点，将职工的组织承诺定义如下：个人基于工作角色权利与义务的规范，认同所在组织的追求目标和价值信念，在行为上愿意为组织多做贡献，并希望继续成为所在组织的一分子的相对稳定的心理倾向。据此，我们把组织承诺划分为三个方面：①工作投入，对应于规范承诺，是指职工把自己视为组织重要成员，认同自己工作的重要性，主观上愿意为组织工作或服务，愿意为之付出更多的精力和智力；②组织关切，对应于情感承诺，主要指职工认同组织的运行和发展，视自己为"组织人"，以主人翁的姿态参与组织建设与发展；③留职倾向，对应于持续承诺，指职工希望继续留在所在单位进行工作和服务的愿望的强烈程度。

组织承诺与个人所占据的岗位特征必然存在一定的联系。按照社会学基本原理，相当数量的人们通过占据职业位置，扮演职业角色，在组织各项规章制度的约束下参与各种组织活动，发生交互行为与相互联系，就构成了丰富多彩、复杂多变的组织现象。可以说，位置－角色是组织结构的"最基本单位"，任何一个位置－角色都构成组织结构水平层面或垂直层面的一个要素或部分，它们以其自身的角色模式确立其在整个结构中的位置，并以其与其他位置－角色的关系确立自身的活动模式。职位就是一种客观的规范，职位不同，就规定了其角色行为的权利和义务不同，限定了其角色互动对象不一样，接受组织对待的状况也不一样。组织对某种职位的需要程度，造成职位占据者的可替代性彼此相异。正因为职位在组织内部具有不同的结构特征，它自然会对职位占据者的角色行为表现及其心理体验产生一定的影响，职位满足人的需要程度、权力大小以及与个人性情能力相匹配情况，都会影响到从业者的角色投入，影响到从业者与组织之间的纽带强弱。

现实生活中，工作者与职位是一个相互联系、彼此相关的状态，往往涉及个体的个性特征、人力资本以及职业本身的地位特征，关系十分复杂。一般来说，劳动者会积极主动地选择那些地位较具优势的职业入职，因为高优势职业意味着能够在更高程度上满足劳动者的需要，从而能够吸引住他在岗位上努力扮演理想角色。所谓职业地位优势，是指在职位差别和职位不平等的基础上，各种职位因拥有不同的社会资源而形成的持久等级模式。简单来说，职业具有的社会资源越多，其地位优越性越强，越会受到人们的追求。按照戴维斯和莫尔的功能主义的社会分层论，每个职位对社会的重要性不同，对占据者的才能和训练要求也不同，具体要求的工作状态也不同，所以社会分配给它们的资源的多寡也就不同，于是形成了职位等级化。职位等级化对社会组织是必要的、有积极功能的，它保证了"最重要的位置由最合格的人来担任"，有利于社会组织的正常运转（Davis and Moore，1954）。

　　在一个开放性的职业市场里，劳动者往往会根据自己的人力资本等条件来选择职业，当然用人单位也在根据所供给的职业岗位特征选择劳动者。只有当一定条件的劳动者同用人组织职业岗位要求相适应时，当劳动者的职业期望同一定职位供给相适应时，个人的职业选择才会成功，组织的群体活动才能整合。这样一来，职工往往会根据一定的标准来判断所选职业的地位高低、性质优劣。根据中国学者在不同时间的研究发现，人们选择或判断一个职业的地位高低或性质优劣主要依据以下几个标准。一是报酬，即职业的经济收入和福利待遇是职工入职时重点参考的因素。每个人都会根据自己的工作能力形成一个可接受的最低报酬界限，经济收入一旦低于这个界限，他们就会认定该职位性质低劣，从而没有从事该职业的意愿，随时准备离开这个职位，脱离这个组织环境。而如果组织职位给劳动者带来了预期的甚至较高的经济收入，那么高水平的物质需要满足就可能让职工牢固地和岗位维系在一起。二是职位现实或未来贡献。组织内的职位不同，自己为组织做贡献的大小也不同，因此现代各国社会的劳动者都将职业能否实现自己对社会的贡献作为是否选择和评价职业的重要因素。三是兴趣。传统社会人们把职业当作谋生的手段，通过出售自己的劳动力来获取维持生活的资料。随着经济社会的发展及职业价值观的改变，现代年轻人更强调职业内容与个人兴趣的一致性，除了收入和声望，他们更在乎工作是否符合自己的个性。四是职业声望，即职业受社会尊重的程度。人格无贵贱之分，但职业声望高下有别，差距甚大，作为人们对职业的一种社会评价，职业声望兼具主观性和客观性。职业声望能满足从业者的自尊需求，所以风光体面、现代时尚的职业往往能够吸引住人才。五是工作稳定性及工作环境。工作稳定性简单来说是指在相当一段时间里工作具有固定特性，职位不会消失，或者个人不会轻易离职或者被解雇。而工作环境包括工作场所的自然环境与社会环境，如工作的技术条件、空间环境及人际互动环境等。

按照职业社会学，一种职业越是符合上述标准，组织就越可能获得劳动者较高程度的组织承诺，二者之间具有必然的相关性。道理显而易见，职位附带的价值越多、越高，越是能最大限度满足从业者的各种需要，他们越有理由与组织职位紧紧结合在一起，而不会有组织抽离或职业流动的意愿。问题是，岗位特征是职位本身以其拥有的有用价值所呈现的一种高低、优劣特性，而组织承诺则是个人从事一项工作时所产生的某种依恋的心理和行为后果，二者之间到底是通过一种怎样的社会机制而相关联仍是一个悬而未决的话题。综观现有相关研究文献，研究择业标准的成果较多，探讨职业承诺或工作投入的文献比比皆是，但岗位特征与组织承诺之间的联系机制依然存在一个尚待打开的"黑箱"。本书试图采用卢曼的"信任简化复杂性"的基本原理，运用2017年相关问卷调查数据，对这一问题进行尝试性探索和回答。

按照卢曼的观点，在现代日益复杂的社会环境中，人类想要在其中生存、生活，就必须依靠一套能够降低环境复杂性的机制，合法的政治权力、货币、真理等都是达成这一目标的工具或"媒介"，而复杂性简化得以实现的前提就是信任，信任是所有这些手段或途径发挥作用的先决条件。为什么呢？因为社会的复杂性意味着现代人的行为面对的是开放的、一系列的可能性，在这样的环境中，人们容易误入歧途，不能正确预测事件的发展过程。而信任之所以具有这一社会功能，是因为它能超越现有的信息去概括出一些行为预期，从而用一种带有保障性的安全感来弥补所需要的信息（杨中芳、彭泗清，1999）。"信任通过超越可用的信息，以及把行为一般化（其中以内在有保证的安全感取代缺失的信息）可降低社会复杂性。"问题是社会系统中信任又如何维持呢？信任需要最低程度的实在的基础，这样的基础就存在于有效交往的机会中。"所有信任的基础都是作为一种社会身份的个体自我的表现，这种社会身份通过互动建立起来并与其环境相符合。"（Luhmann，1979：62）

　　职位作为组织最凸显的客观结构要素，能够给角色扮演者带来其规定的、预设的各种有用社会价值，职位越高，其宣称的报酬就越高，于是越能吸引劳动者竞相占据。问题的关键在于，职工履行角色行为而获得价值报酬具有时间上的"滞后性"，即不是先兑现报酬，再让人执行职业角色行为，而是要求先践行理想角色，后取得职业报酬。这就使得个体在劳动与报酬的交换过程中面对种种的不确定性因素，一切都可能以另外的方式出现。这样看来，在现代社会中从事某种职业也牵涉到风险因素，即组织工作环境也是极为复杂的，也有可能出现事情未能按照劳动者预期的状态发展。此时，组织信任该"出场"了，它必须发挥其应有的简化这种复杂性的功能，确保职工能够按照职位的理性角色模式行事。这样一来，在客观的工作地位到个体的组织承诺之间，工作信任环境承担着某种"中介"或"媒介"的功能。把预期的报酬问题进行"外在"到"内在"的移位，从而转变为对组织职位的稳定的态度，赋予组织以信任。工作地位高低，影响组织信任环境，而组织的可信性特质则会进一步影响职工的组织承诺。所以，组织信任环境有可能是联系工作地位和组织承诺的中介环节。

按照卢曼的观点，信任可分为人际（个人）信任和制度（系统）信任，组织作为由人组成的实体，信任环境主要就以人际互动系统为基础，且许多职位报酬的获得也是通过组织内人际互动过程得以实现（Luhmann, 1979）。从过去或现在的具体交往经验可知，个体通过归纳会形成信任或不信任的经验体验，然后把它延续到职业未来的事件中，从过去的"现在"引导职业行为走向现在的"未来"。上级领导或主管、同级合作者或同事，从过往的互动呈现可信特征，就塑造出人际信任；各种职业角色规范、规章制度等系统沟通媒介未被滥用，且能够持续发挥其功能，组织就有了制度（系统）信任。人际信任以领导和同事的个人特征的可信度为基础，制度信任则与系统的运行机制相关，前者直接影响个人的从业心理和行为，后者则关系到组织整体的生存和发展。从岗位特征到组织承诺，人际信任和制度信任中介机制的作用情况可能会有所不同，它们是否以及在多大程度上发挥着这样的中介作用，正是这里要探讨的核心问题。

二　模型设定与变量测量

（一）模型设定

组织信任是否以及在多大程度上在岗位特征与组织承诺之间发挥中介作用是本研究欲求回答的主要问题。这里，岗位特征是指从业者所占据的职位的特有属性，是一个职位基于其被赋予的社会资源、权力及与个体人格保持一致而呈现的综合状态，构成了本研究的自变量。组织承诺是指个人基于职位权利与义务的规范，认同所在组织及职位所追求的目标和价值信念，在行为上愿意为组织多做贡献，并希望继续成为所在组织的一分子的相对稳定的心理关系，构成了本研究的因变量。而组织信任包括人际信任和制度信任，人际信任意指组织成员基于彼此满足角色期望而呈现的言行一致的状态，又分为垂直信任和水平信任；制度信任则是指组织制度规范的规划制定与其有效执行之间因保持一致而形成的可信特征。组织的垂直信任、水平信任和制度信任构成了这里的中介变量。本研究的理论模型如图 6 - 1 所示。

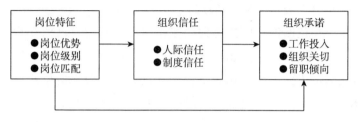

图 6 - 1　组织信任的中介理论模型

（二）变量测量

1. 自变量

本研究的自变量为岗位特征，具体化为三个方面。一是岗位优势，主要是指在职位差别和职位不平等这种分工与协作和权力层级的基础上，各种职位因拥有不同的社会资源而形成的工作优劣的综合评价。参照职位评价的标准，我们主要用兴趣、报酬、贡献、声望、稳定和环境等几个指标来测量职工所占据的岗位优势情况。问卷中询问了这样一个问题："您的这份工作是否具有下列特点（任选题）？"选项为：c17a. 有趣，c17b. 有前途，c17d. 能交朋友，c17e. 开眼界，c17f. 收入高，c17j. 风光体面，c17k. 稳定，c17l. 环境好，c17m. 平台高，c17n. 时尚，c17o. 神圣。答案编码"是"为 1，"否"为 0。假定这些变量背后有一个共同的岗位优势因子存在，该因素不能直接观测和触摸到，但通过这些指标可以被"捕捉"到。考虑到各项目均为二分变量，使用二分变量的 Logit 因子分析模型进行因子提取，并把因子值进行百分制转换，得到的岗位优势因子的均值为 19.03 分，标准差为 18.37 分，分值越大表示岗位优势越强。

二是岗位级别，具体指标为职工在组织结构中所处的职位层级数，答案为 1 ~ 10 层，根据频数分布对变量进行重新编码，1 = 基层或一线职工，2 = 中下层，3 = 中层，4 = 中上层，5 = 上层。统计分析时按连续变量使用，变量均值为 1.56 分，标准差为 0.86 分，分值越大表示岗位级别越高。

三是岗位匹配，个体占据的工作岗位是否与自己的知识、能力、兴趣、性格等特点相符合即为岗位匹配性。本研究采用个体自我报告的方式了解受访者的岗位匹配特征，假定岗位匹配是一个不可直接测量的潜变量，我们以 c34、c35 和 c36 共 3 个问题作为显变量进行测量，它们均为定序测量层次的变量。使用次序变量的 Logit 测量模型进行因子分析，并将因子得分转换为百分制，统计结果均值为 58.23 分，标准差为 19.58 分，分值越高表示岗位匹配性越佳。

2. 因变量[①]

组织承诺是本研究的最终结果变量，这里将其划分为工作投入、组织关切和留职倾向三个维度。

（1）工作投入，即职工认同职业角色并志愿为之付出精力和智力的程度。工作投入量表共由 5 个题项构成："c42m. 我总把工作放在第一位"、"c42n. 工作中，领导怎么说，我就怎么做"、"c42o. 我尽可能把工作做得又快又好"、"c42p. 如果我不能解决好工作上的问题，我会感到很难受"和"c42q. 下班之后，我仍然惦记着工作中的事情"。答案选项均是"完全符合"、"比较符合"、"一般"、"较不符合"和"很不符合"，编码依次为 5、4、3、2、1。我们假定工作投入是一种无法直接观察的连续潜变量，鉴于量表为定序测量层次，我们使用广义结构方程模型（GSEM）进行分析，结果（见图 6 - 2）表明各题项的因子负荷均具有统计显著性，说明量表可以被接受。采用次序变量的 Logit 测量模型抽

---

① 出于本书阅读的流畅性，本节重复了前文的内容。

取因子得分，这样得到的分值较之一般线性测量模型更为精确，且为便于阅读对该分值进行百分制转换，从而得到最终的工作投入测量结果（见图 6 - 3）。在我们的样本中，工作投入的数值分布在 0 ~ 100 分，均值为 62.59 分，标准差为 17.97 分，分值越高表示职工的工作投入越多。

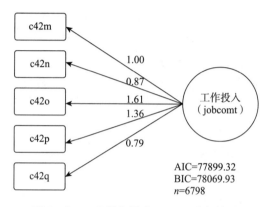

图 6 - 2　工作投入量表 GSEM 分析结果

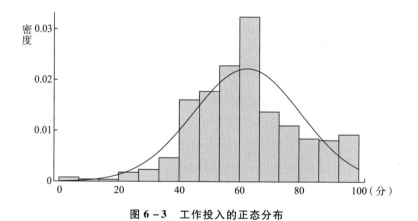

图 6 - 3　工作投入的正态分布

（2）组织关切，即职工认同组织目标和价值，以主人翁姿态关心和参与组织建设与发展的行为。组织关切量表由 3 个题项构成，它们分别是"D23. 一般来说，您是否关心单位中发生的事情"、"D24. 一般来说，您是否愿意对单位中发生的事情发表自己的看法"和"D25. 一般来说，您是否愿意参加单位组织的一些公益活动（如植树绿化）"，答案选项均为"很关心"或"很愿意"、"较关心"或"较愿意"和"不关心"或"不愿意"，编码依次为3、2、1。我们假定组织关切是不可直接观察的连续变量，鉴于指标变量为定序测量的数据，这里同样采用次序变量的 Logit 测量模型进行因子分析，结果（见图6-4）显示，量表各题项的因子负荷都是极为显著的，量表可以被接受。获得因子预测数值后，为便于阅读对其进行百分制转换，从而得到最终的组织关切数值，其正态分布如图6-5所示。在本样本中，组织关切量表的数值在0~100分，均值为54.36分，标准差为28.25分，数值偏离正态分布较大。

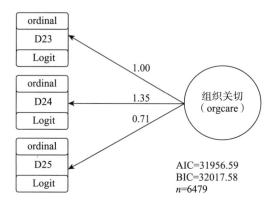

图6-4 组织关切量表的广义结构方程模型

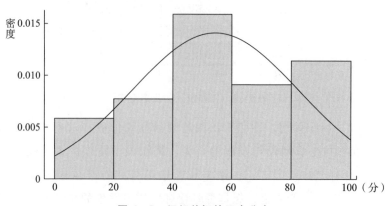

图6-5 组织关切的正态分布

（3）留职倾向，指职工希望继续留在所在单位进行工作和服务的愿望的强烈程度。留职倾向量表共由 4 个题项组成："C37. 您有没有换一个工作的想法"，答案为"经常有"、"偶尔有"和"从没有"，编码依次为 3、2、1，计算时反向计分；"C38. 如果能够从头再来一次，您还会不会选择现在这份工作"，答案为"一定会"、"大概会"、"不确定"、"大概不会"和"肯定不会"，编码依次为 5、4、3、2、1；"C39. 在将来的 12 个月内，您会不会失去现在这份工作"，答案为"一定会"、"大概会"、"不确定"、"大概不会"和"肯定不会"，编码依次为 5、4、3、2、1，计算时反向计分；"C41. 如果您钱多得这辈子都花不完，您是否会从事现在这份工作"，答案为"会"、"不确定"和"不会"，编码依次为 3、2、1。广义结构方程模型分析结果（见图 6 - 6）表明，留职倾向量表的测量效果也较好，4 个题项的因子负荷均极具统计上的显著性。获得因子预测数值后，为便于阅读也对其进行百分制转换，从而得到最终的留职倾向数值，其正态分布如图 6 - 7 所示。在本样本中，留职倾向数值分布在 0 ~ 100 分，均值为 57.61 分，标准差为 20.10 分，分值越高表示职工的留职倾向越强。

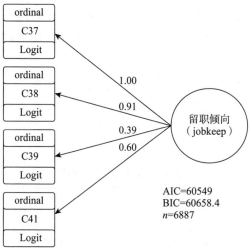

图 6 - 6 留职倾向量表的广义结构方程模型

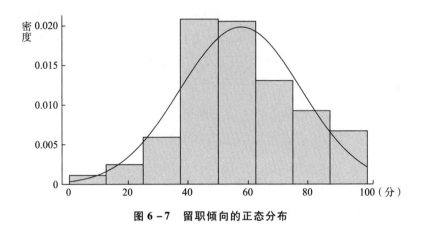

图 6 - 7　留职倾向的正态分布

三　实证研究结果

（一）岗位特征变量、组织信任变量和组织承诺变量的描述性统计与相关性分析

首先，我们对 3 个岗位特征变量、3 个组织信任变量和 3 个组织承诺变量进行了基本的描述性统计，并计算了它们的相关系数。表 6 - 1 展示了各变量的均值、标准差及这组变量的相关系数矩阵，可见，除了岗位级别与制度信任、岗位匹配与制度信任以及制度信任与工作投入的相关系数不具有显著性以外，其他变量两两之间均存在显著的相关关系。值得注意的是，对于三个信任中介变量，垂直信任与制度信任、水平信任与制度信任的相关系数均为负，且也具有显著性。

表 6 - 1　各变量描述性统计与相关性分析

变量	均值	标准差	1	2	3	4
1. 岗位优势	19.03	18.37	1.00			
2. 岗位级别	1.56	0.86	0.19 *	1.00		

变量	均值	标准差	1	2	3	4
3. 岗位匹配	58.23	19.58	0.35*	0.17*	1.00	
4. 垂直信任	55.36	19.16	0.16*	0.25*	0.29*	1.00
5. 水平信任	60.94	17.70	0.12*	0.13*	0.24*	0.60*
6. 制度信任	57.21	18.52	0.06*	0.02	0.02	-0.17*
7. 工作投入	62.59	17.97	0.10*	0.07*	0.23*	0.33*
8. 组织关切	54.36	28.25	0.20*	0.19*	0.33*	0.37*
9. 留职倾向	57.61	20.10	0.24*	0.16*	0.62*	0.24*

变量	5	6	7	8	9	
1. 岗位优势						
2. 岗位级别						
3. 岗位匹配						
4. 垂直信任						
5. 水平信任	1.00					
6. 制度信任	-0.05*	1.00				
7. 工作投入	0.39*	0.02	1.00			
8. 组织关切	0.30*	0.07*	0.28*	1.00		
9. 留职倾向	0.19*	0.08*	0.21*	0.29*	1.00	

注：*表示 $p < 0.05$。数据均是经过四舍五入得到，下同。

（二）岗位优势、组织信任与组织承诺

（1）以工作投入为因变量，以岗位优势为自变量，以垂直信任、水平信任和制度信任为相互独立的并行中介变量，使用多重并行中介模型对数据进行拟合，拟合结果如图 6-8 所示。

结果表明，岗位优势每提高 1 分，职工在垂直信任上平均高出 0.164 分；保持岗位优势、水平信任和制度信任不变，职工在垂直信任上每提高 1 分，则会引起工作投入提升 0.143 分。在 0.001 的水平下两个系数均具有统计显著性。岗位优势→垂直信任→工作

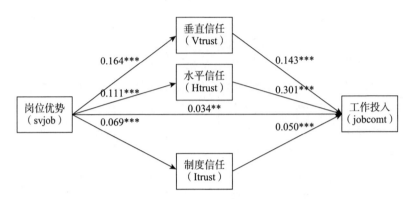

图 6 - 8　组织信任在岗位优势与工作投入之间的中介作用分析

注：＊＊表示 $p < 0.01$，＊＊＊表示 $p < 0.001$。

投入的间接效应为 0.164×0.143，表明垂直信任在岗位优势和工作投入之间的特定中介效应为 0.024，Bootstrap 检验 95% 的置信区间为 [0.018，0.030]（见表 6 - 2），说明垂直信任的特定中介效应确实存在。

岗位优势每提高 1 分，职工的水平信任会提高 0.111 分；保持岗位优势、垂直信任和制度信任不变，水平信任每提高 1 分，则会引起工作投入提升 0.301 分。在 0.001 的水平下两个系数均具有统计显著性。岗位优势→水平信任→工作投入的间接效应为 0.111×0.301，这表明水平信任在岗位优势和工作投入之间的特定中介效应为 0.033，Bootstrap 检验 95% 的置信区间为 [0.025，0.042]（见表 6 - 2），说明水平信任的特定中介效应真实存在。

结果还表明，岗位优势每提高 1 分，职工的制度信任也会提高 0.069 分；而在控制了岗位优势、垂直信任和水平信任的条件下，制度信任每提高 1 分，则会引起工作投入提升 0.050 分。这两个系数在 0.001 的水平下同样显著。所以，岗位优势→制度信任→工作投入的间接效应是 0.069×0.050，说明在控制了所有其他影响因素条件下，制度信任在岗位优势和工作投入之间的特定中介效应是 0.003，Bootstrap 检验 95% 的置信区间为 [0.002，0.006]（见表 6 -

2），表明制度信任的特定中介效应是真实存在的。

表6-2　组织信任并行中介效应分析结果

路径	效应	BootLLCI	BootULCI	ind 占比
总效应	0.094			
直接效应	0.034			
总间接效应	0.060	0.049	0.072	
特定中介效应				
岗位优势→垂直信任→工作投入（ind1）	0.024	0.018	0.030	40%
岗位优势→水平信任→工作投入（ind2）	0.033	0.025	0.042	55%
岗位优势→制度信任→工作投入（ind3）	0.003	0.002	0.006	5%
C1 = ind1 - ind2	-0.009	-0.019	-0.001	
C2 = ind1 - ind3	0.021	0.014	0.027	
C3 = ind2 - ind3	0.030	0.021	0.039	

注：BootLLCI、BootULCI 分别表示 Bootstrap 检验95%置信区间的下限、上限。下同。

　　进一步研究表明，垂直信任、水平信任和制度信任三条特定中介效应两两差异的点估计均通过了显著性检验，说明它们之间是显著不同的。岗位优势到工作投入的总间接效应为0.060，其中水平信任的特定中介效应占总间接效应的比例最大，为55%；其次是垂直信任的特定中介效应，占了40%；而制度信任的特定中介效应所占比例最小，仅为5%。在控制了三个组织信任的中介效应情况下，岗位优势到工作投入的直接路径系数（即直接效应）为0.034，在0.05的水平下依然具有统计显著性，这说明三条特定中介效应发挥了部分中介作用。

　　（2）以组织关切为因变量，以岗位优势为自变量，以垂直信任、水平信任和制度信任为相互独立的并行中介变量，运用多重并行中介模型对调查数据进行拟合，拟合结果如图6-9所示。

　　结果表明，岗位优势每提高1分，职工在垂直信任上平均高出0.166分；保持岗位优势、水平信任和制度信任不变，职工在垂直

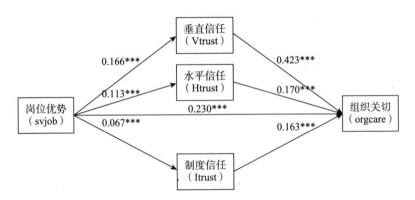

图 6 - 9   组织信任在岗位优势与组织关切之间的中介作用分析

注：*** 表示 $p < 0.001$。

信任上每提高 1 分，则会引起组织关切提升 0.423 分。在 0.001 的水平下两个系数均具有统计显著性。岗位优势→垂直信任→组织关切的间接效应为 0.166×0.423，表明垂直信任在岗位优势和组织关切之间的特定中介效应为 0.070（见表 6 - 3），该效应的 Boot-strap 检验 95% 的置信区间不包含 0，说明垂直信任的特定中介效应确实存在。

从图 6 - 9 同样可知，岗位优势每提高 1 分，职工的水平信任会提高 0.113 分；同等岗位优势并保持垂直信任和制度信任不变，水平信任每提高 1 分，会导致组织关切提升 0.170 分。在 0.001 的水平下两个系数均具有统计显著性。岗位优势→水平信任→组织关切的间接效应为 0.113×0.170，表明水平信任在岗位优势和组织关切之间的特定中介效应为 0.019（见表 6 - 3），该效应的 Boot-strap 检验 95% 的置信区间不包含 0，说明水平信任的特定中介效应也是真实存在的。

从图 6 - 9 还可看到，岗位优势每提高 1 分，职工在制度信任上也会提高 0.067 分；而在控制了岗位优势、垂直信任和水平信任条件下，制度信任每提高 1 分，会引起组织关切提升 0.163 分。这两个系数在 0.001 的水平下也都是显著的。所以，岗位优势→制度信任→组织关切的间接效应是 0.067×0.163，表明在控制了所有其他因素条件下，制度信任在岗位优势和组织关切之间的特定中介效应是 0.011（见表 6-3），该效应的 Bootstrap 检验 95% 的置信区间同样不包含 0，表明制度信任的特定中介效应确实存在。

表 6-3 组织信任并行中介效应分析结果

路径	效应	BootLLCI	BootULCI	ind 占比
总效应	0.330			
直接效应	0.230			
总间接效应	0.100	0.085	0.116	
特定中介效应				
岗位优势→垂直信任→组织关切（ind1）	0.070	0.057	0.084	70%
岗位优势→水平信任→组织关切（ind2）	0.019	0.013	0.027	19%
岗位优势→制度信任→组织关切（ind3）	0.011	0.006	0.016	11%
C1 = ind1 − ind2	0.051	0.036	0.066	
C2 = ind1 − ind3	0.059	0.045	0.074	
C3 = ind2 − ind3	0.008	0.000	0.017	

进一步分析表明，垂直信任、水平信任和制度信任三条特定中介效应两两差异的点估计的 Bootstrap 检验 95% 的置信区间均不包含 0，说明它们彼此之间是显著不同的。岗位优势到组织关切的总间接效应为 0.100，这里垂直信任的特定中介效应占总间接效应的比例最大，高达 70%；其次是水平信任的特定中介效应，占 19%；制度信任的特定中介效应所占比例依然最小，为 11%。在控制了所有组织信任的中介效应情况下，岗位优势到组织关切的直接路径系数为 0.230，在 0.001 的水平下具有统计显著性，这说明三条特定中介效应发挥的是部分中介作用。

（3）以留职倾向为因变量，以岗位优势为自变量，以垂直信任、水平信任和制度信任为相互独立的并行中介变量，运用多重并行中介模型对数据进行拟合，拟合结果如图 6-10 所示。

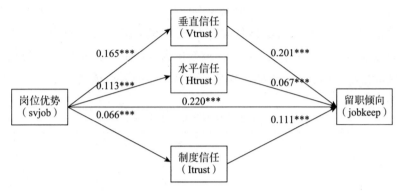

图 6 - 10   组织信任在岗位优势与留职倾向之间的中介作用分析

注：＊＊＊表示 $p < 0.001$。

研究表明，垂直信任在岗位优势和留职倾向之间的特定中介效应是真实存在的：岗位优势正向影响垂直信任，在控制了岗位优势、水平信任和制度信任的条件下，垂直信任正向影响留职倾向，在 0.001 的水平下两个系数均具有统计显著性。岗位优势→垂直信任→留职倾向的间接效应为 0.165×0.201，表明垂直信任在岗位优势和留职倾向之间的特定中介效应为 0.033（见表 6 - 4），该效应的 Bootstrap 检验 95% 的置信区间不包含 0。同样，岗位优势→水平信任→留职倾向的间接效应为 0.113×0.067，两个系数在 0.001 的水平下均具有统计显著性，特定中介效应为 0.008（见表 6 - 4），该效应的 Bootstrap 检验 95% 的置信区间不包含 0，说明水平信任的特定中介效应也是存在的。

岗位优势每提高 1 分，制度信任将提高 0.066 分，在控制岗位优势和人际信任因素的条件下，制度信任影响留职倾向的路径系数为 0.111，岗位优势经由制度信任到留职倾向的间接效应为 0.066×0.111，两个系数在 0.001 的水平下均具有统计显著性，特定中介效应为 0.007（见表 6 - 4），该效应的 Bootstrap 检验 95% 的置信区间不包含 0，说明制度信任的特定中介效应也是真实存在的。

表 6 - 4　组织信任并行中介效应分析结果

路径	效应	BootLLCI	BootULCI	ind 占比
总效应	0.268			
直接效应	0.220			
总间接效应	0.048	0.039	0.057	
特定中介效应				
岗位优势→垂直信任→留职倾向 （ind1）	0.033	0.025	0.041	69%
岗位优势→水平信任→留职倾向 （ind2）	0.008	0.003	0.012	17%
岗位优势→制度信任→留职倾向 （ind3）	0.007	0.004	0.011	14%
C1 = ind1 - ind2	0.025	0.016	0.036	
C2 = ind1 - ind3	0.026	0.017	0.035	
C3 = ind2 - ind3	0.001	- 0.006	0.006	

继续分析发现，垂直信任、水平信任和制度信任三条特定中介效应两两差异的点估计的 Bootstrap 检验 95% 的置信区间均不包含 0，说明它们彼此之间的差异是显著的。岗位优势到留职倾向的总间接效应为 0.048，其中垂直信任的特定中介效应占总间接效应的比例最大，高达 69%；其次是水平信任的特定中介效应，占 17%；制度信任的特定中介效应所占比例依然最小，为 14%。两两比较发现，水平信任与制度信任特定中介效应的差异不具有统计显著性。在控制了所有组织信任的中介效应情况下，岗位优势到留职倾向的直接路径系数为 0.220，在 0.001 的水平下具有统计显著性，说明三条特定中介效应发挥的是部分中介作用。

（三）岗位级别、组织信任与组织承诺

（1）这里仍先以工作投入为因变量，以岗位级别为自变量，以垂直信任、水平信任和制度信任为相互独立的并行中介变量，运用多重并行中介模型对数据进行拟合，拟合结果如图 6 - 11 所示。

统计结果显示，岗位级别显著地正向影响人际信任和制度信

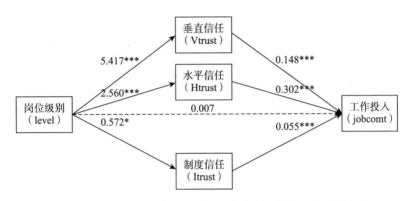

图 6 - 11 组织信任在岗位级别与工作投入之间的中介作用分析

注：＊表示 $p < 0.05$，＊＊＊表示 $p < 0.001$。

任，具体来说，岗位级别每提高 1 分，垂直信任就会提高 5.417 分
（$p = 0.000$），水平信任就会提高 2.560 分（$p = 0.000$），导致制度
信任提高 0.572 分（$p = 0.05$）。在控制所有其他因素的情况下，
垂直信任、水平信任和制度信任均正向影响职工的工作投入，路
径系数分别为 0.148（$p = 0.000$）、0.302（$p = 0.000$）和 0.055
（$p = 0.000$），且均极具统计显著性。在控制了所有中介变量条件
下，岗位级别到工作投入的直接效应消失，说明组织信任因素在
这里起到了完全中介的作用。

表 6 - 5 中的并行中介效应分析结果显示，岗位级别经由垂直
信任影响工作投入的特定中介效应为 0.802，表明岗位级别每提高
1 分，经由垂直信任而导致的工作投入会提升 0.802 分，Bootstrap
检验 95% 的置信区间不包含 0，表明此特定中介效应确实存在。岗
位级别经由水平信任到工作投入的特定中介效应为 0.774，表明岗
位级别每提高 1 分，经由水平信任而影响工作投入提升 0.774 分，
Bootstrap 检验 95% 的置信区间不包含 0，说明此特定中介效应是真
实存在的。而岗位级别经由制度信任影响工作投入的特定中介效
应为 0.031，Bootstrap 检验 95% 的置信区间不包含 0，说明该特定
中介效应同样是真实存在的。进一步分析发现，垂直信任和水平
信任的特定中介效应各占总间接效应的 50% 和 48%，差异不显著，

而制度信任的特定中介效应所占比例较小，与人际信任的特定中介效应差异明显。

表 6 - 5　组织信任并行中介效应分析结果

路径	效应	BootLLCI	BootULCI	ind 占比
总效应	1.614			
直接效应	0.007			
总间接效应	1.607	1.353	1.868	
特定中介效应				
岗位级别→垂直信任→工作投入（ind1）	0.802	0.626	0.980	50%
岗位级别→水平信任→工作投入（ind2）	0.774	0.602	0.956	48%
岗位级别→制度信任→工作投入（ind3）	0.031	0.002	0.068	2%
C1 = ind1 - ind2	0.028	-0.215	0.259	
C2 = ind1 - ind3	0.771	0.591	0.955	
C3 = ind2 - ind3	0.743	0.571	0.924	

（2）以组织关切为因变量，以岗位级别为自变量，以垂直信任、水平信任和制度信任为相互独立的并行中介变量，运用多重并行中介模型对数据进行拟合，拟合结果如图 6 - 12 所示。

结果表明，岗位级别与两个人际信任变量均具有显著的正相关关系，但与制度信任的正向关系不具有显著性。三种组织信任变量均显著地正向影响组织关切，路径系数分别是 0.401（$p = 0.000$）、0.184（$p = 0.000$）和 0.172（$p = 0.000$）。在控制了所有中介变量后，岗位级别对组织关切的直接效应依然显著，说明组织信任在这里起到的是部分中介作用。

进一步的分析结果（见表 6 - 6）发现，本模型三个中介变量的总间接效应是 2.767，其中垂直信任的特定中介效应为 2.194，Bootstrap 检验 95% 的置信区间不包含 0，说明该特定中介效应是真实存在的。水平信任的特定中介效应为 0.486，Bootstrap 检验 95% 的置信区间也不包含 0，说明此特定中介效应同样真实存在。制度

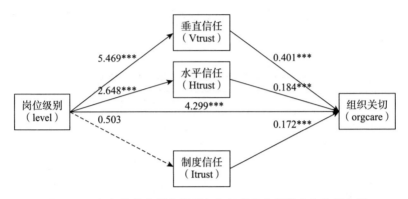

图 6 – 12   组织信任在岗位级别与组织关切之间的中介作用分析

注：＊＊＊表示 $p < 0.001$。

信任的特定中介效应为 0.087，但 Bootstrap 检验 95％的置信区间包含 0，说明此特定中介效应是不存在的。对垂直信任和水平信任两个特定中介效应大小进行比较，发现垂直信任的特定中介效应远大于水平信任的特定中介效应，前者占总间接效应的 79％，而后者只占 18％，差异显著。

表 6 – 6   组织信任并行中介效应分析结果

路径	效应	BootLLCI	BootULCI	ind 占比
总效应	7.067			
直接效应	4.299			
总间接效应	2.767	2.419	3.107	
特定中介效应				
岗位级别→垂直信任→组织关切（ind1）	2.194	1.880	2.512	79%
岗位级别→水平信任→组织关切（ind2）	0.486	0.335	0.651	18%
岗位级别→制度信任→组织关切（ind3）	0.087	-0.009	0.186	3%
C1 = ind1 - ind2	1.708	1.338	2.084	

（3）以留职倾向为因变量，以岗位级别为自变量，以垂直信任、水平信任和制度信任为相互独立的并行中介变量，运用多重并行中介模型对数据进行拟合，拟合结果如图 6 – 13 所示。

对于三种组织信任而言，它们均随着岗位级别的提高而显著提升，路径系数分别是 5.457（$p = 0.000$）、2.614（$p = 0.000$）和 0.534（$p = 0.05$）。而较高的组织信任会进一步导致较高的留职倾向，路径系数分别为 0.198（$p = 0.000$）、0.079（$p = 0.000$）和 0.123（$p = 0.000$）。在控制了三个中介变量后，岗位级别对留职倾向的直接正向作用依然是显著的，说明模型中的中介变量发挥了部分中介作用。

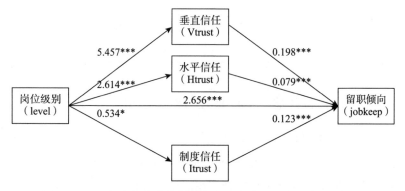

图 6 - 13　组织信任在岗位级别与留职倾向之间的中介作用分析

注：＊表示 $p < 0.05$，＊＊＊表示 $p < 0.001$。

进一步的分析结果（见表 6 - 7）显示，三个中介变量的总间接效应是 1.354，Bootstrap 检验 95% 的置信区间不包含 0。具体来看，垂直信任的特定中介效应为 1.082，Bootstrap 检验 95% 的置信区间不包含 0，说明该特定中介效应是真实存在的。水平信任的特定中介效应为 0.206，Bootstrap 检验 95% 的置信区间也不包含 0，说明此特定中介效应同样真实存在。制度信任的特定中介效应为 0.066，但 Bootstrap 检验 95% 的置信区间包含 0，说明此特定中介效应是不存在的。最后对垂直信任和水平信任两个特定中介效应的大小进行比较，发现垂直信任的特定中介效应远大于水平信任的特定中介效应，前者占总间接效应的 80%，而后者只占 15%，差异是显著的。

表6-7　组织信任并行中介效应分析结果

路径	效应	BootLLCI	BootULCI	ind 占比
总效应	4.010			
直接效应	2.656			
总间接效应	1.354	1.146	1.580	
特定中介效应				
岗位级别→垂直信任→留职倾向（ind1）	1.082	0.879	1.308	80%
岗位级别→水平信任→留职倾向（ind2）	0.206	0.108	0.317	15%
岗位级别→制度信任→留职倾向（ind3）	0.066	-0.001	0.138	5%
C1 = ind1 - ind2	0.876	0.007	0.028	

（四）岗位匹配、组织信任与组织承诺

（1）以工作投入为因变量，以岗位匹配为自变量，以垂直信任、水平信任和制度信任为相互独立的并行中介变量，运用多重并行中介模型对数据进行拟合，拟合结果如图6-14所示。

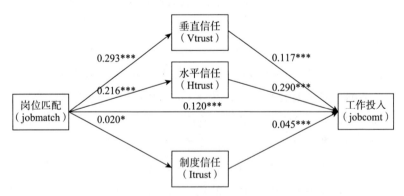

图6-14　组织信任在岗位匹配与工作投入之间的中介作用分析

注：*表示 $p < 0.05$，***表示 $p < 0.001$。

首先，岗位匹配显著正向影响人际信任：岗位匹配每提高 1 分，会提高职工垂直信任 0.293 分，提高其水平信任 0.216 分。在控制所有其他因素的情况下，垂直信任和水平信任均正向影响职

工的工作投入，路径系数分别为 0.117 和 0.290。在 0.001 的水平下以上系数均具有统计显著性。岗位匹配→垂直信任→工作投入的间接效应为 0.293×0.117，表明岗位匹配每提高 1 分，经由垂直信任而导致工作投入提升 0.034 分，Bootstrap 检验 95% 的置信区间不包含 0。岗位匹配经由水平信任到工作投入的间接效应为 0.216×0.290，表明岗位匹配每提高 1 分，经由水平信任而导致工作投入提升 0.063 分，Bootstrap 检验 95% 的置信区间同样不包含 0。

其次，结果还显示，岗位匹配每提高 1 分，制度信任将提高 0.020 分，该系数在 0.05 的水平下显著；控制岗位匹配和人际信任因素，制度信任影响工作投入的路径系数为 0.045，该系数在 0.001 的水平下具有统计显著性。所以岗位匹配经由制度信任到工作投入的间接效应为 0.020×0.045，特定中介效应为 0.001（见表 6-8），Bootstrap 检验 95% 的置信区间是不包含 0 的，说明制度信任的特定中介效应同样真实存在。

表 6-8　组织信任并行中介效应分析结果

路径	效应	BootLLCI	BootULCI	ind 占比
总效应	0.218			
直接效应	0.120			
总间接效应	0.098	0.086	0.111	
特定中介效应				
岗位匹配→垂直信任→工作投入（ind1）	0.034	0.026	0.043	35%
岗位匹配→水平信任→工作投入（ind2）	0.063	0.053	0.073	64%
岗位匹配→制度信任→工作投入（ind3）	0.001	0.000	0.002	1%
C1 = ind1 - ind2	-0.029	-0.042	-0.015	
C2 = ind1 - ind3	0.033	0.025	0.042	
C3 = ind2 - ind3	0.062	0.052	0.072	

最后，垂直信任、水平信任和制度信任三条特定中介效应两两差异的点估计的 Bootstrap 检验 95% 的置信区间均不包含 0，说明它们彼此之间的差异是显著的。岗位匹配到工作投入的总间接效应为 0.098，其中水平信任的特定中介效应所占比例最大，高达 64%；其次是垂直信任的特定中介效应，占 35%；制度信任的特定中介效应所占比例依然最小，仅为 1%。在控制了三个组织信任因素的中介作用下，岗位匹配到工作投入的直接路径系数为 0.120，在 0.001 的水平下具有统计显著性，说明三条特定中介效应起到的是部分中介作用。

（2）以组织关切为因变量，以岗位匹配为自变量，以垂直信任、水平信任和制度信任为相互独立的并行中介变量，对数据进行拟合，拟合结果如图 6 - 15 所示。

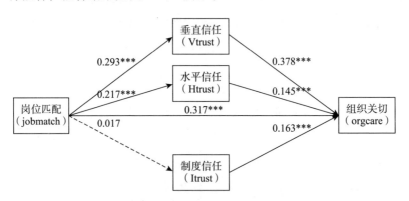

图 6 - 15 组织信任在岗位匹配与组织关切之间的中介作用分析

注：∗∗∗表示 $p < 0.001$。

岗位匹配显著地正向影响人际信任：岗位匹配每提高 1 分，会提高职工垂直信任 0.293 分，提高其水平信任 0.217 分。在控制所有其他因素的情况下，垂直信任和水平信任均正向影响职工的组织关切，路径系数分别为 0.378 和 0.145，在 0.001 的水平下均具有统计显著性。所以岗位匹配经由垂直信任影响组织关切的间接效应为 0.293 × 0.378，表明岗位匹配每提高 1 分，经由垂直信任而导致组织关切提升 0.111 分，Bootstrap 检验 95％ 的置信区间不包含 0。岗位匹配经由水平信任到组织关切的间接效应为 0.217 × 0.145，表明岗位匹配每提高 1 分，经由水平信任而导致组织关切提升 0.032 分，Bootstrap 检验 95％ 的置信区间同样不包含 0。可见，两个人际信任的特定中介效应确实存在。

结果还表明，岗位匹配每提高 1 分，制度信任将变化 0.017 分，该系数在 0.05 的水平下不具有统计显著性；控制岗位匹配和人际信任因素，制度信任影响组织关切的路径系数为 0.163，该系数在 0.001 的水平下具有统计显著性。岗位匹配经由制度信任到组织关切的间接效应为 0.017 × 0.163，特定中介效应为 0.003（见表 6 - 9），Bootstrap 检验 95％ 的置信区间包含 0，说明制度信任的特定中介效应是不存在的。

表 6 - 9　组织信任并行中介效应分析结果

路径	效应	BootLLCI	BootULCI	ind 占比
总效应	0.462			
直接效应	0.317			
总间接效应	0.145	0.128	0.163	
特定中介效应				
岗位匹配→垂直信任→组织关切（ind1）	0.111	0.095	0.127	76％
岗位匹配→水平信任→组织关切（ind2）	0.032	0.021	0.043	22％
岗位匹配→制度信任→组织关切（ind3）	0.003	- 0.002	0.007	2％
C1 = ind1 - ind2	0.079	0.057	0.101	

进一步研究发现，垂直信任和水平信任两条特定中介效应差异的点估计是 0.079，Bootstrap 检验 95％ 的置信区间不包含 0，说明二者之间的差异是显著的。岗位匹配到组织关切的总间接效应为 0.145，其中，垂直信任的特定中介效应所占比例最大，高达 76％；而水平信任的特定中介效应占总间接效应的 22％；制度信

任的特定中介效应所占比例依然最小，为2%。在控制了垂直信任和水平信任的中介作用下，岗位匹配到组织关切的直接路径系数为0.317，在0.001的水平下具有统计显著性，说明这里的特定中介效应发挥的是部分中介作用。

（3）以留职倾向为因变量，以岗位匹配为自变量，以垂直信任、水平信任和制度信任为相互独立的并行中介变量，运用多重并行中介模型对数据进行拟合，拟合结果如图6-16所示。

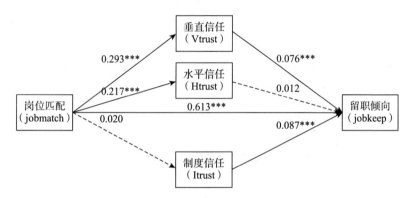

图6-16 组织信任在岗位匹配与留职倾向之间的中介作用分析

注：＊＊＊表示$p < 0.001$。

研究结果显示，岗位匹配显著地正向影响人际信任：岗位匹配每提高1分，会提高职工的垂直信任0.293分（$p = 0.000$），提高其水平信任0.217分（$p = 0.000$）。在控制所有其他因素的情况下，垂直信任和水平信任正向影响职工的留职倾向，路径系数分别为0.076（$p = 0.000$）和0.012（$p = 0.379$）。于是，岗位匹配经由垂直信任影响留职倾向的间接效应为0.293×0.076，表明岗位匹配每提高1分，经由垂直信任而导致留职倾向提升0.022分，Bootstrap检验95%的置信区间不包含0（见表6-10）。岗位匹配经由水平信任影响留职倾向的间接效应为0.217×0.012，表明岗位匹配每提高1分，经由水平信任而导致留职倾向提升0.003分，Bootstrap检验95%的置信区间包含0（见表6-10），说明水平信任的特定中介效应不存在。

表6-10　组织信任并行中介效应分析结果

路径	效应	BootLLCI	BootULCI	ind 占比
总效应	0.640			
直接效应	0.613			
总间接效应	0.027	0.019	0.034	
特定中介效应				
岗位匹配→垂直信任→留职倾向（ind1）	0.022	0.014	0.030	82%
岗位匹配→水平信任→留职倾向（ind2）	0.003	-0.004	0.009	11%
岗位匹配→制度信任→留职倾向（ind3）	0.002	-0.001	0.004	7%

　　研究还发现，制度信任的特定中介效应也是不存在的。从岗位匹配经由制度信任影响留职倾向这一特定中介效应为 0.002，Bootstrap 检验 95% 的置信区间包含 0（见表6-10），说明制度信任的特定中介效应是不存在的。在控制了所有中介变量的作用下，岗位匹配到留职倾向的直接路径系数为 0.613，在 0.001 的水平下极具显著性，说明这里的特定中介效应发挥的是部分中介作用。

四　本章小结

　　组织是一个由各种职业位置在制度的制约下所形成的结构网络，从业者占据的职业岗位具有不同的特征，岗位特征是否以及在多大程度上通过组织信任而影响到其组织承诺是本书欲求回答的核心问题。根据卢曼（Luhmann，1979）的信任中介功能论，利用 2017 年中国城镇居民工作环境调查数据，采用多重并行中介模型，统计分析组织垂直信任、水平信任和制度信任在岗位特征变量与组织承诺变量之间的中介效应，所得结果如下。

　　（1）岗位优势经由组织信任影响工作投入的总间接效应是

0.060，其中垂直信任的特定中介效应为 0.024，水平信任的特定中介效应为 0.033，而制度信任的特定中介效应仅为 0.003。

（2）岗位优势经由组织信任影响组织关切的总间接效应是 0.100，其中垂直信任的特定中介效应为 0.070，水平信任的特定中介效应为 0.019，而制度信任的特定中介效应仅为 0.011。

（3）岗位优势经由组织信任影响留职倾向的总间接效应是 0.048，其中垂直信任的特定中介效应为 0.033，水平信任的特定中介效应为 0.008，而制度信任的特定中介效应仅为 0.007。

（4）岗位级别经由组织信任影响工作投入的总间接效应是 1.607，其中垂直信任的特定中介效应为 0.802，水平信任的特定中介效应为 0.774，而制度信任的特定中介效应仅为 0.031。

（5）岗位级别经由组织信任影响组织关切的总间接效应是 2.767，其中垂直信任的特定中介效应为 2.194，水平信任的特定中介效应为 0.486，制度信任的特定中介效应不存在。

（6）岗位级别经由组织信任影响留职倾向的总间接效应是 1.354，其中垂直信任的特定中介效应为 1.082，水平信任的特定中介效应为 0.206，制度信任的特定中介效应不存在。

（7）岗位匹配经由组织信任影响工作投入的总间接效应是 0.098，其中垂直信任的特定中介效应为 0.034，水平信任的特定中介效应为 0.063，而制度信任的特定中介效应仅为 0.001。

（8）岗位匹配经由组织信任影响组织关切的总间接效应是 0.145，其中垂直信任的特定中介效应为 0.111，水平信任的特定中介效应为 0.032，制度信任的特定中介效应不存在。

（9）岗位匹配经由组织信任影响留职倾向的总间接效应是 0.027，垂直信任的特定中介效应为 0.022，水平信任和制度信任的特定中介效应均不存在。

以上研究发现对现实组织运行和管理实践是有借鉴意义的。比如，通过提高职工的岗位价值认识，改善职工的岗位匹配度，也可以激发他们爱岗敬业、奉献组织的精神。我国现行行政机关、事业机构、各类企业组织等都面对一个普遍存在的难题，即到底如何激发职工的工作热情和积极性，提升职工的组织忠诚度。传统的激励机制无非有以下两种，一是薪酬待遇激励，通过加薪、带薪休假等措施提升职工的组织参与；二是文化教化的激励，比如组织职工学习社会主义核心价值观，提倡为人民服务的精神等。本研究发现岗位优越度评价和岗位匹配度评价对职工的正面性组织行为具有显著且深远的影响，这表明职工岗位优越度和岗位匹配度的评价可用来确认和说明职工组织行为何时或何处出现了问题。管理者可以把这种评价作为一种工具，据此了解职工的岗位自我认识，然后根据暴露出的问题，有针对性地进行修正和改善，以此提升职工的组织承诺。

再比如，三种信任与工作投入、组织关切和留职倾向的正相关关系启示我们，当职工感受到他们的领导、同事和制度具有可信赖性时他们的工作投入更多、对组织发展更关心，当然也更愿意留在组织内为其做贡献。按照布劳（2012）的观点，信任可以在成员之间形成一种社会规范和社会义务，即要用普遍的服从和更高的热情来交换组织给大家创造的利益，决不可辜负组织的信任。这时组织已无须向广大职工提出积极工作、"爱厂如家"的要求，因为职工群体内的信任结构已经为它这样做了。研究发现，在岗位特征与组织承诺之间垂直的领导信任发挥着更为关键的中介功能，懂得了这个道理，组织管理实践中就要注重信任关系的培育，尤其是组织领导人要充分发挥好自己的领导才能，通过有利于下级群体集体利益的决策和管理实践创造出下级职工的信任规范，据此架通职工岗位与职工组织承诺之间的桥梁。

第七章　沟通环境与组织建言：组织信任的中介功能（二）

一　相关概念及理论思考

在现代组织社会中，职工建言越来越成为学者、管理者关注的一个话题，而且随着我国组织体制的改革进程，各类组织的运行环境越来越具有动态性、复杂性和竞争性，为了适应自身发展的环境，它们一方面需要在规章制度上不断进行改革和创新，以增强自身发展活力；另一方面更需要充分发挥广大职工的才能与智慧，鼓励他们积极主动地为组织运行发展建言献策。现代组织职工的价值不仅仅在于为组织生产、服务活动提供必要的劳动力，更在于在角色实践过程中提出一些具有创新性的想法、观点和意见，助推组织和个体更好地发展。职工建言是职工参与组织决策的重要途径之一，对组织发展和创新具有重要意义。

建言本质上是职工挑战组织现状而存在风险的一种不确定性的角色外行为，所以并不是所有职工都会选择建言。组织建言，或称建言行为、直言行为，指的是特定组织环境下，从业者坦陈自己对组织或工作问题的意见或观点，比如对组织运行或变革的建议，对同事或领导言行的意见等，自发地与组织内成员进行直接沟通的行为。建言行为满足了个体工作自我表达的需要，更重要的是可以帮助组织领导或管理者改进工作方法、进行合理而科学的决策。本质上，建言就是一种人际语言沟通行为，其内涵并不统一，不同学者使用不同的概念如直言等，站在不同的角度来表达这一组织现象，出现了不少很有价值的研究成果。如对被动性建言、防御性建言和亲社会性建言的多维度建构（Dyne et al.，2003），对挑战性建言和支持性建言的类别划分（Burris，2011），对促进性建言和抑制性建言的心理归类（Liang et al.，2012），对支持性、建设性、防御性、破坏性建言的概念维度多元化的研究（Maynes and Podsakoff，2014），也有研究单维度的直言行为在工作场所的表现（Premeaux and Bedeian，2003），等等。对于任何组织成员而言，建言行为的产生无外乎有两个缘由。其一，职工内在的言论表达自由的需要。个体在组织制度规范和资源推动下履行角色行为的同时，也会对自己的行动保持一种"反思性监控"的过程（吉登斯，2016：5），通过这一心理过程他会对自己的角色行为产生新的评价和看法，就此与周围人进行沟通是他的一种基本需求。其二，组织和领导外在力量的要求。为了工作创新和组织发展，现代组织也都在为职工营造开放、自由和宽容的言论环境，鼓励或要求他们为工作或组织提供建设性意见。考虑到职工建言性质的十分复杂和类型的多种多样，本研究就采用建言行为来概括这一组织现象，特指组织成员关注工作活动和组织运行问题，并为之改进和发展而志愿提出观点和意见的行动。

组织、物质和技术是支撑体系，而真正体现组织主动性、创造性的却是加入组织中的每一位活生生的、有思想的、有情感的人。在社会学看来，人从来就不是机器或技术的附属品，不是消极被动的，他们是积极主动的，还有着社会方面的需求，这样的需求在与同事及组织中其他人有关的整个组织生活中始终存在。如果领导尊重职工，注意倾听他们的意见和建议，如果领导鼓励和支持职工积极建言、参与组织决策管理，使他们树立其"主人翁"意识，从组织角度上可做到决策科学、整合良好，从职工角度看则可提升他们的工作成就感，提升职工的组织承诺。经典的霍桑实验一度表明，当实验场所一改先前的规则、命令、监督管理模式，就各种改变征询工人意见，他们的意见被倾听，就创造出了一种工人可以自由发表其意见并在同事之间及与上级之间建立新的个人联系的"社会环境"，这一自由表达意见的社会环境大大提升了工人的士气与业绩。根据巴纳德的观点，任何组织都是由进行协作活动的人组成的系统，在该系统普遍存在的三大要素中，信息交流是使协作意愿和共同目标成为动态因素的关键要素，所有的活动都以信息交流为依据。为此他制定了如下一些原则：①信息交流的渠道要为组织成员所明确了解；②客观的权威要求对一个组织的每一个成员都有一个明确的、正式的信息交流渠道；③信息交流的线路必须尽可能地直接或便捷（雷恩，1997：351）。是否有觉悟、有决心、有胆量为职工创造一个宽松自由的交流环境，已经成为现代组织创新发展的关键性问题。

毋庸置疑，支持建言的组织领导和制度安排与成员个体的建言行为紧密相关。人人都有表达自己工作意见的心理需求，支持建言的制度规定往往给成员塑造出一种稳定的行为期待，促进和引导成员以适当的方式处理自己的建言行为。鼓励的、积极的组织环境为建言行为提供了宽松良好的前提条件，预示着建言行为是适应组织环境要求的一种表现；抑制的、压制的组织氛围则不能为意见交流提供机会，无须下属提供任何新的信息，只要他们像机器零件一样严格按照规定和决策劳动，做到缄口莫言。不同的领导风格也会与成员形成不同的沟通交流模式，领导专制或独裁，严格规定下属要做什么、如何做，自认为拥有解决问题所需要的所有信息，而不需要下属的任何建议，于是就塑造了一种单向的命令－服从互动模式。在不可能完全掌握工作信息，而又要提升成员责任感、激励成员创造性工作这样的情况下，允许下属积极反馈工作信息和提出合理建议，鼓励职工发表见解、参与决策的领导风格才更有利于个人和组织的发展。尤其是在环境变化较快、竞争日益激烈的信息社会条件下，委托或自由决策的领导风格开始盛行，在这种管理条件下领导允许下属自己做决策，当下属有能力对情势做出分析，并能够决定应该做什么、如何做时，领导就无须包揽一切，适当授权是适宜的，他们会启发下属发表新见解，鼓励下属用新手段、新方法解决工作中遇到的问题。如果有了支持性的制度和领导风格环境，自愿而流畅的沟通建言行动就有可能在成员身上产生。

组织支持氛围为成员建言行为创造了宏观结构条件，而有关组织运行和工作程序的信息透明化则构成了其建言的实质基础。维持组织秩序和运转，离不开一套书面成文的或隐而不彰的规章制度，这套规章制度是组织参照国家法律、法规和政策，结合组织生产、经营和运行实际，对职业角色的权利和义务进行明确化和具体化而形成的、适用全体职工的一种行为规范。以企业为例，我国企业规章制度的内容，除公司简介、公司理念、管理方针等一般性规定外，关于劳动条件的规定、关于劳动纪律的规定以及关于程序管理的规定是其最主要的内容（杨思，2009）。促进成员建言，就要做到以上各类组织信息公开化，管理和工作程序透明化。只有政策、规范要素信息公开了，职工才有行动的导向，才知道哪些行为是合法的，哪些是违规的；管理程序透明了，成员工作起来才会有章可循。更重要的是，只有当组织的运行和工作程序真正做到了公开透明，得到职工充分的熟知、了解，个人才可能凭借工作经验给组织提供建设性、改进性的意见。所以组织信息越是公开透明，职工对其了解度越高，也才越有利于职工建言行为的发生。

与信息公开透明相关的问题就是沟通渠道是否完善和畅通。反馈式的直言行为直接影响组织决策及未来发展趋势，因而如何保证它的顺利达成就成了现代组织运行中备受关注的问题之一。面对面语言交流式的意见陈述固然有效，但会受到层级管理结构及各种其他因素的限制，这样组织构建起由多种渠道组合而成的沟通网络结构对成员的建言行为就是一种巨大的支持。面对面的直言行为有时会带来风险或难堪，因此也是成员选择沉默的主要原因。而如果组织设置了多种形式的沟通途径，如会谈、意见箱、电子信箱、领导热线、网上论坛和内部刊物等，那就为建言行为创造了极为宽松自由、适当便捷的客观条件，有助于组织内部垂直和水平互动式沟通的"信息流"畅通无阻。事实表明，激励职工建言献策，加强职工参与管理，拓宽职工参与渠道，可以大大改善组织形象。

研究职工的建言行为，不可忽视工作环境中的一种独特的心理环境，它就是信任。所谓组织信任，这里主要是指成员对其目前所处于其中的组织环境的可信性特征的一种主观感受，是成员对组织做出的正式或非正式承诺是否可以信赖的感受，是在与组织的互动过程中成员对组织环境的基本结构性要素名实相符、表里如一、善始善终状况的心理评价，对组织运行的整合、激励、保障和控制等各种机制是否正常、和谐、良性、有效的主观看法。按照卢曼的观点，"信任具有未来指向性……但它决不仅仅是来自过去的推断，它会超越接受的信任和确定未来的风险。通过信任行动，未来世界的复杂性得以简化。抱持着信任，个人参与行动，仿佛未来只有确定的可能性。行动者把他现在中的未来和未来中的现在联结在一起，他以这种方式给其他人提供了一个明确的未来，一个共同的未来，这个未来不是直接从他们共有的过去浮现出来，而是包含着相对比较新的东西"（Luhmann，1979：20）。如此可见，信任包含组织成员做出建言之类重要行为决定因子的一些先导性信息，组织环境中的信任度低，或者根本没有信任，成员就不会做出影响组织或工作的建言行为，甚至会故意隐瞒自己对改善组织或工作的想法、信息和意见。反之，有较好的组织信任心理环境，个人就会对组织或工作的未来充满期待和希望，会把自己的命运与组织内领导、同事的命运紧密结合在一起，从而为大家从事的事业积极建言献策。

以组织发展为出发点的建言行为意味着职工可以"打开天窗说亮话"。问题在于，职工履行建言这样的角色行为，也会面对种种的不确定性因素或者风险，建言行为也可能会出现另外的、意想不到的后果。这意味着，现代社会的"组织人"所处的社会环境也是极为复杂的，即使出于组织发展或工作改观的目的而积极建言，也有可能出现事情未能按照建言者预期的状态发展，即也牵涉到风险因素，比如提出的建议与领导的思路相左，可能令领导感觉难堪，令人不愉快，破坏个人与他人的关系，甚至得到相关他人的打击报复等。按照哈贝马斯（Habermas）的言语行为理论，任何一个处于交往场合、实施言语行为的人，为了实现理解的目标，不可避免地要承担起满足四个普遍性要求（可领会性、陈述真实性、意向真诚性和正当性）的义务（哈贝马斯，1989：2～3），达成理解，既预设了言说者的真诚性得到对方的认同，也意味着他是在冒着因真诚性受人置疑言说行为失败的风险。此时，建立在过去熟悉上的信任能够吸收或超越建言行为的风险，指向未来，让此行动过程变得简单且无害。

如果以达成共识为目标的言语沟通行动可归于两相认同、彼此信任，那么沟通过程中的信任又如何形成呢？沿着言辞行为达成共识继续分析，这里还预设着一个没有内在和外在制约的理想言辞情境的存在，即只有在没有内外制约下达成相互理解并由此协调资源的运用来满足各自需要的沟通，才属于沟通行为，而仅为了达到目的或满足私利的沟通行为不过是把沟通当作手段满足个人欲望而已。所以，理想化的沟通情境，首先意指该行为不是受到参与者内在私利约制的，更意味着沟通外在条件是开放的、自由的、民主和顺畅的，只有在这样的情境下沟通者才会建立起信任规范，进而展开沟通行动。在现代组织社会中，建言行为同样离不开具体的沟通情境。理想的沟通情境条件，比如组织有鼓励职工发声的制度规定，组织信息向所有成员公开透明，并且组织建立起了完善的沟通网络，这些极易塑造出成员之间的彼此信任；反之，如若组织的沟通情境较为糟糕、恶劣，如规定不得妄议领导，崇尚独断专行、暗箱操作，压制或取缔各种信息交流渠道等，则会造成成员间的怀疑、猜测、防范、孤立等不信任感盛行。

可见，建言行为预设了信任为前提，而信任及建言行为又都假定了一个理想化的组织沟通情境存在。换句话说，在组织沟通环境与个体的组织建言之间，组织信任承担着某种"中介"或"间接"的功能。按照卢曼（Luhmann，1979）的观点，组织信任可分为建立在人格上的人际信任和非人格的系统信任，信任对象不同，所生发的信任性质也会相异，从而信任起到的具体中介作用也可能不一样。具体点说，由于建言行为本质上是一种成员间为就组织发展问题达成共识而发生的信息沟通，所以理想的组织沟通条件有利于这种行为的产生，特别是理想的沟通条件有助于形成人际信任和制度信任，并通过信任结构影响职工的建言态度及行为。相应地，如果组织沟通环境不理想，就难以塑造出高水平的人际信任，从而职工也就丧失了为组织发展而建言的意愿，建言行为难以发生。

已有研究表明，信任对员工的沉默具有一定的减少作用（郑晓涛等，2008），同事信任、直接上级信任和组织信任均能促进员工建言（段锦云、田晓明，2011；孙健敏等，2015；汪群、陈静，2016）。对上司的情感信任在整体公平感与促进性建言的关系中起着部分中介作用（焦凌佳等，2016），对直接上级信任部分地通过对组织信任影响员工建言（段锦云、田晓明，2011）。信任是职工沟通行动的基础，从客观组织沟通环境到职工建言行为，人际信任和制度信任的中介作用情况可能会有所不同，它们是否承担着这种中介功能，以及它们在多大程度上发挥着这样的中介功能，正是这里要探讨的核心问题。本书试图采用卢曼（Luhmann，1979）的信任媒介功能的基本原理，采用 2007 年相关问卷调查数据，对这一问题进行尝试性探索和回答。

二　模型设定及变量测量

（一）模型设定

　　组织信任是否以及在多大程度上在沟通环境与组织建言之间发挥中介功能或作用是本研究欲求回答的关键问题。这里，组织沟通环境是指组织内部所具有的、有助于所有成员进行沟通交流的各种条件的综合，具体可以从鼓励发声、信息透明和沟通网络三个方面来加以考察，它们构成了本研究的自变量。建言行为是指组织成员关注工作活动和组织运行问题，并为之改进和发展而自愿提出观点和意见的行动，建言行为构成了本研究最终的因变量。而组织信任包括人际信任和制度信任，人际信任意指组织成员基于彼此满足角色期望而呈现的言行一致状态，又分为垂直信任和水平信任；制度信任则是指组织制度规范的规划制定与其有效执行之间因保持一致而形成的可信特征。组织的垂直信任、水平信任和制度信任构成了这里的中介变量。本研究的理论模型如图 7-1 所示。

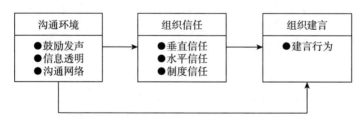

图 7-1　组织信任的中介理论模型

（二）变量测量

1. 因变量

建言行为是这里的因变量，是指特定组织环境下职工自发主动地愿意就所在组织的运行及个人工作情况提出建设性意见的行为或倾向性。反映建言行为的指标有 4 个："e6c2. 本人通过工会参与提供合理化建议","参加过"赋值 1 分,"没有参加过"赋值 0 分;"j1. 一般来说,您是否关心单位中发生的事情","很关心"赋值 1 分,"较关心"赋值 2 分,"不关心"赋值 3 分,统计时做逆向处理;"j2. 一般来说,您是否愿意对单位中发生的事情发表自己的看法","很愿意"赋值 1 分,"较愿意"赋值 2 分,"不愿意"赋值 3 分,统计时做逆向处理;"j9. 您平时是否和同事谈论单位的事情","经常"赋值 1 分,"偶尔"赋值 2 分,"从不"赋值 3 分,统计时做逆向处理。我们假定这些观测变量背后有一个潜在的建言行为因子存在,由于各指标变量均为定序测量层次,不宜采用一般线性测量模型抽取因子,这里采用次序变量的 Logit 测量模型进行因子分析,结果见图 7 - 2,各个题项的因子负荷都极具统计上的显著性,说明量表的信度还是较好的。对因子值进行百分制转换,表示职工建言行为的强弱,图 7 - 3 为建言行为的正态分布,结果显示,该变量的均值为 52.73 分,标准差为 22.13 分。

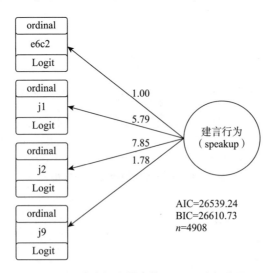

图 7 - 2　建言行为量表的 GSEM 分析结果

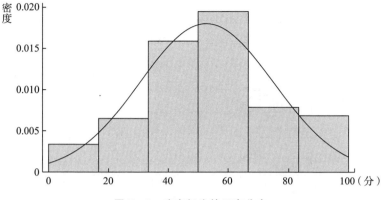

图 7 - 3　建言行为的正态分布

2. 自变量

（1）鼓励发声是组织沟通环境的重要因素之一，指组织在多大程度上激励员工建言献策的结构性特征。量表由与组织运行及岗位工作相关的 7 个题项构成，即 j6a. 单位经营，j6b. 人事管理，j6c. 工作环境，j6d. 员工福利，j6e. 增资扩股，j6f. 业务管理和 j6g. 社会保障，分别询问受访者所在单位是否鼓励员工就其发表意见，答案及赋分如下："限制"赋值 1 分，"允许"赋值 2 分，"鼓励"赋值 3 分。鉴于量表变量均为定序测量层次，故采用次序变量的 Logit 测量模型进行分析，测量结果见图7 - 4，各题项的因子负荷均极具统计上的显著性，说明量表信度较好。我们以因子值表示鼓励发声环境的强弱，为便于阅读，把分值转换为 0 ~ 100 分的百分制数值，图 7 - 5 为该变量的正态分布，结果显示，其均值为 47.73 分，标准差为 23.54 分。

（2）信息透明是组织沟通环境的重要因素之一，这里是指组织通过各种方式将涉及自身运行状况的各种信息宣传和公布出去，让全体成员获得了解的程度。我们用员工对组织运行状况的了解程度来反映组织信息透明的状况，量表共由 7 个题项构成，即 j7a. 单位的发展计划，j7b. 财务状况，j7c. 升迁标准，j7d. 工资标准，j7e. 核心技术，j7f. 奖励政策和 j7g. 同事收入，采用李克特

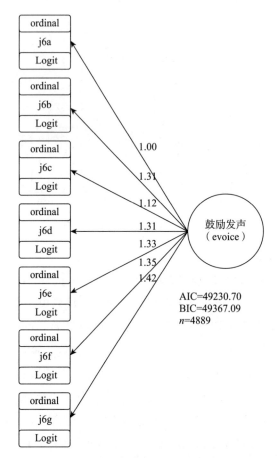

图 7 - 4　鼓励发声量表的 GSEM 分析结果

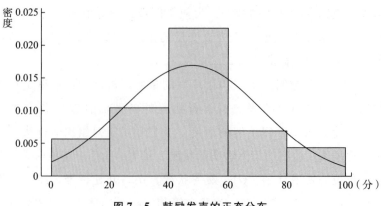

图 7 - 5　鼓励发声的正态分布

5 点量表赋分："很不了解"赋值 1 分，"较不了解"赋值 2 分，"一般"赋值 3 分，"较了解"赋值 4 分，"很了解"赋值 5 分。各题项均为次序变量，所以采用次序变量的 Logit 测量模型进行分析。测量模型拟合结果（见图 7 - 6）显示，各题项的因子负荷均具有统计上的显著性，量表信度可以接受。我们以提取的因子值表示组织环境信息透明度，并把因子值转换为百分制，图 7 - 7 为信息透明的正态分布，结果显示，其均值为 44.98 分，标准差为 21.24 分。

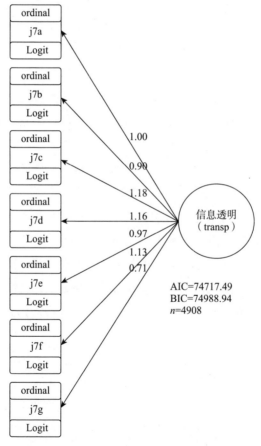

图 7 - 6　信息透明量表的 GSEM 分析结果

（3）沟通网络也是组织沟通环境的重要因素之一，这里指组织为方便其内部信息的沟通交流而设置的各种渠道所构成的联系网

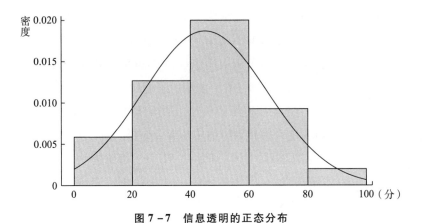

图 7 - 7　信息透明的正态分布

络。量表共由 7 个题项组成：j11a1. 民主生活会、恳谈会、专题讨论会；j11b1. 意见箱；j11c1. 领导热线、接待日、电子信箱等；j11d1. 班组会、通报会；j11e1. 技术攻关小组；j11f1. 局域网、网上论坛；j11g1. 单位发行的内部刊物、通信等。"没有"赋值为 0，"有"赋值为 1。由于指标均为二分取值的 0 - 1 变量，这里采用二分变量的 Logit 测量模型来抽取组织沟通网络环境因子，以因子得分表示组织沟通网络建设状况。测量模型拟合结果（见图 7 - 8）显示，各个题项的因子负荷都具有统计上的显著性，说明量表可以接受。用因子值来表示沟通网络建设的水平，并对其进行百分制转换，图 7 - 9 为沟通网络的正态分布，结果显示，组织沟通网络因子的均值为 54.07 分，标准差为 32.20 分，平均分布的差异性较大。

3. 中介变量

组织信任也是组织工作环境的特有要素。一是制度信任，其相应的量表题项有 4 个：d27d. 少数人把持着单位，其他人对此无能为力；d27e. 在单位中办事，熟人比规章制度更管用；d27f. 只要合情理的事情，不符合单位制度也无所谓；d27g. 兢兢业业的人在我们单位根本不吃香。答案选项均是"完全符合"、"比较符合"、"一般"、"较不符合"和"很不符合"，编码依次为 5、4、3、2、1。通过反向计分，保证分值越高，制度信任水平越高。由

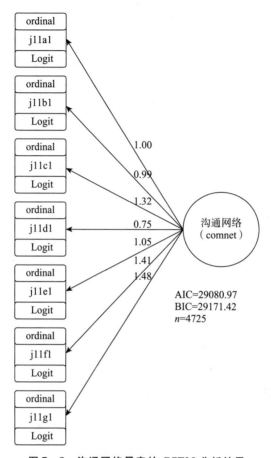

图 7-8　沟通网络量表的 GSEM 分析结果

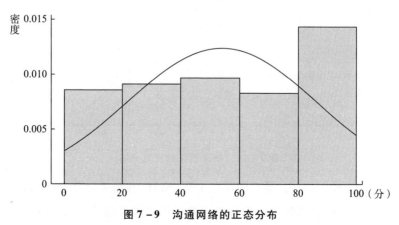

图 7-9　沟通网络的正态分布

于量表为定序测量层次，所以我们采用次序变量的 Logit 测量模型
进行分析，模型拟合结果（见图 7 – 10）显示，各题项的因子负荷
均极具统计显著性，量表可以被接受。对提取的因子值进行百分制
转换，制度信任的正态分布（见图 7 – 11）表明，其数值分布在
0 ~ 100 分，均值为 57. 21 分，标准差为 18. 52 分。

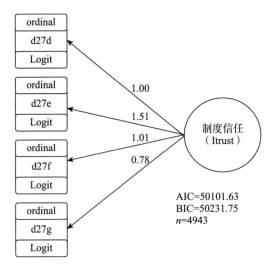

图 7 – 10 制度信任量表的 GSEM 分析结果

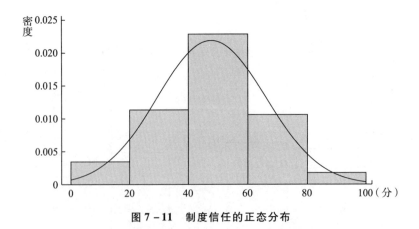

图 7 – 11 制度信任的正态分布

二是垂直信任，量表题项有 4 个：j13f. 我的领导常常要求我参
与决策；j13g. 我常常有机会表达对工作的改进意见；j13h. 在工作

上，我和领导之间能够做到畅所欲言；p4d. 总的来说，我对我们单位领导很信任。答案选项均是"完全符合"、"比较符合"、"一般"、"较不符合"和"很不符合"，编码依次为5、4、3、2、1。次序变量的 Logit 测量模型数据拟合结果（见图7－12）表明，4个题项的因子负荷均具有统计显著性，量表可以被接受。提取因子值并进行百分制转换，垂直信任的正态分布（见图7－13）显示，在我们的样本中，其数值分布在0～100分，极差为100分，均值为50.71分，

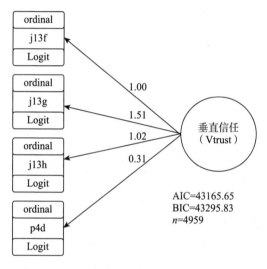

图7－12　垂直信任量表的 GSEM 分析结果

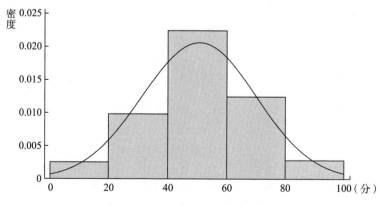

图7－13　垂直信任的正态分布

标准差为 19.35 分。

三是水平信任，量表的题项有 3 个：h13b. 我在单位中有很好的人缘；p4b. 我的工作能力经常得到同事的肯定和赞扬；h13e. 总的来说，我单位的同事是可信的。答案选项均是"完全符合"、"比较符合"、"一般"、"较不符合"和"很不符合"，编码依次为 5、4、3、2、1。次序变量的 Logit 测量模型数据拟合结果（见图 7 – 14）表明，3 个题项的因子负荷均具有统计显著性，量表可以被接受。提取因子值并进行百分制转换，水平信任的正态分布（见图 7 – 15）显示，在我们的样本中，该变量的取值在 0 ~ 100 分，均值为 60.56 分，标准差为 15.46 分。

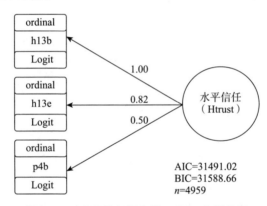

图 7 – 14　水平信任量表的 GSEM 分析结果

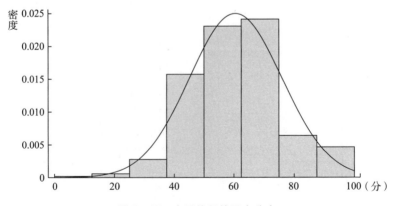

图 7 – 15　水平信任的正态分布

三 实证研究结果

（一）鼓励发声、组织信任与建言行为

首先以建言行为为因变量，以鼓励发声为自变量，以水平信任、垂直信任和制度信任为相互独立的并行中介变量，运用多重并行中介模型对数据进行拟合，拟合结果如图 7 - 16 所示。

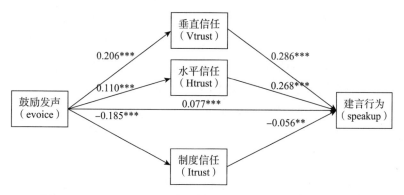

图 7 - 16　组织信任在鼓励发声与建言行为之间的中介作用分析

注：＊＊表示 $p < 0.01$，＊＊＊表示 $p < 0.001$。

结果表明，鼓励发声对垂直信任的影响具有统计学意义上的显著性（$b = 0.206$，$p = 0.000$），说明组织越是鼓励职工发声，职工的垂直信任水平越高，鼓励发声每提高 1 分，职工在垂直信任上平均高出 0.206 分。保持鼓励发声、水平信任和制度信任不变，职工在垂直信任上每提高 1 分，则会引起其建言行为提升 0.286 分，在 0.001 的水平下极具统计显著性。鼓励发声→垂直信任→建言行为的间接效应为 0.206 × 0.286，表明鼓励发声每提高 1 分，经由垂直信任而引起的建言行为提升 0.059 分，5000 个样本的非参数百分位 Bootstrap 中介检验结果显示，点估计 95% 的置信区间 [0.049，0.069] 中没有包含 0（见表 7 - 1），说明垂直信任的特定中介效应确实存在。

鼓励发声每提高 1 分，职工的水平信任会显著提高 0.110 分；保持鼓励发声、垂直信任和制度信任不变，职工的水平信任每提高 1 分，则会引起其建言行为显著地提升 0.268 分。在 0.001 的水平下两个系数均具有统计显著性。鼓励发声→水平信任→建言行为的间接效应为 0.110×0.268，表明水平信任在鼓励发声和建言行为之间的特定中介效应达 0.030，该效应的 Bootstrap 检验 95% 的置信区间为 [0.023，0.037]（见表 7－1），水平信任的特定中介效应真实存在。

研究结果还发现，鼓励发声每提高 1 分，职工在制度信任上则会降低 0.185 分；而在控制了鼓励发声、垂直信任和水平信任条件下，职工的制度信任每降低 1 分，又会导致其建言行为提高 0.056 分。这两个系数前者在 0.001 的水平下显著，后者在 0.01 的水平下显著。所以，鼓励发声→制度信任→建言行为的间接效应是 $(-0.185) \times (-0.056)$，鼓励发声通过制度信任影响建言行为的特定中介效应是 0.010，该效应的 Bootstrap 检验 95% 的置信区间为 [0.004，0.017]（见表 7－1），表明制度信任的特定中介效应同样是真实存在的。

表 7－1　组织信任并行中介效应分析结果

路径	效应	BootLLCI	BootULCI	ind 占比
总效应	0.176			
直接效应	0.077	0.051	0.102	
总间接效应	0.099	0.086	0.113	
特定中介效应				
鼓励发声→垂直信任→建言行为（ind1）	0.059	0.049	0.069	60%
鼓励发声→水平信任→建言行为（ind2）	0.030	0.023	0.037	30%
鼓励发声→制度信任→建言行为（ind3）	0.010	0.004	0.017	10%
C1 = ind1 - ind2	0.029	0.016	0.042	
C2 = ind1 - ind3	0.049	0.014	0.027	
C3 = ind2 - ind3	0.020	0.009	0.030	

进一步研究表明，垂直信任、水平信任和制度信任三条特定中介效应两两差异的点估计均通过了显著性检验，说明它们之间是显著不同的。鼓励发声到建言行为的总间接效应为 0.099，其中垂直信任的特定中介效应所占比例最大，为 60%；其次是水平信任的特定中介效应，占 30%；而制度信任的特定中介效应所占比例最小，为 10%。在控制了三个组织信任中介效应的情况下，鼓励发声到建言行为的直接路径系数为 0.077，在 0.001 的水平下依然具有统计显著性，这说明三条特定中介效应发挥的是部分中介作用。

（二）信息透明、组织信任与建言行为

公开透明的信息为职工建言提供了参考咨询，这里以建言行为为因变量，以信息透明为自变量，以垂直信任、水平信任和制度信任为相互独立的并行中介变量，运用多重并行中介模型对数据进行拟合，拟合结果如图 7-17 所示。

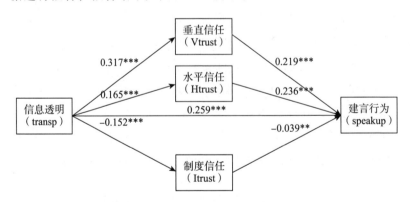

图 7-17　组织信任在信息透明与建言行为之间的中介作用分析

注：**表示 $p < 0.01$，***表示 $p < 0.001$。

结果表明，组织信息透明每提高 1 分，职工在垂直信任上平均高出 0.317 分；保持信息透明、水平信任和制度信任三个因素不变，职工在垂直信任上每提高 1 分，则会引起其建言行为提升 0.219 分。在 0.001 的水平下这两个路径系数均具有统计显著性。

信息透明→垂直信任→建言行为的间接效应为 0.317 × 0.219，信息透明每提高 1 分，经由垂直信任而引起的建言行为就会提高 0.069 分，该效应的 Bootstrap 检验 95% 的置信区间为 [0.057，0.082] (见表 7 − 2)，表明垂直信任的特定中介效应确实存在。

图 7 − 17 结果显示，组织信息透明每提高 1 分，职工的水平信任会提高 0.165 分；保持信息透明、垂直信任和制度信任三个因素不变，职工的水平信任每提高 1 分，则会导致其建言行为提升 0.236 分。在 0.001 的水平下两个系数均具有统计显著性。信息透明→水平信任→建言行为的间接效应为 0.165 × 0.236，表 7 − 2 中水平信任在信息透明和建言行为之间的特定中介效应是 0.039，该效应的 Bootstrap 检验 95% 的置信区间为 [0.030，0.049]，表明水平信任的特定中介效应真实存在。

从图 7 − 17 还可看到，信息透明每提高 1 分，职工在制度信任上则会降低 0.152 分；而在控制了信息透明、垂直信任和水平信任的条件下，职工的制度信任每降低 1 分，却会引起其建言行为提高 0.039 分。这两个系数前者在 0.001 的水平下显著，后者在 0.01 的水平下显著。信息透明→制度信任→建言行为的间接效应是 (− 0.152) × (− 0.039)，表 7 − 2 显示，在控制了其他影响条件下，信息透明通过制度信任影响建言行为的特定中介效应是 0.006，该效应的 Bootstrap 检验 95% 的置信区间为 [0.001，0.011]，表明制度信任的特定中介效应同样是真实存在的。

表 7 − 2　组织信任并行中介效应分析结果

路径	效应	BootLLCI	BootULCI	ind 占比
总效应	0.373			
直接效应	0.259	0.231	0.287	
总间接效应	0.114	0.099	0.130	
特定中介效应				
信息透明→垂直信任→建言行为 (ind1)	0.069	0.057	0.082	61%

续表

路径	效应	BootLLCI	BootULCI	ind 占比
信息透明→水平信任→建言行为（ind2）	0.039	0.030	0.049	34%
信息透明→制度信任→建言行为（ind3）	0.006	0.001	0.011	5%
C1 = ind1 - ind2	0.030	0.014	0.047	
C2 = ind1 - ind3	0.063	0.050	0.077	
C3 = ind2 - ind3	0.033	0.022	0.045	

　　进一步分析表明，垂直信任、水平信任和制度信任三条特定中介效应两两差异的点估计均通过了显著性检验，说明它们之间确实是显著不同的。信息透明到建言行为的总间接效应为 0.114，其中，垂直信任的特定中介效应所占比例最大，占总间接效应的61%；其次是水平信任的特定中介效应，占总间接效应的 34%；而制度信任的特定中介效应所占比例最小，仅为总间接效应的5%。在控制了所有组织信任中介效应的情况下，信息透明到建言行为的直接路径系数为 0.259，在 0.001 的水平下依然具有统计显著性，这说明三条特定中介效应发挥的是部分中介作用。

（三）沟通网络、组织信任与建言行为

　　组织沟通网络建设为职工建言行为提供了渠道支持。这里以建言行为为因变量，以沟通网络为自变量，以垂直信任、水平信任和制度信任为相互独立的并行中介变量，运用多重并行中介模型对调查数据进行拟合，拟合结果如图 7-18 所示。

　　模型拟合结果表明，组织沟通网络每提高 1 分，职工的垂直信任会平均提升 0.051 分。保持沟通网络、水平信任和制度信任不变，职工的垂直信任每提高 1 分，则会导致其建言行为提升 0.302 分。在 0.001 的水平下两个路径系数均具有统计显著性。沟通网络→垂直信任→建言行为的间接效应为 0.051 × 0.302。表 7-3 中垂直信任的特定中介效应是 0.016，表明组织沟通网络每提高 1 分，经由

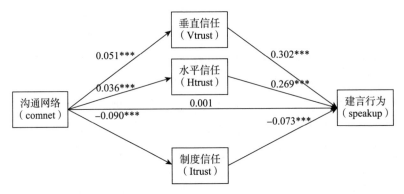

图 7 - 18　组织信任在沟通网络与建言行为之间的中介作用分析

注：*** 表示 $p < 0.001$。

垂直信任而引起的建言行为提高 0.016 分，该效应的 Bootstrap 检验 95% 的置信区间为 [0.010，0.021]，表明垂直信任的这一特定中介效应确实存在。

图 7 - 18 显示，组织沟通网络每提高 1 分，职工的水平信任会提高 0.036 分；而保持沟通网络、垂直信任和制度信任不变，职工的水平信任每提高 1 分，则会引起其建言行为提升 0.269 分。在 0.001 的水平下两个路径系数均具有统计显著性。沟通网络→水平信任→建言行为的间接效应为 0.036 × 0.269。表 7 - 3 中水平信任在沟通网络和建言行为之间的特定中介效应为 0.010，该效应的 Bootstrap 检验 95% 的置信区间为 [0.006，0.014]，说明水平信任的特定中介效应也是真实存在的。

图 7 - 18 的拟合结果还表明，沟通网络每提高 1 分，职工在制度信任上会降低 0.090 分；而在控制了沟通网络、垂直信任和水平信任不变的条件下，职工的制度信任每降低 1 分，又会导致其建言行为提升 0.073 分。这两个系数在 0.001 的水平下依然都显著。所以，沟通网络→制度信任→建言行为的间接效应是 (-0.090) × (-0.073)，在控制了所有其他影响的条件下，沟通网络通过制度信任影响建言行为的特定中介效应是 0.007 (见表 7 - 3)，该效应的

Bootstrap 检验 95% 的置信区间为［0.003，0.010］，表明制度信任的特定中介效应同样是真实存在的。

表 7 - 3　组织信任并行中介效应分析结果

路径	效应	BootLLCI	BootULCI	ind 占比
总效应	0.031			
直接效应	- 0.001	- 0.020	0.017	
总间接效应	0.032	0.024	0.040	
特定中介效应				
沟通网络→垂直信任→建言行为（ind1）	0.016	0.010	0.021	50%
沟通网络→水平信任→建言行为（ind2）	0.010	0.006	0.014	30%
沟通网络→制度信任→建言行为（ind3）	0.007	0.003	0.010	20%
C1 = ind1 - ind2	0.006	0.000	0.012	
C2 = ind1 - ind3	0.009	0.003	0.015	
C3 = ind2 - ind3	0.003	- 0.002	0.008	

　　进一步分析表明，垂直信任、水平信任和制度信任三条特定中介效应两两差异的点估计中，水平信任的特定中介效应与制度信任的特定中介效应两者差值的点估计是 0.003，其 Bootstrap 检验 95% 的置信区间包含 0，说明它们之间差异不显著，效果一样大。而垂直信任的特定中介效应显著高于水平信任和制度信任的特定中介效应。统计表明，从沟通网络到建言行为的总间接效应为 0.032，其中，垂直信任的特定中介效应所占比例最大，占了总间接效应的 50%；水平信任和制度信任的特定中介效应位居其次，分别占了总间接效应的 30% 和 20%，相差不明显。在控制了所有其他影响的条件下，沟通网络对建言行为的直接效应为 - 0.001，该效应的 Bootstrap 检验 95% 的置信区间为［- 0.020，0.017］，表明这一直接效应是不存在的，这说明三条特定中介效应发挥了完全中介作用。

四　本章小结

组织信任在沟通环境与组织建言的关系中是否以及在多大程度上发挥中介功能是本研究欲求回答的核心问题。本章运用2007年的问卷调查数据，通过多重并行中介模型进行统计分析，结果如下。

（1）鼓励发声经由组织信任影响组织建言行为的总间接效应为0.099，其中垂直信任的特定中介效应为0.059，水平信任的特定中介效应为0.030，而制度信任的特定中介效应仅为0.010。

（2）信息透明经由组织信任影响组织建言行为的总间接效应为0.114，其中垂直信任的特定中介效应为0.069，水平信任的特定中介效应为0.039，而制度信任的特定中介效应仅为0.006。

（3）沟通网络经由组织信任影响组织建言行为的总间接效应为0.032，其中垂直信任的特定中介效应为0.016，水平信任的特定中介效应为0.010，而制度信任的特定中介效应仅为0.007。

以上研究结论对我们看待沟通环境与组织建言之间的关系有了新启示。比如，在沟通环境到制度信任这一路径中，按照人们的常识来理解，组织通过改善职工的沟通环境，加强组织内部的沟通交流，会提高组织的制度信任。研究结果其实不然，每个组织在其运行发展的过程中都要在某些方面或某种程度上做到"保密"，这可能既是组织核心竞争力的体现，也是组织维护自身利益的必然要求。沟通环境的改善的确会加强职工之间的沟通交流，但就制度信任而言，鼓励职工发声，提高单位信息透明度，完善沟通网络，会使得组织内部运行透明化，此时职工的知情权得到实现，同时组织制度运行中的一些缺陷及不足之处也更容易被他们发现，这就会降低制度的可信任性。制度信任负向影响建言行为也不难理解，职工建言行为的目的是提高组织运行效率，弥补或改善组织制度的缺陷和不足，如果组织制度及其运行的可靠性极高，如一切按规则行事，能够做到名实相符，此时制度信任水平较高，职工自然无须建言。只有当组织制度及其运行的可靠性较差时职工才具有向上级主管或领导建言的内容和动力，所以制度信任会负向影响组织建言行为也就不难理解了。

领导决策需要信息，而要求领导拥有关于决策所需的所有信息就给其加上了过重的负担。尤其是在现代工作环境中，一线职工往往掌握着领导所不具有的事关组织未来发展的资讯，所以期望他们提供工作及组织运行方面的意见或建议似乎成了所有现代组织管理者的追求。掌权者一般认为，只要完善了组织沟通环境，比如做出鼓励建言的制度安排，构建完善的信息沟通网络，以及努力做到组织信息公开透明等，那么成员的建言行为自然会蔚然成风。但现实往往不会完全如其所愿。组织规模太大，未来太过复杂，信任则可以使复杂性得以简化以适应现在和未来的发展。本书研究结果启示我们，组织仅仅关注内部信息沟通环境建设是不够的，需要认识到在客观沟通环境与建言行为之间还存在一个非常重要的中介要素，即组织信任。沟通环境要借助或通过组织信任来激发出成员的建言行为，忽视了组织信任这一中介功能，建设沟通环境以引发职工建言行为的管理策略落实效果可能会大打折扣。研究告诉我们，相比同事信任和制度信任，领导信任的中介效应占有更为重要的地位。所以，组织领导一方面要去创造和改善组织内部沟通环境，另一方面尤其要重视自身信任度建设，要充分发挥好自身的模范带头作用，努力做到言实相符，把广大成员对他的角色期望转变为自我表现。对于一般成员，要和周围同事真诚相待、团结互助，做到相互满足角色期望，塑造高水平的同事信任。鉴于沟通环境建设对人际信任和制度信任存在矛盾的影响关系，这就要求组织领导学会辩证思考组织沟通环境建设问题，正所谓"鱼与熊掌不可兼得"，领导应根据实际情况灵活适度把握，这或许正是领导艺术的魅力所在。

第八章 组织失范与制度化维权态度：组织信任的调节功能

一 相关概念及理论思考

在帕森斯（Parsons，1951）看来，任何社会组织都是一个社会系统，且为了保证其自身的存在、持续以及发展，必须满足适应（A）、目标达成（G）、整合（I）和潜在模式维持（L）四个功能先决条件和要求。其中，整合和潜在模式维持与维护整个组织内的互动秩序紧密关联，因为当基于价值激发而具有个人意志和需求定势的行动者在组织内展开行动时，每一个行动者都占据特定位置，承担特定角色，既是积极工作的行动者，又是他自己以及周围他人的取向目标，从而给整个互动环境引入了更大的复杂性。职工与其他成员间的互动具有"双重偶然性"，即行动结果不仅依赖他自己对各种工作任务的成功处理，而且取决于其他行动者的介入，尤其是组织的管理者、领导。某种意义上，具有不同利益的组织成员之间的互动也是一种交换活动，组织整体秩序是否井然，运行是否良性、顺畅，也取决于成员与组织交换的状况。

组织运行秩序未能达到整合、和谐，就意味着成员之间的互动产生了矛盾、紧张甚至冲突，形成了一定程度的不满意、争议、对抗。比如各类经济组织，所有者及管理方站在主导性和强势地位，尽力维护企业主的利益；而处于受雇方的广大职工则相对较

向、管大局、保落实，围绕企业生产经营开展工作，保证监督党和国家的方针、政策在本企业的贯彻执行。它既要支持股东会、董事会、监事会和经理（厂长）依法行使职权，还要全心全意依靠职工群众，支持职工代表大会开展工作。既要讨论和决定企业重大事项和重大问题的决策，又要加强企业思想政治工作和精神文明建设，领导工会、共青团等群团组织。党章还规定，非公有制经济组织中党的基层组织，要贯彻党的方针政策，引导和监督企业遵守国家的法律法规，领导工会、共青团等群团组织，团结凝聚职工群众，维护各方的合法权益，促进企业健康发展。

　　与此同时，我国社会组织中所设置的工会组织也在个人与单位之间承担着利益协调、互动整合功能。按照《工会法》可知，工会是职工自愿结合的工人阶级的群众组织。企业、事业单位、机关有会员二十五人以上的，应当建立基层工会委员会；不足二十五人的，可以单独建立基层工会委员会，也可以由两个以上单位的会员联合建立基层工会委员会，也可以选举组织员一人，组织会员开展活动。该法规定，工会的基本职责就是维护职工合法权益。如果企业、事业单位违反劳动法律、法规规定，侵犯了职工劳动权益，比如克扣职工工资、不提供劳动安全卫生条件、随意延长劳动时间、侵犯女职工和未成年工特殊权益以及其他严重侵犯职工劳动权益的情形，工会就应当代表职工与企业、事业单位交涉，要求企业、事业单位采取措施予以改正。《工会法》第二十七条还规定，企业、事业单位发生停工、怠工事件，工会应当代表职工同企业、事业单位或者有关方面协商，反映职工的意见和要求并提出解决意见。对于职工的合理要求，企业、事业单位应当予以解决。1986年国家发布的《全民所有制工业企业职工代表大会条例》也把接受和处理职工代表的申诉和建议，维护职工代表的合法权益规定为工会委员会的工作之一。

　　从社会冲突视角看这些制度规定，无论是组织中的基层党组织还是工会委员会等，都发挥着协调利益关系、维护组织安定团结的功能。按照科塞（Coser）的意思，组织中设置的党组织、工会委员会等某种意义上发挥着"安全阀"功能，它们为职工提供了表达不满、维护权益的途径。"如果没有发泄互相之间的敌意和表达不同意见的渠道，群体成员就会感到不堪重负，也许会用逃避的手段做出反应。"（科塞，1989：33）有了这样的"安全阀"，职工的不满意、相对剥夺感等消极情绪都可以发泄出去，从而不会破坏组织的结构，减轻其破坏性影响。

设想企业、事业单位一旦设置有党组织和工会组织，组织内雇主和受雇者之间的冲突即刻就会终止是很天真的。其实，组织内雇主或管理者与广大职工之间的利益冲突是多维度的，既有经济利益方面的，也有权力方面的，还有社会层面的，工作上管理者与下属、不同部门间为了争夺利益和权力而背叛欺骗、不择手段的现象还是屡见不鲜，组织领域中怠工、申诉、集体协商、上访、申请仲裁之类行为就是关系失调的例证。2015 年国家公布的《关于构建和谐劳动关系的意见》提出，我国正处于经济社会转型时期，劳动关系的主体及其利益诉求越来越多元化，劳动关系矛盾已进入凸显期和多发期，劳动争议案件居高不下，有的地方拖欠农民工工资等损害职工利益的现象仍较突出，群体性事件时有发生，构建和谐劳动关系的任务艰巨繁重。党的十九大明确指出要"完善政府、工会、企业共同参与的协商协调机制，构建和谐劳动关系"。

所以，组织有了党组织和工会组织只是制度的健全和完善，而如果组织制度及领导的安排不具有可信任性，职工对他们的信任程度较低，则需要维权时寻求工会组织和党组织的帮助意愿自然就低，他们更可能产生激烈的制度性维权行为。尤其是工会组织如果有名无实，那么也就不可能真正成为"职工之家"，自然也就丧失了协调劳动关系、实现组织整合的功能。反之，如果这样的制度设置获得了职工的信任，工会组织和党组织确实承担起了维护职工合法权益的职责，工作中密切联系职工，听取和反映职工的意见和要求，关心职工的生活，帮助职工解决困难，全心全意为职工服务，那么它们就能够把组织内部矛盾化解于组织之中，职工自然也愿意通过它们来维护自身合法权益。所以我们有理由假设，组织较高程度的制度信任和领导信任有助于改善职工制度化维权态度，制度信任和领导信任在职工利益受损和制度化维权的关系中发挥着某种调节作用。

中国启动的改革开放极大地促进了经济增长，同时也引发了整个社会结构的大转型，时至今日这个巨大转型过程依然处于正在进行时，尤其是它所连带起来的中国组织变迁的社会过程引起了学界特别的关注。比如李汉林和渠敬东（2005）就曾敏锐地指出，我们正在经历的这场变迁确实在行为、价值、制度和结构等几乎所有社会层面上都曾经、正在和将要给我们带来许许多多的阵痛和冲突，这样的冲突既构成了与我们最切近的日常生活的一部分，在某种意义上也成了我们无法摆脱的社会命运。这里暂时搁置失范的组织所有制差异不论，如果组织制度和体制改革过程中一定程度的失范或者剥夺难以避免，且这样的负面后果进一步会引发较为激进的利益诉求或意见表达行为，那么继续探讨和发现缓解组织内部这种紧张、冲突关系的机制和规律理应就是一种理性的担当。涂尔干（2000）重建道德个人主义的药方可能是一条思路，而在社会日益理性化和价值多元化的今天，提倡并试图恢复组织文化价值规范同一性似乎也力不从心。而在卢曼看来，信任关系的风险投资有一种"额外效绩"，它导致规范的出现，包含着对规范的"透支"，且这一"额外效绩"还把信任出现的条件转换为信任持存的条件（Luhmann，1979：44）。所以本书将从现有的理论困境中抽身而出，以信任作为研究的视角，重新探讨现代组织整合的途径和方式。

在帕森斯结构功能论那里，诸如组织这样的社会系统势必包含人格、社会和文化三个体系或层次，文化体系尤为重要，因为只有共享的文化价值规范才是维护系统内角色行为同一性、保证各功能稳定运作的基本条件，各种失范景象产生的根源正在于文化价值规范体系的消解和缺席（Parsons，1951）。那么对于日益复杂化的社会秩序而言，组织一定要靠共享的文化价值规范才能维持吗？对此，卢曼的组织系统观似乎给了我们新的启示。在他看来，随着社会的进化，组织系统在数目上越来越多，且日益将不同的活动专业化（Luhmann，1979）。各种社会系统按照具体条件，比如货币、权力、真理等协调成员的行动，通过结构严谨的成员进出规则，形成了"在长时期内高度稳定'人为的'行为模式"，解决了协调个体的动机、意向和执行某些任务需求等基本问题。组织系统的秩序既然不是靠对共同价值、信仰及规范的一致性来维护，个体也没必要在道德和情感上对社会结构加以依附，所以与其将利己主义、失范等视为病态，不如将行动者的非人格化和中性化视为正常（特纳，2001：65）。组织根据社会环境条件的变化而表现出灵活性和适应性，仰赖成员有限的、随互动情境而变的责任感，尤其要仰赖中性的沟通媒介——信任。

于是，当组织系统本身变得更加分化和复杂化时，它增加了经验和行动开启的可能性，面对剥夺、失范、矛盾、冲突等各种经验，行动者在多大程度上通过激进的意见表达或利益诉求方式寻求问题的解决方法，不再取决于文化价值共识，也不会依靠个体的动机结构，而是要视组织进出规则和掌权者的信任度而定。在具有关系相对持久、互惠依赖且不可预见属性的组织情境之中，信任终于找到了自己的立足点：规则可信，权力可信，剥夺和失范负面体验引发激进意见表达行为的可能性就会缩减，组织系统内部依然能保持互惠行动的秩序；组织规则一片混乱，权力不再能够有效施加影响，成员无力把控行动的未来风险，此时各种负面体验引发激进利益诉求行为的力量就会被放大，意味着组织系统的完全崩溃就在眼前。如果沟通是组织过程的基础，那么紧张与冲突就是分裂性的，它以对立各方之间的沟通中止为特征。但是，如果组织变迁所引起的失范和冲突是不可避免的，且恢复文化价值观的同一性是不可能的，那么缓解组织内部紧张、冲突关系的出路可能就在于组织权力和规则的信任，至少信任能对组织内部的冲突关系进行一定程度的调适。所以，信任是否以及在多大程度上发挥着这方面的调适功能就成了本研究最后想回答的一个问题。

二　模型设定及变量测量

（一）信任调节模型

本研究的基础模型是以组织失范（包括组织内剥夺、组织内冲突、整合机构）为自变量，以制度化维权态度为因变量，以垂直信任和制度信任为调节变量，假设调节变量对自变量与因变量的关系具有调节功能。研究思路如下。首先在调节模型的基础上，分别选择基本的自变量，组织内剥夺又分为加班、收入不满意度和相对剥夺感3个指标变量，组织内冲突又分为工作冲突、怠工和工作倦怠3个指标变量，整合机构又分为工会组织、党组织和职代会3个指标变量。然后把垂直信任和制度信任作为联合调节变量，对自变量影响因变量的可能调节模型（见图8－1）进行初步检验。最后依据初步检验结果修正模型，进行二次检验。修正模型主要包括三种情况，一是仅垂直信任发挥调节作用的模型，二是仅制度信任发挥调节作用的模型，三是垂直信任和制度信任联合发挥调节作用的模型，而经过初次检验未发现此类调节显著的情况，这里略去不再讨论。

（二）制度化维权态度及其测量

制度化维权态度是本书研究的最终因变量。从工作客观环境到个人制度化维权态度，垂直信任和制度信任的调节作用情况可能会有所不同，它们是否以及在多大程度上发挥着这样的调节作

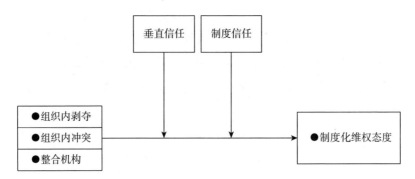

图 8-1　垂直信任和制度信任调节模型

用，是这里要探讨的核心问题。本书试图采用卢曼的"信任简化复杂性"的基本原理（Luhmann，1979），运用 2017 年的相关问卷调查数据，对这一问题进行尝试性探索和回答。在这次调查中，制度化维权态度量表由 4 个题项构成，即公开聚会（f12a）、游行示威（f12b）、罢工（f12c）和上访（f12d），询问受访者是否赞成个人或组织利用这些方式来表达他们的不同意见。答案采用李克特 5 点量表赋分："非常反对"为 1 分，"比较反对"为 2 分，"无所谓"为 3 分，"比较赞同"为 4 分，"非常赞同"为 5 分。由于各题项均为次序层次测量的变量，所以采用广义结构方程模型进行分析，结果见图 8-2。可见，量表测量效果还是良好的，4 个题项的因子负荷均极具统计上的显著性（$p < 0.001$）。获得因子预测数值后，为便于阅读对其进行百分制转换，从而得到制度化维权态度变量的数值，其正态分布如图 8-3 所示。结果显示，2017 年中国城镇职工的制度化维权态度均值是 36.54 分，标准差为 21.06 分，分布略呈正偏态。

（三）组织失范变量及测量

这里的自变量包括组织内剥夺、组织内冲突和整合机构三个方面，每个方面又各有 3 个指标变量，共 9 个指标变量组成了本研究的自变量。2017 年中国城镇职工工作环境调查对这些变量进行

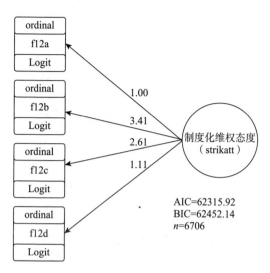

图 8 - 2　制度化维权态度量表 GSEM 分析结果

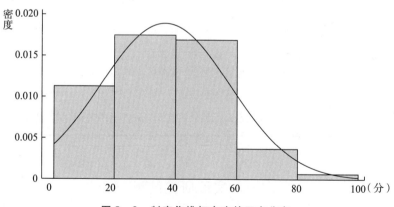

图 8 - 3　制度化维权态度的正态分布

了观测，测量结果如表 8 - 1 所示。其中，加班、党组织、工会组织和职代会均为 0 - 1 赋值的二分变量，其他变量都按连续变量进行统计分析。

表 8 – 1　自变量指标及样本测量结果

维度	自变量	编码	样本结果
组织内剥夺	加班（c25）	"有"编码为1，"没有"则为0	1 = 35.86%，0 = 64.14%
	收入不满意度（e3）	从"很满意"到"很不满意"依次赋1~5分	均值 = 2.63，标准差 = 0.88
	相对剥夺感（deprv）	3个题项量表，答案采用李克特5点量表赋分	次序变量，Logit 测量模型，因子为百分分值，均值 = 54.63分，标准差 = 17.12分
组织内冲突	工作冲突（conflict）	8个题项量表，"从不" = 1，"偶尔" = 2，"经常" = 3	次序变量，Logit 测量模型，因子为百分分值，均值 = 13.31分，标准差 = 19.84分
	怠工（cpower）	7个题项量表，答案选项分别是"经常"、"偶尔"和"从不"，编码依次为3、2、1	次序变量，Logit 测量模型，因子为百分分值，均值 = 24.92分，标准差 = 19.38分
	工作倦怠（burnout）	6个题项量表，答案选项分别是"经常"、"偶尔"和"从不"，编码依次为3、2、1	次序变量，Logit 测量模型，因子为百分分值，均值 = 30.66分，标准差 = 22.19分
整合机构	党组织（d10a1）	"有"编码为1，"没有"则为0	1 = 25.70%，0 = 74.30%
	工会组织（d10c1）	"有"编码为1，"没有"则为0	1 = 23.14%，0 = 76.86%
	职代会（d10e1）	"有"编码为1，"没有"则为0	1 = 16.09%，0 = 83.91%

三　实证研究结果

（一）组织内剥夺与制度化维权态度：组织信任的调节作用

1. 垂直信任和制度信任对加班与制度化维权态度的关系具有调节作用

首先，以加班为自变量，以制度化维权态度为因变量，以垂直信任、制度信任为调节变量，参照 Hayes（2018）提出的调节模型 1 对数据进行拟合，统计分析结果（见表 8 - 2）显示：在控制了加班和垂直信任、制度信任的条件下，加班与垂直信任的交互项回归系数（$b = -0.095$）以及加班与制度信任的交互项回归系数（$b = -0.107$）均具有统计学意义上的显著性，说明垂直信任、制度信任对加班与制度化维权态度的关系确实存在影响。在垂直信任均值以下 1 个标准差、制度信任均值以下 1 个标准差，与未曾加班的职工相比，有过加班经历的职工的制度化维权态度会提高 6.835 个单位；反之，分别在垂直信任和制度信任均值以上 1 个标准差时，与未曾加班的职工相比，有过加班经历的职工的制度化维权态度则会降低 0.741 个单位。两种情况下加班对制度化维权态度的影响具有显著的差异。

表 8 - 2　垂直信任、制度信任对加班与制度化维权态度关系的调节作用分析

变量	制度化维权态度				信任		调节效应			
	b	SE	t	p	垂直	制度	b	SE	t	p
加班	14.401	2.644	5.447	0.000						
垂直信任	-0.114	0.018	-6.310	0.000						
制度信任	-0.108	0.019	-5.750	0.000	-1SD	-1SD	6.835	1.031	6.629	0.000
加班 × 垂直信任	-0.095	0.030	-3.194	0.001	-1SD	+1SD	2.873	0.922	3.117	0.002
					+1SD	-1SD	3.220	0.918	3.507	0.000
加班 × 制度信任	-0.107	0.031	-3.514	0.000	+1SD	+1SD	-0.741	1.024	-0.724	0.469
截距	47.538	1.637	29.046	0.000						
$R^2 = 0.037$, $F(5, 5843) = 45.463$, $p = 0.000$										

其次，由图 8 - 4 的调节效应可见：在低制度信任条件下，当垂直信任处于低水平时，制度化维权态度在无加班分组上的得分是 39.239 分，而在有加班分组上提高到 46.074 分，制度化维权态度提高了 6.835 分；当垂直信任处于高水平时，制度化维权态度在无加

班分组上的得分是 34.882 分，而在有加班分组上提高到 38.103
分，制度化维权态度仅提高了 3.221 分。可见，在低制度信任条件
下，垂直信任水平高低不同，有无加班对制度化维权态度的影响
存在显著差异，与高垂直信任条件下相比，该影响在低垂直信任
条件下表现更加强烈。

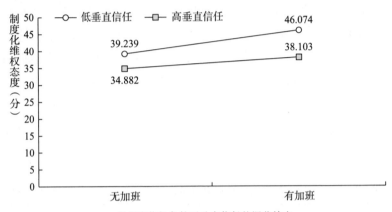

a. 低制度信任条件下垂直信任的调节效应

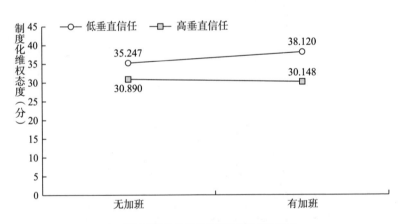

b. 高制度信任条件下垂直信任的调节效应

图 8 - 4　制度信任条件下垂直信任的调节效应

在高制度信任条件下，当垂直信任处于低水平时，制度化维
权态度在无加班分组上的得分是 35.247 分，而在有加班分组上提
高到 38.120 分，制度化维权态度提高了 2.873 分；当垂直信任处

于高水平时，制度化维权态度在无加班分组上的得分是 30.890 分，而在有加班分组上降低到 30.148 分，制度化维权态度降低了 0.742 分。可见，在高制度信任条件下，垂直信任水平高低不同，有无加班对制度化维权态度的影响具有显著差异，与低垂直信任条件下相比，该影响在高垂直信任时由正向转变为了负向。

2. 垂直信任对收入不满意度与制度化维权态度关系具有调节作用

以收入不满意度为自变量，以制度化维权态度为因变量，以垂直信任和制度信任为调节变量，对调节模型进行初步检验，结果发现垂直信任的调节作用显著，而制度信任未表现出显著的调节作用（交互项回归系数的 $p = 0.137$）。然后用修正后的垂直信任调节模型对数据进行拟合，统计分析结果（见表 8-3）显示：在控制了收入不满意度和垂直信任的条件下，二者的交互项回归系数（$b = -0.036$）具有统计学意义上的显著性（$p = 0.011$），说明垂直信任对收入不满意度与制度化维权态度的关系确实存在影响。具体的调节效应表明，在垂直信任均值以下 1 个标准差时，收入不满意度每提高 1 个单位，制度化维权态度会显著提高 2.601 个单位；而在垂直信任均值以上 1 个标准差时，收入不满意度每提高 1 个单位，制度化维权态度仅提高 1.208 个单位。这两种影响都是存在的。

表 8-3 垂直信任对收入不满意度与制度化维权态度关系的调节作用分析

变量	制度化维权态度				垂直信任	调节效应			
	b	SE	t	p		b	SE	t	p
收入不满意度	1.904	0.317	6.009	0.000					
垂直信任	-0.105	0.014	-7.261	0.000	-1SD	2.601	0.424	6.126	0.000
收入不满意度 ×					Mean	1.904	0.317	6.009	0.000
垂直信任	-0.036	0.014	-2.559	0.011	+1SD	1.208	0.411	2.940	0.003
截距	36.131	0.274	131.648	0.000					
$R^2 = 0.020$, $F(3, 5957) = 39.938$, $p = 0.000$									

调节效应图 8 - 5 直观地展示了垂直信任的这一效应。可以看到，在低垂直信任条件下，制度化维权态度的分值在收入不满意度低分组时是 35.870 分，而在收入不满意度高分组时提高到 40.411 分，制度化维权态度提高了 4.541 分。相应地，在高垂直信任条件下，制度化维权态度的分值在收入不满意度低分组时是 33.067 分，而在收入不满意度高分组时提高到 35.177 分，制度化维权态度随着收入不满意度由低分组到高分组仅提高了 2.110 分。所以，在高低不同的垂直信任条件下收入不满意度对制度化维权态度的影响是有显著差异的，与低垂直信任条件下相比，该影响在高垂直信任条件下提升效果更小一些。

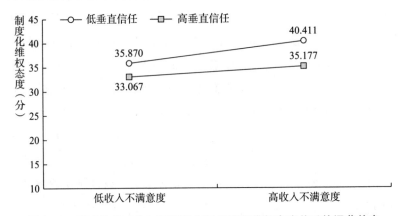

图 8 - 5　垂直信任对收入不满意度与制度化维权态度关系的调节效应

3. 垂直信任对相对剥夺感与制度化维权态度关系具有调节作用

以相对剥夺感为自变量，以制度化维权态度为因变量，以垂直信任和制度信任为调节变量，对调节模型进行初步检验，结果发现垂直信任的调节作用显著，而制度信任未表现出显著的调节作用（交互项回归系数的 $p = 0.343$）。于是参照 Hayes（2018）给出的调节模型 1 对修正后的垂直信任调节模型进行数据拟合，统计分析结果（见表 8 - 4）显示：在控制了相对剥夺感和垂直信任的条件下，二者的交互项回归系数（$b = -0.003$）具有统计学意义上的显著性（$p = 0.000$），说明垂直信任对相对剥夺感与制度化

表 8 – 4 垂直信任对相对剥夺感与制度化维权态度关系的调节作用分析

变量	制度化维权态度				垂直信任	调节效应			
	b	SE	t	p		b	SE	t	p
相对剥夺感	0.100	0.016	6.137	0.000					
垂直信任	−0.105	0.014	−7.288	0.000	−1SD	0.166	0.023	7.300	0.000
相对剥夺感 ×					Mean	0.100	0.016	6.137	0.000
垂直信任	−0.003	0.001	−4.529	0.000	+1SD	0.035	0.021	1.674	0.094
截距	36.042	0.274	131.644	0.000					
$R^2 = 0.022$, $F(3, 5960) = 44.372$, $p = 0.000$									

维权态度的关系确实存在影响。具体的调节效应表明，在垂直信任均值以下 1 个标准差时，相对剥夺感每提高 1 分，制度化维权态度会显著提高 0.166 分；而在垂直信任均值以上 1 个标准差时，相对剥夺感每提高 1 分，制度化维权态度仅提高 0.035 分（尽管不显著）。这两种影响的差异是显著的。

这里垂直信任的调节效应如图 8 – 6 所示。可以看到，在低垂直信任条件下，制度化维权态度的分值在相对剥夺感低分组时是 35.248 分，而在相对剥夺感高分组时提高到 40.848 分，制度化维权态度提高了 5.600 分。相应地，在高垂直信任条件下，制度化维

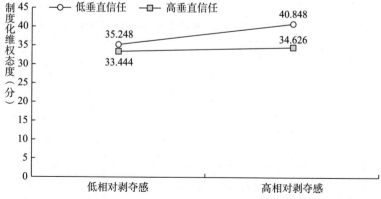

图 8 – 6 垂直信任对相对剥夺感与制度化维权态度关系的调节效应

权态度的分值在相对剥夺感低分组时是 33.444 分，而在相对剥夺感高分组时制度化维权态度提高到 34.626 分，制度化维权态度随着相对剥夺感由低分组到高分组仅提高了 1.182 分。结论是，在高低不同的垂直信任条件下相对剥夺感对制度化维权态度的影响有显著差异，与低垂直信任条件下相比，该影响在高制度信任条件下提升效果要小很多。

（二）组织内冲突与制度化维权态度：组织信任的调节作用

1. 垂直信任对工作冲突与制度化维权态度关系具有调节作用

以工作冲突为自变量，以制度化维权态度为因变量，以垂直信任和制度信任为调节变量，对调节模型进行初步检验，结果发现垂直信任的调节作用显著，而制度信任未表现出显著的调节作用（交互项回归系数的 $p = 0.797$）。接着我们用修正后的调节模型对数据进行拟合，统计分析结果（见表 8-5）显示：在控制了工作冲突和垂直信任的条件下，二者的交互项回归系数（$b = -0.002$）具有统计学意义上的显著性（$p = 0.002$），说明垂直信任对工作冲突与制度化维权态度的关系确实存在影响。负向的调节系数意味着垂直信任越低，工作冲突对制度化维权态度的影响越大，在垂直信任均值以下 1 个标准差时，工作冲突每提高 1 分，制度化维权

表 8-5　垂直信任对工作冲突与制度化维权态度关系的调节作用分析

变量	制度化维权态度				垂直信任	调节效应			
	b	SE	t	p		b	SE	t	p
工作冲突	0.155	0.013	11.547	0.000					
垂直信任	-0.116	0.014	-8.308	0.000	-1SD	0.196	0.018	10.685	0.000
工作冲突 ×					Mean	0.155	0.013	11.547	0.000
垂直信任	-0.002	0.001	-3.116	0.002	+1SD	0.115	0.019	6.062	0.000
截距	36.241	0.267	135.684	0.000					
$R^2 = 0.036$，$F(3, 5912) = 74.298$，$p = 0.000$									

态度会提高 0. 196 分；而在垂直信任均值以上 1 个标准差时，工作冲突每提高 1 分，制度化维权态度会提高 0. 115 分。

这里垂直信任的调节效应如图 8 - 7 所示。结果显示，在低垂直信任条件下，制度化维权态度的分值在工作冲突低分组时是 35. 816 分，而在工作冲突高分组时达到 42. 347 分，制度化维权态度提高了 6. 531 分。而在高垂直信任条件下，制度化维权态度的分值在工作冲突低分组时是 32. 466 分，而在工作冲突高分组时提高到 36. 309 分，仅提高了 3. 843 分。可见，在高低程度不同的垂直信任条件下，工作冲突对制度化维权态度影响的力度是有显著差异的，与低垂直信任条件下相比，该影响在高垂直信任条件下表现得更弱、更小。

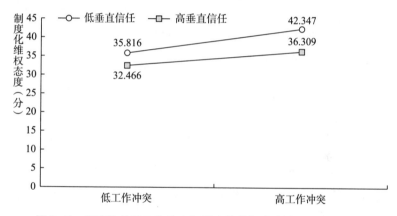

图 8 - 7　垂直信任对工作冲突与制度化维权态度关系的调节效应

2. 垂直信任对怠工与制度化维权态度关系具有调节作用

以怠工为自变量，以制度化维权态度为因变量，以垂直信任和制度信任为调节变量，参照 Hayes（2018）给出的调节模型 1 对数据进行拟合，结果发现垂直信任的调节作用显著，而制度信任的调节作用未表现出统计显著性（交互项回归系数的 $p = 0.086$）。我们再用修正后的调节模型对数据进行拟合，统计分析结果（见表 8 - 6）显示，在控制了怠工和垂直信任的条件下，二者的交互项回归系数（$b = -0.003$）极具统计学意义上的显著性（$p = 0.000$），说明垂直信任对怠工与制度化维权态度的关系确实存在影响。负向的调节系数意味着垂直信任越高，怠工对制度化维权态度的影响越小，在垂直信任均值以下 1 个标准差时，怠工每提高 1 分，制度化维权态度会提高 0.190 分；而在垂直信任均值以上 1 个标准差时，怠工每提高 1 分，制度化维权态度只提高 0.089 分。

表 8 - 6　垂直信任对怠工与制度化维权态度关系的调节作用分析

变量	制度化维权态度				垂直信任	调节效应			
	b	SE	t	p		b	SE	t	p
怠工	0.139	0.014	9.617	0.000					
垂直信任	-0.130	0.014	-9.210	0.000	-1SD	0.190	0.021	9.215	0.000
怠工 ×					Mean	0.139	0.014	9.617	0.000
垂直信任	-0.003	0.001	-3.772	0.000	+1SD	0.089	0.019	4.720	0.000
截距	36.189	0.268	134.854	0.000					
$R^2 = 0.031$，$F(3, 5864) = 61.738$，$p = 0.000$									

这里垂直信任的调节效应如图 8 - 8 所示，从中可以看出，在低垂直信任条件下，制度化维权态度的分值在怠工低分组时是 35.130 分，而在怠工高分组时达到 42.192 分，制度化维权态度随着怠工由低分组到高分组提高了 7.062 分。而在高垂直信任条件

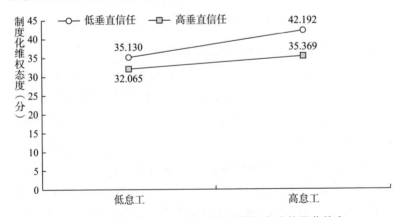

图 8 - 8　垂直信任对怠工与制度化维权态度的调节效应

下，制度化维权态度的分值在怠工低分组时是 32.065 分，而在怠工高分组时提高到 35.269 分，制度化维权态度随着怠工由低分组到高分组只提高了 3.304 分。所以，组织的垂直信任水平不同，怠工对制度化维权态度影响的大小也是不同的，与低垂直信任条件下相比，该影响在高垂直信任条件下表现得更弱、更小。

3. 垂直信任对工作倦怠与制度化维权态度关系具有调节作用

我们首先以工作倦怠为自变量，以制度化维权态度为因变量，以垂直信任和制度信任为调节变量，对完整调节模型进行初步检验。结果发现，垂直信任与工作倦怠的交互项回归系数具有统计显著性，而制度信任与工作倦怠交互项系数不显著。然后用修正后的垂直信任调节模型对数据进行拟合，统计分析结果（见表 8-7）显示：在控制了工作倦怠和垂直信任的条件下，二者的交互项回归系数（$b = -0.002$）具有统计学意义上的显著性（$p = 0.002$），说明垂直信任对工作倦怠与制度化维权态度的关系确实存在影响。负向的调节系数意味着垂直信任越高，工作倦怠对制度化维权态度的影响越小，调节效应结果显示，当在垂直信任均值以下 1 个标准差时，工作倦怠每提高 1 分，制度化维权态度会提高 0.215 分；而当在垂直信任均值以上 1 个标准差时，工作倦怠每提高 1 分，制度化维权态度只会提高 0.147 分。

表 8-7　垂直信任对工作倦怠与制度化维权态度关系的调节作用分析

变量	制度化维权态度				垂直信任	调节效应			
	b	SE	t	p		b	SE	t	p
工作倦怠	0.181	0.012	15.167	0.000					
垂直信任	-0.107	0.014	-7.688	0.000	-1SD	0.215	0.016	13.395	0.000
工作倦怠 ×					Mean	0.181	0.012	15.167	0.000
垂直信任	-0.002	0.001	-3.140	0.002	+1SD	0.147	0.016	9.081	0.000
截距	36.217	0.265	136.412	0.000					
$R^2 = 0.051$, $F(3, 5949) = 107.256$, $p = 0.000$									

这里垂直信任的调节效应如图 8 - 9 所示。可以看出，在低垂直信任条件下，制度化维权态度的分值在工作倦怠低分组时是33.473 分，而在工作倦怠高分组时提高到43.048 分，工作倦怠由低分组到高分组使得制度化维权态度提高了9.575 分。相应地，在高垂直信任条件下，制度化维权态度的分值在工作倦怠低分组时是30.900 分，到了工作倦怠高分组时提高到37.446 分，只是提高了6.546 分。结论是，组织的垂直信任水平不同，职工工作倦怠对其制度化维权态度的影响是不一样的，与低垂直信任条件下相比，该影响在高垂直信任条件下表现得更小、更弱。

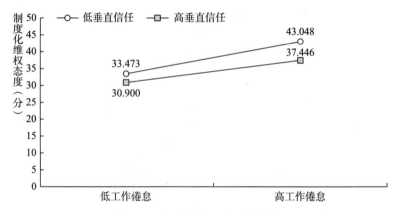

图 8 - 9　垂直信任对工作倦怠与制度化维权态度的调节效应

（三）整合机构与制度化维权态度：组织信任的调节作用

1. 垂直信任对党组织与制度化维权态度关系具有调节作用

组织是否有党组织与职工制度化维权态度的关系是否受到信任的影响也是这里欲求回答的问题。首先以党组织为自变量，以制度化维权态度为因变量，以垂直信任和制度信任为调节变量，用完整调节模型对数据进行拟合，结果发现垂直信任的调节作用是显著的，而制度信任的调节作用不具有统计显著性（交互项回归系数的 $p = 0.196$ ）。然后用修正的调节模型再次对数据进行拟合，统计结果如表 8 - 8 所示。可以看到，在控制了党组织和垂直信任的条件下，二者的交互项回归系数（$b = -0.086$）具有统计学意义上的显著性（$p = 0.011$），说明垂直信任对党组织与制度化维权态度的关系确实存在影响。从调节效应结果看，在垂直信任均值以下 1 个标准差时，党组织从无到有，制度化维权态度会提高 1.567 个单位，在 90% 的置信水平下显著；而在垂直信任均值以上 1 个标准差时，党组织从无到有，制度化维权态度会降低 1.707 个单位，且在 95% 的置信水平下显著。由于两种情况下的效应符号相反，所以总体上党组织与制度化维权态度的关系不显著也就不难理解了。

表 8 – 8　垂直信任对党组织与制度化维权态度关系的调节作用分析

变量	制度化维权态度				垂直信任	调节效应			
	b	SE	t	p		b	SE	t	p
党组织	– 0.070	0.615	– 0.114	0.909					
垂直信任	– 0.130	0.014	– 8.963	0.000	– 1SD	1.567	0.906	1.729	0.084
党组织 ×					Mean	– 0.070	0.615	– 0.114	0.909
垂直信任	– 0.086	0.034	– 2.546	0.011	+ 1SD	– 1.707	0.873	– 1.957	0.050
截距	36.140	0.275	131.247	0.000					
$R^2 = 0.014$, $F(3, 5713) = 27.934$, $P = 0.000$									

这里垂直信任的调节效应如图 8 – 10 所示。结果显示，在低垂直信任条件下，制度化维权态度的分值在无党组织时是 38.181 分，而在有党组织时提高到 39.748 分，从无党组织到有党组织，制度化维权态度提高了 1.567 分。相应地，在高垂直信任条件下，制度化维权态度的分值在无党组织时是 34.139 分，而在有党组织时降低到 32.431 分，制度化维权态度从无党组织到有党组织降低了 1.708 分。结论是，垂直信任高低不同，有无党组织对制度化维权态度的影响方向相反，有了高垂直信任，有了党组织才会显著改善职工的制度化维权态度。

2. 垂直信任对工会组织与制度化维权态度关系具有调节作用

我们首先假定垂直信任和制度信任对工会组织与制度化维权

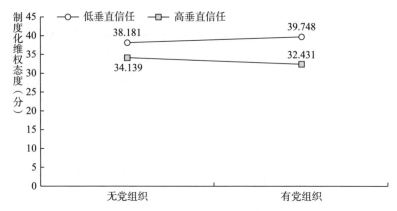

图 8-10　垂直信任对党组织与制度化维权态度关系的调节效应

态度的关系有调节作用。以工会组织为自变量，以制度化维权态度为因变量，以垂直信任和制度信任为调节变量，用完整调节模型对数据进行拟合，结果同样发现垂直信任的调节作用显著，而制度信任的调节作用不明显（交互相回归系数的 $p = 0.358$）。然后用修正后的调节模型拟合数据，统计分析结果（见表 8-9）显示：在控制了工会组织和垂直信任的条件下，二者的交互项回归系数（$b = -0.096$）具有统计学意义上的显著性（$p = 0.006$）。调节效应分析表明，在垂直信任均值以下 1 个标准差时，工会组织从无到有，制度化维权态度会提高 0.955 个单位，该效应不显著；而在垂

表 8-9　垂直信任对工会组织与制度化维权态度关系的调节作用分析

变量	制度化维权态度				垂直信任	调节效应			
	b	SE	t	p		b	SE	t	p
工会组织	-0.880	0.637	-1.381	0.167					
垂直信任	-0.128	0.014	-8.859	0.000	-1SD	0.955	0.945	1.011	0.312
工会组织 ×					Mean	-0.880	0.637	-1.381	0.167
垂直信任	-0.096	0.035	-2.774	0.006	+1SD	-2.714	0.891	-3.048	0.002
截距	36.150	0.276	131.066	0.000					
$R^2 = 0.015$，$F(3, 5690) = 29.062$，$p = 0.000$									

直信任均值以上 1 个标准差时，工会组织从无到有，制度化维权态度却会降低 2.714 个单位，且该效应具有统计显著性。

如果把垂直信任的这一调节效应绘制成图形，该效果就更加显而易见。根据图 8-11 的调节效应，在低垂直信任条件下，有无工会组织对职工的制度化维权态度几乎没有影响，制度化维权态度从 38.359 分到 39.314 分，仅提高不到 1 分。但是如果组织具有高垂直信任，有无工会组织对职工制度化维权态度的影响变得十分显著，无工会组织时职工的制度化维权态度分值是 34.384 分，而有工会组织时则制度化维权态度就会降低到 31.670 分，降低了 2.714 分。所以这里的结论是，只是在高垂直信任的条件下，工会组织的维稳和协调功能才能得以正常发挥。

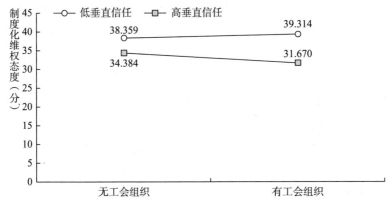

图 8-11 垂直信任对工会组织与制度化维权态度关系的调节效应

取代会与制度化维权态度无相关性，故未分析。

四 本章小结

组织运行中的剥夺和失范现象会对职工的制度化维权行为产生重要影响，而这种影响是否以及在多大程度上会受到组织信任的调节是本研究要回答的核心问题。运用 2017 年中国城镇职工工作环境调查的数据，使用调节分析模型进行统计分析，我们发现垂直信任和制度信任的调节作用表现如下。

第一，加班、收入不满意度和相对剥夺感等组织内剥夺现象会显著地增强职工的制度化维权态度，而这样的影响则受到垂直信任或制度信任的调节：垂直信任每提高 1 个单位，加班使制度化维权态度将下降 0.095 个单位，制度信任每提高 1 个单位，加班使制度化维权态度将下降 0.107 个单位；垂直信任每提升 1 个单位（或分），收入不满意度使制度化维权态度将下降 0.036 个单位，相对剥夺感使制度化维权态度将下降 0.003 分。

第二，工作冲突、怠工和工作倦怠等组织内冲突现象也都会对职工的制度化维权态度起到显著的增强作用，而这种关系受到垂直信任的调节：垂直信任每提升 1 分，工作冲突使制度化维权态度将下降 0.002 分，怠工使制度化维权态度将下降 0.003 分，工作倦怠使制度化维权态度将下降 0.002 分。就是说，垂直信任可以对组织内冲突与职工制度化维权态度的关系起到显著的收缩作用。

第三，研究还发现，垂直信任每提高 1 个单位，有工会组织将降低个人制度化维权态度 0.096 个单位，有党组织将降低个人制度化维权态度 0.086 个单位。可见，党组织、工会组织这样的协调机构并不会自然而然地在组织内部起到缓解职工和组织关系的功能，只有当组织的领导具有高度的可信度时，它们才能真正起到降低职工制度化维权态度的作用。

这些研究结果对现实组织运行和管理实践无疑具有启示性。首先，我们必须认识到一个基本的事实，组织运行中的失范和剥夺行为会增强职工的挫败感、不公平感，不满情绪累积到一定程度就会导致他们趋于采取相对激烈的方式进行意见表达，以维护自身权益。维护组织工作秩序，最重要的是成员之间的"为而不争"，组织成员尤其是领导不把他人的占为自己的，不把公共的占为私有的，坚持"天之道，利而不害"的原则，才能保证上下和谐相处、组织平稳运行。过分的要求会引起成员的不赞同，此时如果领导利用权力强迫成员服从，就会引起抵触或反抗。然而，如果一个人的要求相对于他为他们（这里指下属）的福利做出的巨大贡献是公平的和适度的，那么这个人就会赢得他们的赞同（布劳，2012：209）。集体赞同会使领导地位合法化，任何正式组织，只有成员对组织领导和制度规范的赞同才能把抗争和反抗保持在最低限度上，才会使成员们在履行他们的职业角色时不会反抗，从而心甘情愿地去满足彼此的角色期待。而单方面强调做职工思想工作，理顺其不满情绪，领导不去关心如何赢得广大职工的赞同，不去解决产生冲突、不满或愤怒等状态的组织内剥夺和失范上的问题，职工制度性维权式的利益表达态度和行为就会潜藏在组织内部，积累到一定程度就可能会爆发出来。

其次，信任尤其是领导信任是现代社会组织运行中减少紧张、调节矛盾的一种宝贵的"软规范"。正如卢曼所说，信任关系并非出于先前的规定，但它导致规范的出现，通过呈现信任给角色伴侣创造了一种约束（Luhmann，1979）。领导和管理者依靠组织资源拥有了对雇员的角色期望，即希望他们服从其指示，按要求完成明确规定的任务。而下属成员通过服从领导的命令也对主管或领导有了相应的角色期望，即希望领导凭借知识和技能为下属成员发挥聪明才智、获取各种报酬和提供各种机会。一旦领导通过实践促进和实现了广大职工的集体利益，他就等于付出了信任，呈现了可信赖性，而这种信任也同时会在成员中创造出共同的义务规范，即领导的信任不能被辜负。有了这种独特的信任规范，成员们相信领导的做法有利于他们共同的福利，哪怕有些做法有时让下属感受到剥夺、体验到失范、遭遇到犹豫，他们也会通过偿还对领导的信任来维持领导的善意，因为这样做符合大家的共同利益。所以，组织领导要思考如何运用正式权力来满足下属职工的期望，要学会通过言实相符的行动表现来给出信任，以此获得下级群体的赞同，获得权力的合法性，真正拥有权威。当下级群体产生了信任规范，他们就会倾向于通过服从上级的意志来交换上级领导为组织共同福利做出的贡献，这时即使个别人由于种种因素而产生了激进的制度化维权态度，他们一般也会通过较为温和的、协商的、有助于组织的方式解决问题，因为存在于下级群体的信任规范已经约束或减弱了他们较为激进的制度化维权态度。

最后，研究发现，党组织和工会组织只是在高度领导信任的情境下才真正能够起到及时有效地化解各种冲突和紧张，理顺不满和对抗情绪，促进劳动关系的和谐稳定的作用，而在低度领导信任的工作环境中，它们是否存在与职工的激进制度化维权态度无关。根据布劳（2012）的意思，在组织社会中，工会组织和党组织等作为一种组织制度类型，承担着调动资源和协调关系、保证权威和组织永久化的功能，通过权力合法化价值的媒介，构建组织社会结构的基础，保证合法组织能够持续存在和发展。正式组织的实质就是组织大规模集体的努力以追求被共同接受的目标。而在共同目标导向下，组织内部类似工会组织、党组织等机构设置又有自身追求的目标，即以服务和促进工会会员和党员发展为目标，其中听取和反映职工的意见和要求，化解职工与职工之间、职工与领导之间的紧张和冲突，促进组织团结整合，是这些机构创立的当然理由和根据。问题是，如果机构领导仅把行动停留在政策法规的宣传上，停留在党的意识形态和政治纲领的说教上，却未能真正代表成员的利益，促进组织的共同福利，即言实不符、表里不一、口惠而实不至，下属成员也就不能形成信任的规范和遵从义务。所以，工会组织和党组织发挥功能的要紧之处在于领导的信任，只有领导呈现高度的可信赖性，该制度才不会是形同虚设，最终达到实至名归，保证各类组织健康、和谐和可持续发展下去。2013年，习近平总书记在辽宁考察工作时强调：领导干部要把深入改进作风与加强党性修养结合起来，自觉讲诚信、懂规矩、守纪律，襟怀坦白、言行一致、心存敬畏、手握戒尺，对党忠诚，对群众忠诚老实，做到台上台下一种表现，任何时候、任何情况下都不越界、越轨。大道至简，诚哉斯言！

结论及简短的讨论

　　中国市场经济改革所启动的快速现代化过程，给人们带来日益丰裕的物质成果的同时，也使得整个社会越发具有现代性的意味，这种社会变迁的追求可以在"全面建设社会主义现代化国家"的话语中明显地得到反映。现代性何为？按照马尔图切利的观点，现代性状态的显著特点就是社会生活的不确定性，一种"不安"，以及不断"寻求一种对不安的答案"。现代化社会意味着同传统生活的断裂，这是因为工业化所带来的现代生活导致人们离开或放弃了所熟悉的生活，并与过去保持一种隔离的关系（翟学伟、薛天山，2014：229）。正是这种与传统决裂所引发的不安或不确定性，才使得信任作为一个重要问题逐渐出现在现代社会学中。比如涂尔干对现代社会"失范"病痛的诊断，他提出通过重建职业团体和职业道德维持社会秩序（涂尔干，2000）；韦伯面对现代理性化带来的文化价值观"诸神纷争"的矛盾和冲突，呼吁现代人要坚持内心的信念和精神，"他意识到了对自己行为后果的责任，真正发自内心地感受着这一责任，然后他遵照责任伦理采取行动"（韦伯，2005b：116）。帕森斯则提出通过文化价值规范的"内化"和"制度化"有望实现社会系统的整合与均衡（Parsons，1951）。这些社会思想家虽未明确用信任的概念去解释现代性所遇到的严重问题，但信任作为潜台词已经隐含在了他们关于现代性的思想之中。

　　组织作为社会（系统）到底如何运行呢？社会越是走向现代

化，劳动分工就越是发达，工作越是高度的专业化，再加上基于理性化的价值观的高度多元化，我们指望价值共识来保证组织的秩序似乎已经不再可能。依靠权力呢？中国计划体制时实施的单位制已然表明，权力确能维持秩序，但抑制了劳动者的工作主动性。所以卢曼精辟地指出，一群人从社会环境中分离出来构成一个组织，关键是沟通和交往（Luhmann，1979）。沟通并不必然要依靠价值共识，只要行动主体人格可靠，能够满足彼此的角色期望，给予对方以明确的行动预期，组织就能够顺利运行，即组织依靠信任也能实现整合和维持秩序。于是，在迈向现代化的征程中，中国组织的信任问题就成了我们要研究的核心话题。

梳理社会思想家及相关学者关于信任的种种研究、讨论，我们才发现，组织信任及其结构其实是一个非常复杂的社会现象，它的内涵和外延至今为止还没有形成一个大家公认的、标准统一的说法。所以本研究首先参考帕森斯（Parsons）、卢曼（Luh-mann）、吉登斯（Giddens）等思想家关于社会系统及其信任的观点，认为组织信任是组织构成要素能够正常承担起角色功能、名实相符的客观表现状态，反映在成员的心理上，它就形成了个体对沟通交往对象可信任性的一种稳定而积极的感受和评价。由于组织的存在和运行依靠的是人和制度两大要素，所以组织信任的结构自然由基于人格的人际信任与基于非人格的制度信任两大成分构成，其中人际信任又可细分为垂直的领导信任和水平的同事信任两个方面。工作环境中，制度安排努力实现公正无私、机会平等、一视同仁，推动职工人尽其能、效绩至上；人际互动过程中，同事彼此能够做到言行一致、真诚合作、相互支持，领导努力做到襟怀坦白、表里如一，虚心听取下属意见，鼓励职工建言献策。此时这种良好的工作环境与人们的需要、期望保持一致，一个高度可信、运行良好的信任环境就会被营造出来，这样的工作环境就会呈现一派蒸蒸日上、活力十足的状况。反之，如果制度安排、人际互动的状况及其结果与人们的心理预期不一致或者差距过大，就会造成信任的下降、缺失或危机，这样的工作环境就会变得日益恶劣且十分不景气。

一般情况下，人们可以根据各自的感受从不同的方面来评估他们所处工作环境的信任状况。遵循简单、敏感和易操作的原则，我们设计了科学的测量量表，通过人们对组织信任的主观感受，从两大维度共三个方面来观察和把握组织中的信任环境。基于2017 年中国城镇职工工作环境问卷调查数据，以及 2007 年中国员工参与状况问卷调查数据，本书对当下中国社会组织的信任发展水平进行了总体检测，统计分析结果表明，2017 年中国城镇职工所在组织的垂直信任指数加权均值是 52.68 分（满分 100 分），水平信任指数加权均值为 60.09 分，而制度信任指数的加权均值是 55.43 分，整体上看组织信任处于中下游水平，且呈现不平衡发展态势。我们认为这样的研究结果与当前人们对工作环境的信任危机感受基本上是一致的。即便如此，与 2007 年相比，2017 年组织信任水平（指标保持完全相同）还是呈现显著提升的发展趋势，从而让我们在危机中又看到了希望。

在人际信任和制度信任二者的关系上，理论思考告诉我们，它们不是彼此推动、相互强化的，而应当是彼此矛盾、此消彼长的。假如组织信任的两大构成部分的确处于某种自相矛盾、二律背反的两难境地，那么这样独特的构成关系理应在现实的组织运行实践中找到经验的依据。不出所料，无论是 2007 年还是 2017 年组织信任量表的调查，人际信任与制度信任均呈现显著的负相关关系，按照卢曼人际信任受规则系统影响的逻辑思路，统计分析发现制度信任既负向地影响垂直信任，也负向地影响水平信任。这一研究结论非常有意义，因为它迫使我们不得不重新对这两类性质不同的信任现象进行深度的思考和审视。在孟子看来，如果"鱼与熊掌不可兼得"，当然可以按照利益最大化原则，选择"舍鱼而取熊掌"的理性行动。而面对组织工作环境中人际信任与制度信任负向关联的矛盾关系现实，管理者又该考虑依据怎样的原则对它们进行取舍呢？统计显示，从 2007 年到 2017 年的十年间，制度信任的提高程度大于人际信任的提高程度，这是否意味着以科层制为特征的法理型统治真的能够做到去除"人为"的不确定性，最终注定成为现代组织管理发展的必然呢？而再假如韦伯的官僚制（科层制）只不过是一个夸大了的、精心建构的完全理性的组织管理模型，那么组织到底又该如何驾驭系统内的人际信任与制度信任，实现二者结合的最佳均衡发展状态呢？这些问题都是今后需要继续深入探索的研究方向。

　　根据卢曼的观点，信任作为一种社会关系，从属于特殊的规则系统，信任在互动框架中产生，互动既受心理影响，也受社会系统影响（Luhmann, 1979）。可见，信任与个体人格特质、组织内互动、组织规则系统及社会心理等都有着复杂的关系，本研究使用 2017 年工作环境调查数据，把组织信任的影响因素归结为四个方面的变量组，采用回归分析方法，分别探讨了各变量组是否以及在多大程度上对组织信任产生影响，并最终找到了影响组织垂直信任、水平信任和制度信任的各种显著因素。比如，研究发现，不同的客观工作环境因素对垂直信任、水平信任的影响状况也是不一样的，客观制度环境因素对垂直信任的影响力（$\Delta R^2 = 7.1\%$）要远大于对水平信任的影响力（$\Delta R^2 = 3.4\%$），且具体影响因素也有极大的差别。而人际互动评价因素对水平信任的总体影响力度（$\Delta R^2 = 30\%$）要大于对垂直信任的影响力度（$\Delta R^2 = 20.9\%$）。研究还发现，客观工作制度环境因素对制度信任的影响力在四个自变量组别中是最大的，决定系数的贡献率达到 4%。总之，通过对各种信任的回归分析，我们基本上找到了影响人际信任变异的很大一部分具体因素（垂直信任的总体方差解释力约为 49%，水平信任的总体方差解释力约为 48%），但影响制度信任的很多重要因素对我们来说仍然不得而知（制度信任的总体方差解释力仅为 11%），塑造制度信任的关键因素究竟还有哪些？这个问题仍是今后需要继续努力加以研究探索的。

组织信任作为一种主观工作环境因素，在整个组织运行过程中发挥着极为重要的功能，学者们用"阳光""雨露""空气""润滑剂"等比喻来形象地对它的功能进行描述。福山（Fukuyama）、科尔曼（Coleman）等将信任视为一种社会资本，指出将人与人联系起来、促进社会合作等是信任资本的基本功能。本研究采纳的是卢曼（Luhmann）的信任观点，即认为信任是社会系统中沟通必不可少的媒介，是行动者沟通过程中复杂性简化的一种机制，发挥着一种吸收风险、指向未来的功能。使用 2007 年、2017 年两次问卷调查数据，本书采用中介分析模型和调节分析模型对信任的这种功能进行了经验验证。结果表明，人际信任在客观互动环境与组织承诺行为之间的中介作用基本得到证实；制度信任在客观工作生活领域与工作情绪反应之间关系的调节功能也得到一定程度的经验验证；组织信任在客观岗位特征与组织承诺行为之间的中介功能基本得到证实；组织信任在客观沟通环境与个体建言行为之间的中介功能得到验证；最后组织信任尤其是垂直信任，在组织失范与个体制度化维权态度之间的调节功能也得到了验证。总之，作为主观心理工作环境，信任在客观工作环境与个体行为结果之间确实承担着或中介或调节的媒介功能。

本研究无论在理论上还是在实践上都有一定的创新价值，但在某些方面不可避免地还存在一些缺陷和局限性，主要表现在以下方面。首先，在组织信任的结构上，研究考虑了个体对主管或领导的信任、对同事伙伴的信任与对制度规则的信任，而领导对下属的信任却未加关注，尽管这可能是由量表设计适用所有调查对象的要求所致，但下属信任作为组织内部理所当然的信任成分之一，应当在今后的研究中给予足够的关注。其次，作为主观心理工作环境，信任在组织内部的沟通交流中发挥着特殊的媒介功能，实证研究的模型设定中，基于特定的前因客观工作环境因素与相应的工作行为结果之间的关系特征，我们把信任或者放在中介的位置上，或者置于调节的地位上，尽管这样的模型建立在信任理论和经验常识的角度都解释得通，但到底把信任确定为中介角色还是调节角色，或者视具体研究情境灵活确定不同信任类型的媒介功能，这是今后继续探讨组织信任的功能时需要进一步思考的地方。

参考文献

〔英〕毕培，萨利、杰里米·克迪，2005，《信任：企业和个人成功的基础》，周海琴译，经济管理出版社。

〔美〕布劳，彼得·M.，2012，《社会生活中的交换与权力》，李国武译，商务印书馆。

〔法〕迪尔凯姆，E.，1999，《社会学方法的准则》，狄玉明译，商务印书馆。

段锦云、田晓明，2011，《组织内信任对员工建言行为的影响研究》，《心理科学》第6期。

段锦云，2011，《中国背景下建言行为研究：结构、形成机制及影响》，《心理科学进展》第2期。

〔美〕福山，弗朗西斯，2002，《大分裂：人类本性与社会秩序的重建》，刘榜离等译，中国社会科学出版社。

〔美〕福山，弗朗西斯，2016，《信任：社会美德与创造经济繁荣》，郭华译，广西师范大学出版社。

〔美〕戈夫曼，欧文，2008，《日常生活中的自我呈现》，冯钢译，北京大学出版社。

〔德〕哈贝马斯，1989，《交往与社会进化》，张博树译，重庆出版社。

〔美〕华尔德，1996，《共产党社会的新传统主义：中国工业中的工作环境和权力结构》，龙小夏译，牛津大学出版社。

〔美〕怀特赫斯特，吉姆，2016，《开放式组织》，王洋译，机械工业出版社。

〔英〕吉登斯，安东尼，2016，《社会的构成：结构化理论纲要》，李康、李猛译，中国人民大学出版社。

〔英〕吉登斯，安东尼，2000，《现代性的后果》，田禾译，译林出版社。

〔英〕吉登斯，安东尼，1998，《现代性与自我认同》，夏璐译，生活·读书·新知三联书店。

焦凌佳、邹治、吴红梅，2016，《整体公平感对组织中员工建言的影响机制研究——情感信任与认知信任的中介作用》，《江苏科技信息》第 1 期。

〔德〕柯武刚、史漫飞，2000，《制度经济学：社会秩序与公共政策》，韩朝华译，商务印书馆。

〔美〕科尔曼，詹姆斯·S.，1999，《社会理论的基础》（上、下），邓方译，社会科学文献出版社。

〔美〕科塞，L.，1989，《社会冲突的功能》，孙立平等译，华夏出版社。

〔美〕克雷默（Kramer，R. M.）、泰勒（Tyler，T. R.），2003，《组织中的信任》，管兵等译，中国城市出版社。

〔美〕雷恩，丹尼尔·A.，1997，《管理思想的演变》，孔令济译，中国社会科学出版社。

李汉林、渠敬东，2005，《中国单位组织变迁过程中的失范效应》，上海人民出版社。

〔美〕里德，道格拉斯、雷蒙德，E. 米尔斯，1996，《组织中的信任》，载罗德里克·M. 克雷默、汤姆·R. 泰勒编《组织中的信任》，管兵、刘德琴等译，中国城市出版社。

林晋宽，1999，《团队信任与研究发展效绩之关系》，《科技管理学刊》第 1 期。

刘爱玉、田志鹏，2016，《企业制度安排与员工组织系统信任研究》，《社会发展研究》第 1 期。

卢政春、卢曼，1996，《当代西方著名哲学家评传》（第十卷：社会哲学），山东人民出版社。

马德勇，2008，《信任、信任的起源和信任的变迁》，《开放时代》第 4 期。

〔美〕米尔斯，西奥多·M.，1988，《小群体社会学》，温凤龙译，云南人民出版社。

〔美〕默顿，罗伯特·K.，2008，《社会理论和社会结构》，唐少杰等译，译林出版社。

〔美〕普特南，罗伯特·D.，2000，《繁荣的社群：社会资本与公共生活》，载李惠斌、杨雪冬主编《社会资本与社会发展》，社会科学文献出版社。

祁慧、章大林、张静、陈红，2016，《制度信任对矿工自主安全行为意愿的影响分析》，《中国矿业》第 10 期。

邱皓政、林碧芳，2012，《结构方程模型的原理与应用》，中国轻工业出版社。

〔波兰〕什托姆普卡，彼得，2005，《信任——一种社会学理论》，程胜利译，中华书局。

时蓉华，1998，《社会心理学》，浙江教育出版社。

史燕伟、徐富明、罗教讲、李燕、刘程浩，2015，《行为经济学中的信任：形成机制及影响因素》，《心理科学进展》第 7 期。

〔美〕斯科特，W. 理查德，2010，《制度与组织——思想观念与物质利益》，姚伟、王黎芳译，中国人民大学出版社。

〔德〕斯普伦格，莱恩哈德，2004，《信任：欧洲首席管理大师谈优化企业管理》，胡越译，当代中国出版社。

宋士云，2018，《改革开放以来中国企业劳动关系变迁的历史考察》，《当代中国史研究》第 1 期。

孙健敏、尹奎、李秀凤，2015，《同事信任对员工建言行为影响的作用机制研究》，《软科学》第 11 期。

〔美〕特纳，乔纳森，2001，《社会学理论的结构（上）》，周艳娟译，华夏出版社。

童星，1993，《劳动社会学》，南京大学出版社。

〔法〕涂尔干，埃米尔，2000，《社会分工论》，渠东译，生活·读书·新知三联书店。

汪群、陈静，2016，《变革型领导对员工建言行为的影响机制研究》，《企业经济》第9期。

王处辉，2002，《中国社会思想史》，中国人民大学出版社。

〔德〕韦伯，马克斯，2005a，《新教伦理与资本主义精神》，于晓、陈维纲等译，陕西师范大学出版社。

〔德〕韦伯，马克斯，2005b，《学术与政治：韦伯的两篇言说》，冯克利译，生活·读书·新知三联书店。

温忠麟、刘红云、侯杰泰，2012，《调节效应和中介效应分析》，教育科学出版社。

〔德〕西美尔，2002a，《货币哲学》，陈戎女等译，华夏出版社。

〔德〕西美尔，2002b，《社会学：关于社会化形式的研究》，林荣远译，华夏出版社。

谢荷锋，2012，《基于信任视角的企业员工知识分享管理：理论与实证》，经济科学出版社。

辛自强、周正，2012，《大学生人际信任变迁的横断历史研究》，《心理科学进展》第3期。

杨光华，2007，《企业道德建设论纲》，中央文献出版社。

杨思，2009，《我国企业规章制度的规制研究》，硕士学位论文，北京交通大学。

杨中芳、彭泗清，1999，《中国人人际信任的概念化：一个人际关系的观点》，《社会学研究》第2期。

姚清铁，2013，《家族企业代际传承的信任研究》，浙江工商大学出版社。

曾贱吉，2017，《中国情境下的员工组织信任研究》，中国社会科学出版社。

翟学伟、薛天山，2014，《社会信任：理论及其应用》，中国人民大学出版社。

张海燕、孙树伟，2017，《经济转型情境下供应链节点企业的制度信任》，《企业经济》第 7 期。

郑晓涛、柯江林、石金涛、郑兴山，2008，《中国背景下员工沉默的测量以及信任对其的影响》，《心理学报》第 40 期。

邹国庆、倪昌红、贺胜德，2010，《基于制度信任的企业间知识共享意愿》，《吉林大学社会科学学报》第 6 期。

Abrams, Lisa C. , Rob Cross, Eric Lesser, Daniel Z. Levin. 2003. "Nurturing Interpersonal Trust in Knowledge-sharing Networks. " *Academy of Management Executive* 17 (4): 64 – 77.

Acock, Alan C. 2014. *A Gentle Introduction to Stata (4th Edition)*. A Stata Press Publication, StataCorp LP. College Station, Texas.

Baek, Young Min , Chan Su Jung. 2014. "Focusing the Mediating Role of Institutional Trust: How Does Interpersonal Trust Promote Organizational Commitment? . " *The Social Science Journal*: 1 – 9.

Baron, R. M. , Kenny, D. A. 1986. "The Moderator-mediator Variable Distinction in Social Psychological Research: Conceptual, Strategic, and Statistical Considerations. " *Journal of Personality and Social Psychology* 51: 1173 – 1182.

Ben-Ner, Avner, Putterman, Louis & Ren, Ting. 2011. "Lavish Returns on Cheap Talk: Two-way Communication in Trust Games. " *Journal of Behavioral and Experimental Economics* 40 (1): 1 – 13.

Bornstein, Brian H. , Alan J. Tomkins. 2015. *Motivating Cooperation and Compliance with Authority: The Role of Institutional Trust*. Springer.

Bracht, J. , Feltovich, N. 2009. "Whatever You Say, Your Reputation Precedes You: Observation and Cheap Talk in the Trust Game. " *Journal of Public Economics* 93: 1036 – 1044.

Burris, E. 2011. "The Risks and Rewards of Speaking up: Managerial

Responses to Employee Voice. " *Academy of Management Journal* 55 (4): 851 – 875.

Davis, K. , Wilbert E. Moore. 1954. "Some Principles of Stratification. " *American Sociological Review* 10: 242 – 249.

Demerouti, E. , A. B. Bakker, F. Nachreiner, & W. B. Schaufeli. 2001. "The Job Demands-resources Model of Burnout. " *Journal of Applied Pshchology* 86 (3): 499 – 512.

Dyne, L. V. , Ang, S. , Botero, I. C. 2003. "Conceptualizing Employee Silence and Employee Voice as Multidimensional Constructs. " *Journal of Management Studies* 40 (6): 1359 – 1392.

Gillespie, N. 2003. Measuring Trust in Work Relationships: The Behavioural Trust Inventory. Paper Presented at the Annual Meeting of the Academy of Management, Seattle, WA.

Good, D. 1988. "Individuals, Interpersonal Relations, and Trust. " In Gambetta, D. G. (ed.), *Trust.* New York: Basil Blackwell.

Hayes, Andrew F. 2018. *Introduction to Mediation, Moderation, and Conditional Process Analysis: A Regression-Based Approach.* The Guilford Press.

Karapinar, P. Bayhan, S. Metin Camgoz, & Tayfur Ekmekci, O. 2016. "The Mediating Effect of Organizational Trust on the Link between the Areas of Work Life and Emotional Exhaustion. " *Educational Sciences: Theory & Practice* 16: 1947 – 1980.

Leiter, M. P. , & Maslach, C. 2004. Areas of Worklife: A Structured Approach to Organizational Predictors of Job Burnout. In P. Perrewé , & D. C. Ganster (eds.), *Research in Occupational Stress and Well-being* , pp. 91 – 134. Oxford, UK: Elsevier.

Lewicki, Roy J. , Daniel J. McAllister, Robert J. Bies. 1998. "Trust and Distrust: New Relationships and Realities. " *The Academy of Management Review* 23 (3): 438 – 458.

Liang, J. , Farh. C. I. , Farh. J. L. 2012. "Psychological Antecedents of Promotive and Prohibitive Voice: A Two-wave Examination." *Academy of Management Journal* 55 (1): 71 – 92.

Luhmann, N. 1979. *Trust and Power: Two Works by Niklas Luhmann.* New York: John Wiley & Sons Ltd.

MacKinnon, David P. , and Matthew S. Fritz. 2007. "Distribution of the Product Confidence Limits for the Indirect Effect: Program Prodclin. " *Behavior Research Methods* 39 (3): 384 – 389.

MacKinnon, David P. , Chondra M. Lockwood, Jeanne M. Hoffman, Stephen G. West, Virgil Sheets. 2002. "A Comparison of Methods to Test Mediation and Other Intervening Variable Effects. " *Psychological Methods* 7 (1): 83 – 104.

MacKinnon, David P. 2008. *Introduction to Statistical Mediation Analysis.* Lawrence Erlbaum Associates, New York.

Mayer, Roger C. , James H. Davis. 1995. "An Integrative Model of Organizational Trust. " *Academy of Management Review* 23 (3): 709 – 734.

Maynes, T. D. , Podsakoff, P. M. 2014. "Speaking More Broadly: An Examination of the Nature, Antecedents, and Consequences of an Expanded Set of Employee Voice Behaviors. " *Journal of Applied Psychology* 99 (1): 87 – 112.

Meyer, J. P. , Allen, N. J. 1991. "A Three-component Conceptualization of Organizational Commitment. " *Human Resource Management Review* 1 (1): 61 – 89.

Morgner, Christian. 2013. "Trust and Confidence: History, Theory and Socio-Political Implications. " *Human Studies* 36 (4): 509 – 532.

O'Neill, Onora. 2013. What We Don't Understand about Trust. https://www. ted. com/speakers/onora_o_neill.

Parsons, Talcott. 1951. *The Social System.* The Free Press, New York.

Podsakoff, P. M. , Mac Kenzie, S. B. , Lee, J. Y. , Podsakoff, N. P. 2003. "Common Method Biases in Behavioral Research: Acritical Review of the Literature and Recommended Remedies. " *Journal of Applied Psychology* (88): 879 – 903.

Polanyi, Karl. 1957. *The Economy as Instituted Process.* In Trade and Market in the Early Empires, Edited by Karl Polanyi, Conrad M. Arensberg, Harry W. Pearson. The Free Press: 243 – 269.

Porter, L. W. , Steers, R. M. , Mowday, R. T. , Boulian, P. V. 1974. "Organizational Commitment, Job Satisfaction, and Turnover among Psychiatric Technicians. " *Journal of Applied Psychology* 59: 603 – 690.

Preacher, K. J. , Kelley, K. 2011. "Effect Size Measures for Mediation Models: Quantitative Strategies for Communicating Indirect Effects. " *Psychological Methods* 16 (2): 93 – 115.

Premeaux, S. F. , Bedeian, A. G. 2003. "Breaking the Silence: The Moderating Effects of Self-monitoring in Predicting Speaking up in the Workplace. " *Journal of Management Studies* 40 (6): 1537 – 1562.

Rempel, John K. , John G. Holmes, Mark P. Zanna. 1985. "Trust in Close Relationships. " *Journal of Personality and Social Psychology* 49 (1): 95 – 112.

Rotter, J. B. 1967. "A New Scale for the Measurement of Interpersonal Trust. " *Journal of Personality* 35: 651 – 665.

Rousseau, Denise M. , Sim B. Sitkin, Ronald S. Burt, Colin Camerer. 1998. "Not So Different after All: A Cross-Discipline View of Trust. " *Academy of Management Review* 23 (3): 393 – 404.

Schoorman, F. David , Roger C. Mayer, James H. Davis. 2007. "An Integrative Model of Organizational Trust: Past, Present and Future. "

Academy of Management Review 32 (2): 344 –354.

Weber, Max. 1978. *Economy and Society: An Outline of Interpretive Sociology, Edited by Guenther Roth and Claus Wittich.* University of California Press: 585.

Williamson, O. E. 1993. "Calculativeness, Trust, and Economic Organization." *Journal of Law and Economics* 34: 453 – 502.

图书在版编目（CIP）数据

组织信任的结构与功能 / 董金秋著. -- 北京：社
会科学文献出版社，2020.9
（中国工作环境研究丛书）
ISBN 978 - 7 - 5201 - 7167 - 0

Ⅰ.①组… Ⅱ.①董… Ⅲ.①企业信用 - 研究 - 中国
Ⅳ.①F832.4

中国版本图书馆 CIP 数据核字（2020）第 161804 号

中国工作环境研究丛书
组织信任的结构与功能

著　　者 / 董金秋

出 版 人 / 谢寿光
责任编辑 / 谢蕊芬
文稿编辑 / 王红平

出　　版 / 社会科学文献出版社·群学出版分社 （010）59366453
　　　　　地址：北京市北三环中路甲 29 号院华龙大厦　邮编：100029
　　　　　网址：www. ssap. com. cn
发　　行 / 市场营销中心 （010）59367081　　59367083
印　　装 / 三河市尚艺印装有限公司

规　　格 / 开　本：787mm × 1092mm　1/16
　　　　　印　张：19.25　字　数：258 千字
版　　次 / 2020 年 9 月第 1 版　2020 年 9 月第 1 次印刷
书　　号 / ISBN 978 - 7 - 5201 - 7167 - 0
定　　价 / 98.00 元

本书如有印装质量问题，请与读者服务中心（010 - 59367028）联系